스타트업 · 중소기업을 위한 ~~디지털~~ ~~전~~략!

B2B 마케팅으로
밥 먹고 살기

| 김보경 저 |

B2B 마케팅으로 먹고 사는 사람들을 위한 필독도서

중소기업에
특화된 B2B
마케팅 비법

현장에서
검증한
노하우

나만 알고싶은
미디어 전략
꿀팁

DIGITAL BOOKS
디지털북스

스타트업 · 중소기업을 위한 디지털 B2B 마케팅 전략!

B2B 마케팅으로
밥 먹고 살기

| 만든 사람들 |

기획 IT · CG 기획부 | 진행 양종엽 · 최은경 | 집필 김보경
표지 디자인 원은영 · D.J.I books design studio | 편집 디자인 이기숙 · 디자인 숲

| 책 내용 문의 |

도서 내용에 대해 궁금한 사항이 있으시면,
디지털북스 홈페이지의 게시판을 통해서 해결하실 수 있습니다.

디지털북스 홈페이지 digitalbooks.co.kr
디지털북스 페이스북 facebook.com/ithinkbook
디지털북스 인스타그램 instagram.com/digitalbooks1999
디지털북스 유튜브 유튜브에서 [디지털북스] 검색
디지털북스 이메일 djibooks@naver.com
저자 이메일 m3company.bk@gmail.com

| 각종 문의 |

영업관련 dji_digitalbooks@naver.com
기획관련 djibooks@naver.com
전화번호 (02) 447-3157~8

스타트업 · 중소기업을 위한 디지털 B2B 마케팅 전략!

B2B 마케팅으로
밥 먹고 살기

B2B 마케팅은 빠르게 변하고 있습니다.

코로나 이전부터 B2B 마케팅의 디지털 전환(digital transformation)의 필요성
이 꾸준히 대두되고 있었으나, 디지털 전환을 빠르게 앞당긴 것은 코로나 19
로 인한 팬데믹 입니다.

그 간 전통적으로 진행해오던 세미나, 전시, 컨퍼런스 등의 오프라인 마케
팅 활동이 코로나 규제를 통하여 진행할 수 없게 되자 다양한 기업들이 빠르
게 온라인으로 전환을 시도했지만 처음의 열정과는 다르게 생각보다 마케팅
성과를 얻은 기업들이 많지 않습니다. 그 이유에 대해 다양한 이유들이 있지
만 저는 몇 가지만 적어볼까 합니다.

1. 온라인 광고는 최적화 될 수 있는 물리적인 시간이 필요합니다.

모든 마케팅이 그렇듯 광고가 최적화되어 성과가 나오기까지는 많은 시간
이 필요합니다.

대규모의 비용을 투자하여 단기간에 성과를 내려고 해도 막상 쉽게 해결
이 되지 않는 분야가 B2B 마케팅입니다. 따라서 적은 예산을 투자했더라도
일찍 시작하여 일정기간 꾸준히 진행해온 기업들이 성과를 얻을 수 있었습
니다.

2. B2B 디지털 마케팅 전문가가 적습니다.

다양한 B2B 기업의 대표님들과 마케팅 담당자분들을 만나보면 B2B 마케
팅에 대한 이해가 없는 에이전시에서 B2B 마케팅을 진행하고 있는 경우가
많습니다. 이런 경우를 자세히 들여다보면 가장 쉽게 문제점을 찾을 수 있는
부분이 검색광고입니다. 광고를 하지 않아야 할 키워드에 광고를 하고 있다
보니 불필요한 예산을 꾸준히 사용하고 있는 경우가 많고 고객들의 니즈와
키워드도 맞지 않는 경우가 많습니다. 심지어는 검색광고를 해도 성과가 없
는 상황에서 검색광고를 하고 있는 상황도 있습니다.

이런 상황이 생기는 이유는 B2B 분야에 전문성이 있는 마케터들이 매우

적기 때문입니다. B2B 비즈니스에 대한 이해도가 부족한 마케터 분들이 B2B 디지털 마케팅 캠페인을 설계하기에는 B2B 시장은 너무 복잡하고 타겟은 너무 좁습니다. 따라서 B2B 기업에서 디지털 마케팅을 꾸준히 집행하지만 원활하게 운영이 되지 않는 경우가 빈번하게 발생되고 있습니다.

3. B2B 온라인 마케팅에 대한 정보자체가 매우 부족합니다.

우리는 정보 홍수의 시대에 살고 있고 대부분의 마케팅에 대한 정보도 많이 오픈 되어 있습니다. 그러나 B2B 마케팅 분야는 예외인 것 같습니다. 많은 유튜브 영상과 강의가 있지만 대부분 B2C에 대한 마케팅 강의가 많이 있을 뿐 진정 B2B 마케터들을 위한 강의는 많지 않습니다. 정보자체가 부족하다 보니 일반적인 마케팅 테크(기술)들이 B2B 마케팅 분야까지 넘어오는데 상당한 시간이 걸리는 것 같습니다. 기술은 교류를 통해 발전이 가능합니다. 제가 B2B에 다양한 온라인 마케팅 기법을 도입할 수 있었던 이유는 B2C를 통해 다양한 온라인 광고나 다양한 툴들을 숙지했기 때문입니다. 두 개의 시장을 들여다보고 있으니 B2C에서 사용하는 기법이지만 B2B 비즈니스에서도 적용될 수 있을 것이란 생각이 들어 소소하게 적용해보고 테스트해보던 것들이 쌓여 이제는 책을 낼 수 있을 정도의 정보가 축적되었습니다. B2B 분야가 워낙 세분화 되어 있는 시장이다 보니 상대적으로 정보가 적었던 B2B 마케팅 분야에서도 다양한 정보교류가 될 수 있기를 기대합니다.

그 외에도 대기업은 그나마 안정적인 인프라와 인력, 그리고 비교적 넉넉한 마케팅 비용을 통해 새로운 마케팅을 시도하고 학습하기도 합니다. 또, 마케팅자동화와 같은 새로운 마케팅의 흐름을 빠르게 도입할 수 있는 여건들도 충분히 갖추어져 있습니다. 그러나 중소기업의 마케팅 상황은 생각보다 더 열악한 경우가 많습니다.

이 책을 통해서 많이 알려지지 않은 B2B 디지털 마케팅에 대해 다양한 정보교류가 될 수 있기를 바라고, B2B 비즈니스를 이어가고 있는 다양한 중소기업에서도 탄탄한 마케팅 인프라 구축할 수 있기를 기원합니다.

지은이 드림

데이터가 자산인 시대, B2B 기업은 영업중심의 마케팅만으로 고객 확보가 힘들어지고 있다.

이 책은 B2B분야 중소기업과 스타트업에서 마케팅을 고민하는 분들의 눈 높이에서 디지털 마케팅이 무엇이고, 디지털 마케팅을 어떻게 시작할 것인지에 대해 깨알 같은 팁을 소개하는 책이다.

디지털 전환이란 시대적인 조류로 중소규모의 B2B기업도 검색광고, 블로그, 홈 페이지 제작을 위해 온라인 마케팅 대행사를 찾는다. 그러나 대부분의 온라인 대행사는 B2C기업의 경험은 많지만 상대적으로 B2B 경험은 적어서인지, 기대하는 성과를 얻지 못하고 있는 것이 현실이다.

저자는 중소기업이 디지털 마케팅 성과를 얻기 위해서 복잡한 시장조사까진 필요하지 않지만, 대상이 누구인지 즉 타겟팅의 중요성을 강조하면서 B2B 마케팅에서 타겟팅을 모르면 아무리 광고비를 많이 써도 효과를 볼 수 없다고 한다.

타겟팅은 B2C와 B2B 마케팅의 가장 큰 차이다. B2B 디지털 마케팅은 기업고객이 대상으로 고객과 관련된 산업, 기술, 제품 등과 연관된 미디어, 키워드, 인플루언스, 블로그 등을 통해 잠재 고객을 발견하고, 구매고객으로 전환할 때 까지의 육성(Nurturing) 마케팅으로 고객 여정(Customer Journey)을 관리하는 과정이라 한다. 최근에는 이러한 디지털 마케팅 솔루션으로 마케팅 자동화(Marketing Automation)에 대한 관심도 높아지고 있다 한다.

디지털 마케팅을 처음 검토하는 중소기업은 세일즈 리드가 꾸준히 있기까지 시행착오도 있을 수 있기 때문에 큰 그림을 그리는 것 보다는 1 page짜리 홈 페이지를 중심으로 시작해 보라고 한다. 처음부터 과도한 목표와 많은 비용 투자로 고객을 확보하겠다는 전략은 무모할 수도 있다는 저자의 조언은 귀 담아 들을 필요가 있다.

저자는 10여년간 국내 중소기업 및 글로벌 IT기업의 B2B기업 디지털 마케팅 기획 및 실행 경험을 통해 2022년 현 시점에서 B2B기업들에게 실질적인 도움이 되는 다양한 자료와 데이터를 소개하고 있다.

아무쪼록 디지털 전환이 요구되는 시대적인 흐름에서 B2B기업들이 디지털 마케팅을 체계화하고, 고객 여정이란 관점에서 고객을 획득, 유지하는데 이 책이 조금이나마 도움이 되길 바란다.

이 상옥 경영학 박사/네오다임㈜ CEO 대표이사

CONTENTS

PART 04

"작은 것이 완벽을 만든다!" B2B 웹페이지 구축방법

PART 05

뼈대가 튼튼해야 마케팅도 잘된다. B2B 마케팅 구조 설계하기

PART 06

B2B 마케팅은 타겟팅부터 다릅니다. 이것을 모르면 광고비를 써도 큰 효과가 없습니다.

PART 07

어려운 B2B 마케팅 기획과 타겟팅은 어떻게 해야 할까? – 실무 꿀팁 소개

PART 08

디지털 마케팅으로 LEAD가 수집되지 않는다면?

PART 01

B2B 마케팅에서
디지털 영역은
선택이 아니라 필수인 시대

INDEX.

코로나 이후의 B2B 마케팅의 변화

변화는 이미 예견되어 있었다고 보아도 무방합니다. 아무래도 B2B 분야에서는 오프라인 마케팅에 대한 의존도가 높다보니 그 간, 디지털마케팅의 중요성에 대해서는 꾸준히 대두되었으나 생각보다 그 성장이 더딘 것이 사실입니다. 어쩌면 코로나19로 인하여 B2B 마케팅 시장이 변화한 것이 아니라 변화가 이미 예견되어 있었던 것이 '가속화' 되었다는 표현이 더 합리적일 것으로 판단됩니다.

파이프라인 비즈니스에서 플랫폼화로 변화

이미 2017년 출간되었던 '플랫폼 레볼루션'이라는 책에서 언급했듯이 대부분의 비즈니스들이 파이프라인 비즈니스에서 플랫폼화로 변화하고 있고 따라서 기업들은 변화에 대응하기 위해 기존플랫폼에 합류하거나, 기존 플랫폼을 사들이거나, 아니면 새 플랫폼을 직접 구축해야 하는 상황에 당면했음을 강조했습니다. 그리고 실제로 현재의 시장은 그렇게 흘러가고 있었습니다. 전통적인 파이프라인(pipe line) 비즈니스 구조에서 사업자는 자신이 맡은 단계의 업무에만 충실하면 되었습니다. 따라서 각 단계에 위치해 있는 사업자는 자신이 속한 단계의 업무에만 충실하면 되었기 때문에 업계에는 도매상, 소매상 등의 각 유통단계마다 혹은 제품제조의 단계마다 서로의 비즈니스 영역을 침범하지 않는 암묵적인 규칙(Rule)이 존재했습니다.

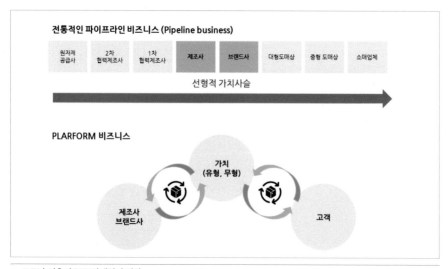

▲ 코로나 이후의 B2B 마케팅의 변화

그러나 이러한 파이프 비즈니스 모델의 빈틈을 파고든 것은 새로운 플랫폼들입니다. 실제로 매우 세분화되어 있는 B2B 비즈니스에서는 제조/유통 등의 각 단계의 업무를 노련하게 처리할 수 있는 파트너업체(서비스공급자)와 파트너십을 맺고 있다는 것은 비즈니스의 큰 자산입니다. 따라서 각 단계를 공정 할 수 있는 업체정보는 영업비밀과 같이 관리되었습니다. 그러나 플랫폼의 생태계에서는 이러한 정보의 비대칭이 곧 가치이기 때문에 얼마 전만 하더라도 소수의 업체들만 독점하던 정보들이 누구에게나 노출되기 시작했습니다. 최근까지도 다양한 플랫폼들의 열풍들이 이어지고 있고 B2B 시장에도 새로운 플랫폼들이 많이 출시되고 있습니다. 파이프라인 비즈니스에서는 소비자는 제품판매자 외에 다른 사업자들을 만날 수 없었지만 플랫폼 내에서는 많이 다른 이야기입니다. 이제는 B2B의 특수한 시장에서 정보의 비대칭을 통해서 고마진을 유지하고 있던 대부분의 제조/유통 업체들의 정보가 누구에게나 공개되어 있습니다. 대표적으로 캐스팅앤(www.castingn.com)이라는 기업용 플랫폼에서는 B2B 분야의 다양한 업체정보를 얻을 수 있습니다.

어디 그뿐이겠습니까? 이제는 대부분의 사람들이 알고 있는 프리랜서 마켓(https://kmong.com/)인 '크몽'에서는 다양한 분야의 전문가들에게 합리적인 가격에 컨설팅 서비스를 제공받을 수 있습니다. 또, 코로나19의 영향으로 인하여 유튜브나 강의채널들이 인기가 많아지면서 각 분야의 다양한 고급정보들이 쉽게 유통되고 있습니다. 이러한 상황에서 B2B 비즈니스가 가야할 길은 명확하다고 봅니다.

포스트 코로나 시대에 B2B 기업에서 갖추어야 할 역량은 크게 3가지 분류로 판단할 수 있습니다.

대분류	구분	설명
디지털 전환	하이브리드 채널 운영	대면채널과 비대면 채널의 동시운영
	마케팅의 멀티채널 운영	고객이 있는 곳이라면 어디든 채널을 열어 두기 (one source multi-use)
	• 디지털 세일즈 • 온라인 플랫폼을 통해서 고객 스스로 구매	• 비디오 컨퍼런스 • 라이브 채팅 • 리모트 셀링(Remote selling/원격영업)
데이터 활용	CRM의 중요성	고객DB의 디지털화
조직력	특정 부서의 독자적인 성과보다는 다양한 부서의 협업이 중요	마케팅, 영업, 기술지원

디지털 전환

하이브리드 채널 운영 (대면과 비대면의 활용)

사실 화상미팅과 같은 비대면 영업채널은 해외에서는 오래전부터 활용하고 있었습니다. 우리나라의 경우에는 국토가 좁고 KTX 등의 교통 인프라가 매우 발전했기 때문에 서울과 부산의 거리도 당일 출장이 가능합니다. 그러나 미국 등 국토 면적이 넓은 국가의 경우에는 오래전부터 비즈니스에 화상미팅이나 컨퍼런스 콜 등을 적극 활용하고 있었습니다.

맥킨지&컴퍼니에서 발간한 리서치 자료에 의하면 코로나가 급격하게 확산되던 2020년 4월에도 대한민국은 완전한 비대면 영업의 비중이 비교국가 중 가장 낮았습니다. 그 다음의 순위를 보이고 있는 것이 일본입니다. 이들의 국가는 2가지 공통점이 있습니다. 대면을 중시하는 '동양 문화권'이라는 점과 국토의 넓이입니다. 흥미로운 부분은 중국의 경우 '동양 문화권'이지만 국토의 면적이 넓기 때문에 완전한 비대면 영업채널의 비중이 일본보다는 높게 나타나고 있는 것으로 파악됩니다.

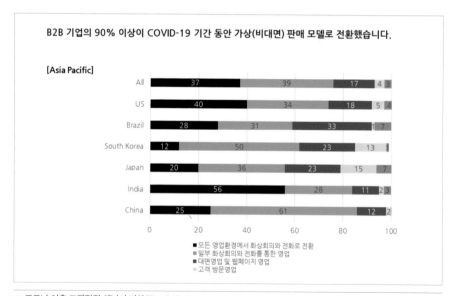

▲ 코로나 이후 고객접점 채널의 변화(The B2B digital inflection point: How sales have changed during COVID-19, April 2020 (McKinsey & Company) / [자료출처] McKinsey & Company – The B2B digital inflection point: How sales have changed during COVID-19 (April 2020)

그러나 중국의 경우에는 완전한 비대면 영업채널의 비중은 낮지만 역으로 컨퍼런스 미팅과 전화를 병행해서 사용하는 비중은 가장 많았습니다. 결국 대한민국은 코로나19의 비상상황에 맞게 빠르게 대면/비대면의 하이브리드 채널을 구축했다고 보는 견해가 적합할 것 같습니다.

마케팅의 멀티채널 운영

마케팅에서도 멀티채널 운영 비중이 높아지고 있습니다. 이제 특정 채널에 집중하는 것이 아니라 고객과 커뮤니케이션 할 수 있는 다양한 창구들을 열어놓는 추이로 흘러가고 있습니다. 코로나 이전에는 전시, 세미나, 컨퍼런스 등의 활동에 주력했다면 지금은 웨비나, 온라인광고, 유튜브 채널운영 등 다양한 마케팅 채널들을 운영하고 있습니다. 코로나로 인하여 오프라인으로 고객을 만날 수 있는 접점 자체가 적어지다 보니 고객이 있는 곳이라면 어디든 찾아가는 적극적인 디지털 전략들을 적용하는 기업들이 많아지고 있습니다.

자사채널 오픈 후 꾸준히 관리를 하는 것이 가장 좋겠지만 단순히 블로그나 링크드인 계정을 생성 후 몇 건의 콘텐츠만 올려 놓았을 뿐인데 브랜드를 인지하고 채널로 유입되는 일명 자연검색유입(오가닉 트래픽/Organic Traffic)이 꾸준히 발생하고 있는 현상을 흔히 볼 수 있습니다. 즉, 계정 생성만 해놓는 경우에도 아무 활동도 하지 않는 것보다는 좋다고 볼 수 있습니다.

디지털 세일즈

고객이 스스로 제품을 비교하고 구매하는 디지털 세일즈는 실제로 그 수요가 많습니다. 실제로 영업사원이 대면하여 친절하게 설명해주는 영업방식(Sales)를 선호하는 고객들이 많지만 반면에 스스로 제품을 탐색해보고 구매까지 하는 구매를 선호하는 유저들도 상당히 많습니다. 그 이유는 대면으로 인한 피로도에서 찾아 볼 수 있습니다. 실제로 한 설문조사에 의하면 많은 고객들이 인간 의사보다 인공지능 의사를 더 선호하는 경향이 있었습니다. 이유는 감정이나 정서의 피로도 때문인데요. 갈 수록 개인화되고 파편화되는 현대인의 정서상 많은 정보들을 온라인에서 수집할 수 있는 현 상황에서는 직접 검토 후 구매하겠다는 사람들의 비중이 높아지고 있습니다. 따라서 코로나 시기에 알맞게 대면 미팅도 좋지만 비디오(VOD)컨퍼런스와 실시간으로 질의 응답을 할 수 있는 라이브채팅과 그 외에 원격영업(Remote selling)등이 실무에 적극적으로 사용되고 있습니다

CRM의 중요성

고객DB의 디지털화

대기업이나 글로벌기업의 경우에는 고객관리(Customer Relationship Management) 솔루션이 잘 구축되어 있는 경우가 많습니다. 대표적으로 대기업에서는 세일즈포스 (salesforce)나 SAP, 오라클(Oracle)등을 활용하여 고객DB를 관리하고 있습니다만 현실적으로 중소기업에서 위의 솔루션들을 활용하기가 쉽지 않습니다. 첫번째 이유는 위와 같은 솔루션을 사용 할 수 있을 정도로 많은 고객DB를 구축한 경우가 드물 뿐더러 비용도 비쌉니다. 그리고 영업사원의 경우 고객DB를 공유하는 것을 꺼리는 성향이 있기 때문에 고객DB를 구축하기 위해 많은 노력을 하더라도 현실적으로 위의 사례가 적용되기는 쉽지 않은 것 같습니다. 그러나 포스트코로나 시대에 고객DB관리는 선택이 아니라 필수가 되었습니다.

영업 조직 내에 고객DB를 시스템화하기 위해서가 아니라 선천적으로 영업에 타고난 감각을 소유한 영업사원이라도 이는 대면의 상황에서 해당되는 이야기입니다. 따라서 비대면 영업에서 차별성을 갖기 위해서는 고객의 사소한 니즈들까지도 기록하여 관리해야 하는 것이 숙명이 되어버렸습니다. 결국 영업적인 개인기나 감각을 어필할 수 있는 대면영업이 아닌 이상 비대면에서 집중해야 할 부분은 고객의 세부적인 니즈들에 경청하고 사소한 디테일에 신경 쓰는 것 외에는 다른 방법이 없습니다. 따라서 고객관리 데이터화는 회사의 측면이 아닌 개인성과의 측면에서도 선택이 아닌 필수가 되었습니다.

조직력(특정 부서의 독자적인 성과보다는 다양한 부서의 협업이 중요)

코로나로 인하여 비대면 영업구조가 확산되면서 부서간의 협업이 매우 중요해졌습니다. 클라이언트 이슈대응을 위해 영업, 마케팅, 기술지원 담당자들이 대면미팅을 할 수 없는 상황이기 때문에 다양한 업무들을 이메일, 전화, 화상미팅으로 대응해야 하는 상황이 발생했습니다. 그간, 클라이언트와의 업무이력이 잘 관리된 회사의 경우에는 이러한 비대면 업무

가 크게 문제가 없겠지만, 문제는 중소기업입니다. 중소기업에서는 조직의 인프라보다 개인의 영업적인 역량으로 업무를 이끌어가는 케이스가 많기 때문에 부서간의 업무 협업이 잘 되지 않는 경우가 많습니다. 따라서 코로나 팬데믹 초기에는 비대면 업무의 효율성을 개선하고자 코로나 '협업툴'의 인기가 이어졌습니다. 그러나 협업툴이 업무환경을 거들 수는 있지만 본질적인 문제를 해결할 수는 없었습니다. 따라서 기존에 커뮤니케이션이 잘 이루어지던 조직에서는 협업툴 도입으로 인하여 업무 생산성을 늘릴 수 있었으나, 기본적인 내부 의사결정 프로세스나 이메일 커뮤니케이션 문화가 자리 잡히지 않는 조직에서는 '협업툴'을 도입하여도 큰 성과를 볼 수 없었던 상황이 이어졌습니다. 도리어 일부조직에서는 기존의 이메일과 메신저 환경은 그대로 유지한 상황에서 새로운 협업툴까지 추가되어 커뮤니케이션에 혼선만 가중되었던 사례들도 많이 발견되고 있습니다.

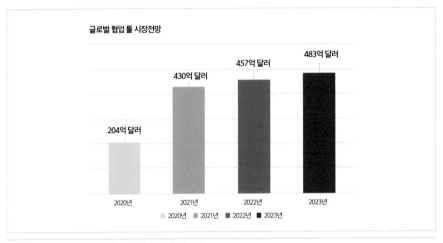

▲ 코로나 이후로 떠오르고 있는 협업툴 [자료출처] IDC

결국 업무의 조직력은 '협업툴'과 같은 새로운 프로세스를 통해서 개선되는 것이 아니라 업무가 어느 정도 분업화가 되어 있고 디지털화되어 있는 조직에서 효과를 얻을 수 있음을 확인할 수 있었습니다. 그러나 문제는 내부의 조직은 디지털화가 진행되었는데 고객사 업무환경은 아직도 전통적인 커뮤니케이션 방식에 머물러 있는 경우에도 불협화음이 생겼습니다. 특히 해외영업의 경우 코로나 펜데믹으로 인하여 거의 접점이 없었던 상황이기 때문에 이러한 상황을 극복하고자 다양한 기관과 부처, 그리고 협회에서 온라인 컨퍼런스와 화상으로 진행되는 비즈니스 미팅을 주선하였지만, 사전에 예약되어 있는 미팅임에도 불구하고 노쇼(No show)가 빈번하게 발생하거나 미팅시간을 유연하게 대처할 수 없었기 때문에 공백의 시간이 많이 발생하는 등의 사소한 문제점들이 많이 발생되었습니다. 이러한 문제들은 비대면 비즈니스가 아직 익숙지 않았던 국내 상황 상 어쩌면 당연한 결과였을 것입니다. 모든 변화는 시행착오를 거치며 새로운 문화가 자리 잡게 됩니다. 2021년도 보스톤 컨설팅 그룹(Boston Consulting Group)에서 발표한 '코로나19 중 화상 커뮤니케이션의 영향' 보고서에 의하면 펜데믹 이후에도 화상회의 솔루션이 필요하게 될 것이라고 예상하는 응답자가 80%가 넘었습니다. 실제로 지금의 국내 비즈니스 상황에서는 대면미팅이 가능한 시기임에도 불구하고 많은 직장인들이 '비대면' 미팅을 선호하고 있습니다. 앞으로도 당분간 마케팅과 세일즈 분야에서는 비대면 채널의 활용이 꾸준히 이어질 것으로 판단됩니다.

✒ 대기업이 아니라면 신속함과 민첩함이 가장 큰 무기 ✒

중소기업의 B2B 마케팅은 달라야 합니다.

B2B 마케터의 경우에는 일인 다역을 하는 경우가 많습니다. 흔히 이름만 들어보아도 아는 대기업의 B2B 마케터 분들도 단순히 마케팅 업무만 진행하는 것이 아니라, 다양한 마케팅 업무를 함께 진행하고 있습니다.

대기업도 이러한 상황인데 중소기업은 어떨까요? 당연히 대기업 마케터보다 더 많은 일들을 하고 있습니다.

실제로 이야기를 들어보다 보면 "저런 업무들까지 마케터가 해야 하나?"라는 생각이 들 정도로 다양한 일들을 하고 있는 경우가 많습니다. 이렇듯 중소기업 B2B 마케터 분들은 실제로 너무 많은 업무를 하고 있습니다.

일반적인 대기업이라면 넉넉한 예산과 비교적 짜인 계획을 통해서 다양한 시도를 꾸준히 해볼 수 있습니다. 그러나 중소기업은 다릅니다. 많은 비용을 투자할 수 있는 환경도 아니고 탄탄한 계획보다는 빠르게 실행해서 바로 성과로 이어질 수 있어야 합니다. 따라서 느릿느릿 신중하게 돌다리를 두들겨보고 건너는 것이 아니라 어느 정도 확신이 선다면 빠르게 적용할 수 있는 송곳과 같은 '핀셋 타겟팅' 전략이 필요합니다

저는 중소기업과 스타트업 기업이 대기업보다 우위에 있는 부분이 민첩성이라고 생각합니다. 대기업은 기존에 쌓아놓은 브랜드 이미지나 신경써야 할 인프라가 많기 때문에 의사결정을 하기까지 매우 오래 걸리고 또 의사결정도 매우 복잡합니다. 그래서 어떤 이슈를 제기하여 의사결정이 완료된 상황임에도 불구하고 이미 시간을 놓쳐버려 그 간의 복잡했던 의사결정 과정들이 무력해지는 상황들이 많이 발생하고 있습니다.

그러나 중소기업과 스타트업은 다릅니다. 비교적 빠르게 의사결정을 하고 브랜드 이미지와 상충되는 부분이 있더라도, 성장의 기회가 있다면 비즈니스 확장을 위해 필

요하다고 생각하는 부분들은 과감하고 빠르게 적용할 수 있습니다. 대표적인 부분이 콘텐츠 마케팅입니다. 대기업에서는 콘텐츠를 하나 올릴 때에도 수많은 절차들이 있지만 중소기업은 다릅니다.

담당자가 어느 정도 의지만 있다면 시의성을 겨냥한 과감한 광고전략들을 펼칠 수 있는 기회들이 많이 있습니다. 따라서, 중소기업 B2B 마케터라면 시장 내에서 경쟁할 수 있는 방법을 신속함을 기본으로 하는 '게릴라' 전에서 찾아야 합니다.

실제로 아래의 이미지를 보시면 대기업의 B2B 마케팅에서도 변화가 이뤄지고 있습니다. 글로벌 IT 기업에서 '베이글'이라는 광고 카피를 사용하고 있고 '세미남'이라는 카피를 사용하고 있습니다.

대기업에서도 도전적인 콘텐츠 마케팅과 마케팅 전략을 펼치고 있는 상황에서 저는 중소기업의 B2B 마케팅은 더 과감하고 더 날카로워져야 한다고 생각합니다.

▲ 친근한 네이밍을 사용하고 있는 글로벌 B2B 기업들 / [자료출처] 베이글 Basic, Easy, Global – 'Oracle Korea' 링크드인 채널 (https://www.linkedin.com/in/oracle-kr/)

콘텐츠 마케팅은 마케팅의 '꽃'이라고 할 수 있을 정도로 매우 강력합니다. 실질적으로 B2C 마케팅은 불특정 다수로 하는 소비재 제품들이 많기 때문에 마케팅 성과에서 미디어 비중이 많은 부분을 차지합니다. 그러나 B2B 마케팅은 양보다는 질입니다. 세분화된 시장내에서 우리의 고객을 어떻게 찾아 낼 것인지가 중요하고 매우 적은 모수들 중에서 비즈니스의 기회를 발굴할 수 있으려면 브랜드의 가독성이 좋아야 하기 때문에 '자사채널'에 집중을 해야 합니다. 따라서 본 책에서는 자연검색유입(오가닉트래픽 / Organic Traffic)의 중요성에 대해서는 매우 강조하고 있습니다.

오가닉 트래픽(Organic Traffic)이란?

오가닉 트래픽(Organic Traffic)이란 광고나 소셜미디어 그리고 기타 사이트와 같은 채널을 통해 사이트로 유도되는 트래픽을 제외하고 검색 엔진을 통해 곧바로 유입되거나 동일한 도메인 안에서 유입되는 트래픽을 말합니다. 간단하게 말하면 네이버, 구글, 다음과 같은 검색엔진에서 브랜드를 인지한 상황에서 '브랜드' 혹은 '서비스'로 검색하여 유입되는 유저들을 말합니다. 따라서 마케팅에서 가장 중요하게 생각해야 할 1순위 타겟으로 해당 타겟을 기준으로 다양한 타겟으로 확장하기도 합니다.

자사채널(Owned Media)이란?

조직이 자체적으로 보유한 미디어로 홈페이지 외에도 페이스북(Facebook) 페이지, 트위터(Twitter) 계정, 유튜브(YouTube) 채널 등과 같은 자사 소셜 미디어도 포함된다. 온드 미디어는 기업에서 소유한 미디어이기 때문에 공신력 있는 정보라는 부분에 있어서 신뢰도가 높다. 따라서 고객들과 신뢰관계를 구축해 놓은 자사채널은 마케팅 도구로서 활용도구가 높다.

트리플 미디어(Triple Media) 전략이란?

2009년 미국 cnet.com에서 Multimedia 2.0이라는 논문을 통해 '트리플 미디어 믹스(Triple Media Mix)'가 처음 소개됐다. 이후 광고대행사 제일기획은 새로운 디지털 마케팅 이슈로 개최된 디지털 리더스 포럼에서 '트리플 미디어'를 제시하고, 요코야마 류지의 '트리플 미디어 전략'을 번역 출간하였다. 트리플 미디어란, 기존의 미디어를 Paid Media, Owned Media, Earned Media 세 가지로 나누어 미디어 전략을 기획할 때 사용하고 있다.

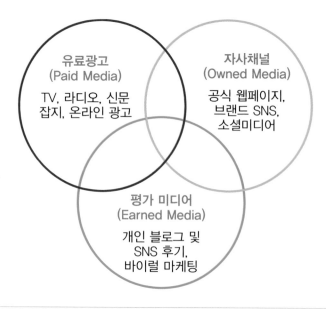

▲ 트리플 미디어 (Triple Media) 전략

🖊 사업의 위기를 극복해온 '오너(Owner)'의 경험은 어떤 툴로도 대체할 수 없습니다. 🖊

중소기업 마케팅의 경우 대표나 부서장이 직접 리딩해야 하는 이유

제가 이런 생각을 하게 된 이유는 딱 한가지입니다. 수많은 스타트업과 중소기업을 접해본 결과 어느 정도 마케팅의 성과가 꾸준히 나오는 기업은 대표이나 의사결정의 권한이 높은 부서장께서 관심을 갖고 캠페인을 리딩한 경우가 압도적으로 많습니다. 오늘은 그 다양한 이유에 대해 설명해보려고 합니다.

급변하고 있는 광고시장에서 높은 우위를 점거하기 위해서는
빠른 의사결정이 필요합니다.

마케팅을 진행하기 위해서는 다양한 자원(Resource)을 투입해야 합니다. 금전과 같은 실질적인 비용이 들어가는 경우와 인적자원이 들어가는 부분이 대부분이지만 어느 마케팅이든 투자를 하고 성과를 기다리는데까지 시간이 필요합니다. 넓은 의미에서는 시간도 비용의 범주에 들어가야 합니다. 이러한 이유 때문에 마케팅의 영역 중 가장 쉽게 생각하는 검색광고의 분야에서도 새로 진입하는 업체가 큰 예산을 투입하더라도 바로 상단에 광고를 집행할 수 없습니다. 왜냐하면 오랜 기간 광고를 꾸준히 집행해온 캠페인의 경우에는 광고의 품질지수가 올라가서 캠페인이 최적화가 되기 때문입니다. 광고 최적화는 거의 모든 유료광고에서 공통적으로 발생하는 부분으로 일반적으로 비용을 작게 운영하더라도 오래 운영한 클라이언트에게 이점을 주고 있습니다.

이러한 마케팅 격차는 새로 생기는 광고에서 많이 발생합니다. 각 플랫폼에서는 주기적으로 새로운 광고구좌와 타겟팅을 출시하고 있는데 이러한 구좌들은 초창기 진입하는 유저들에게 최적화에서 이점을 주고 있습니다. 최적화의 이점이라고 하면 클릭당 비용이 저렴하게 발생하여 광고 효율이 올라가는 것이 대표적입니다.

문제는 의사결정을 할 수 있는 부서장 이상이 아니라면 실무자의 경우에는 이런 새로운 광고에 대해 소극적으로 대응할 수밖에 없습니다. 따라서 불필요한 다양한 의사결정의 과정이 발생하게 되고 결국 빠르게 진입해야 할 시기를 놓쳐버리는 경우가 많습니다. 그리고 현실적으로 실무자 입장에서 신규광고구좌를 제안하기에는 회사 조직구조상 리스크가 있을 수 있기 때문에 적극적으로 제안할 수 없는 한계가 있습니다. 그러나 마케팅에서 높은 우위를 점거하기 위해서는 새로 출시하는 신규광고구좌를 빠르게 도입하는 것이 좋습니다. 결국 기존의 마케팅에서 '살바싸움'을 하는 것 보다는 새로 출시하는 광고상품에서 우위를 점거하는 것이 더 효과적입니다.

오너의 경험에서 나오는 지혜는 따라 갈 수가 없습니다.

검색광고만 예를 들더라도 요즘은 마케팅툴들이 잘 되어 있어 원하는 키워드만 등록하면 그와 연관된 키워드들을 모두 뽑을 수 있습니다. 문제는 이러한 방법으로는 나도 편하게 키워드를 추출할 수 있지만 경쟁사에서도 동일하게 키워드를 추출할 수 있다는 것입니다. 마케팅 기술이 발전하면서 대부분의 마케팅 분야에서 상향평준화 현상이 발생되고 있기 때문에 이러한 방법으로는 마케팅의 우위를 점거하기가 어렵습니다. 이런 경우에 도움이 될 수 있는 것이 오너의 경험에서 나오는 연륜입니다. 보통 CEO분들은 사업을 안착시키기까지 수많은 위기를 이겨내면서 지금 위치까지 올라온 만큼, 경험에서 우러나오는 인사이트는 어떤 기술로도 이길 수가 없습니다. 대표적으로 신규시장이나 틈새시장을 발견하고 특정 키워드를 연상해낼 수 있는 상상력은 주니어 마케터가 마케팅툴을 분석해보고 자료조사를 해본다고해서 단 시간에 습득될 수 있는 부분이 아닙니다. 저는 온라인에 대한 이해도가 부족할 수밖에 없는 50대 이상의 CEO분들이 디지털 마케팅 실무를 경험하지 않고도 디지털 마케팅의 다양한 문제점들을 진단하는 것들을 여러 번 경험하였습니다. 그 중에서 인상 깊었던 CEO분은 은퇴를 앞둔 연륜인데도 불구하고 광고구조나 시스템에 대해 대부분 이해하고 있으셨습니다. 결국 기술이 발전하여도 경험에서 우러나오는 지혜는 따라가기 힘들다는 것을 느꼈습니다.

오너가 마케팅을 리딩하지 않는 경우에는 정확히 위의 반대현상이 발생합니다. 실무자가 부서장에게 결제를 올리고 부서장이 임원 혹은 CEO에게 보고를 올리는 과정에서 이미 시장은 변화하고 있기 때문에 시기를 놓쳐버리는 경우가 많습니다. 그리고 온라인 마케팅의 경우 민첩하게 대응을 해야 하는데 형식상으로 실무자에게 온라인 마케팅에 대한 '전권'을 부여하기는 하지만 그러한 권한이 제대로 발휘가 되는 경우는 극히 드뭅니다. 대부분 '전권'이라는 좋은 이름하에 '책임'만 따라가는 경우가 많이 있어서 그러한 권한을 행사하는 경우가 없고 도리어 공격적인 마케팅을 하기보다는 기존의 마케팅을 유지하는 쪽으로 포커스가 되는 경우가 상당히 많은 것 같습니다. 결국 이러한 '샅바싸움'과 같은 마케팅으로는 목에 힘줄만 잔뜩 생길뿐, 마케팅의 우위를 점거할 수 있는 결정타를 만들 수 없다는 것을 수많은 업체들을 만나보면서 느낄 수 있었습니다.

PART 02

잘나가는
중소기업의
노하우는 DB

INDEX.

✎ 영업을 위해 가장 필요한 것은 고객DB. 고객DB가 곧 매출이다. ✎

　다양한 B2B 기업들을 만나보면서 느낀 부분이 있습니다. 비즈니스가 성장하느냐 정체 되느냐의 가장 큰 열쇠는 DB(LEAD/잠재고객)가 안정적으로 유입되는 인프라를 구축하고 있느냐 없느냐에 따라 달라진다고 해도 과언이 아닙니다.

　여러 B2B 중소기업들을 분석해보면 어느 정도 유지가 되고 있는 기업들은 대부분 특정 분야의 클라이언트를 명확하게 구축하고 있습니다. 다만, 구축되어 있는 클라이언트들이 생각보다 많이 확장되지 않고 정체된다는 것을 알게 되었습니다. 워낙 세분화된 시장이다 보니 특정 시장에 안착했다고 해당 시장 내에서 발생할 수 있는 매출은 한정적인 경우가 많습니다. 그렇다고 해서 더 큰 클라이언트를 확보하기에는 현실적으로 현재 인프라가 뒷받침되지 않기 때문에 한계가 있습니다.

　그럼에도 불구하고 정체되어 있는 성장을 이겨내고 새로운 시장을 확보하는 기업들을 분석해보면 고객DB에서 찾을 수 있었습니다. 빠르게 온라인 인프라를 구축하여 꾸준히 새로운 고객을 만날 수 있는 접점을 확보한 회사들은 새로운 성장을 이어 나가고 있지만 그 외의 기업들은 시장 내에서 새로운 클라이언트의 유입과 이탈이 반복되지만 결국, 큰 흐름에서는 매출과 성장이 정체되는 상황에 당면하게 됩니다.

　고객과의 관계 개선과 접점을 확보하기 위해 세미나 및 골프 행사와 같은 전통적인 오프라인 마케팅을 진행하고 있지만 공간과 시간의 제약을 받는 오프라인 활동의 특성상 새로운 고객들을 꾸준히 만나기에는 역부족입니다. 당장의 이익으로만 본다면 눈앞에 있는 고객과 접점을 만들어서 계약을 완료(Closing)할 수 있는 오프라인 활동들이 유리할 것이라 생각하겠지만 문제는 확장성입니다. 인적 네트워크나 오프라인 접점을 통해서 새로운 고객사를 확보해 나가기에는 시간이 많이 필요합니다. 따라서 초창기에는 효율이 떨어지더라도 빠르게 온라인 기반의 사업 인프라를 구축한 기업들은 시간이 흐르면서 그 간의 마케팅 활동들이 축적되어 성장에 가속도가 붙게 됩니다. 결국에는 오프라인 마케팅과는 비교가 안될 정도의 새로운 시너지 효과를 발생시키게 됩니다.

DB가 꾸준히 유입되는 인프라를 갖게 된다는 것은 영업 활동에도 엄청난 메리트가 있습니다. 꾸준히 새로운 고객과의 접점을 만들어 갈 수 있다는 것은 그 자체만으로 도 매력적인 일입니다. 미팅의 양이 많아져서 소화하지 못할 정도의 상담문의를 받게 되는 상황이 오더라도 웹페이지 내에 예산, 도입 시기 등 값들을 새로 셋팅하여 해당 데이터를 기반으로 영업기회에 따른 등급(Lead Scoring)을 부여하여 빠르게 대응할 고 객과 후순위로 대응해야 할 고객으로 나눌 수 있습니다.

결국 들어오는 DB를 필터링하여 업무를 조정하는 것은 얼마든지 가능하지만, 없는 DB를 새로 만드는 것은 많은 시간과 비용을 필요로 합니다. 따라서 이러한 이유 때문 에 저는 B2B 기업이 성장하느냐 정체 되느냐의 큰 열쇠는 LEAD 개발의 인프라에 있 다고 생각합니다. 일부 의견으로는 온라인에서 유입되는 DB는 품질이 낮아 계약완료 율이 낮다는 의견도 있지만 그러한 부분들을 고려하더라도 1건당 매출(Deal)의 단위 가 큰 B2B 비즈니스의 특성상 새로운 클라이언트를 개발할 수 있는 채널에 꾸준히 투 자하는 것은 매우 옳은 선택이라고 볼 수 있습니다.

✏ DB를 수집할 수 있다면 비즈니스를 이끌 수 있습니다. ✏

시제품(Prototype) 제조와 관련된 업체의 B2B 마케팅을 진행하면서 신기한 현상을 경험하게 되었습니다. 시제품 제조쪽은 고전적으로 CNC(Computer Numerical Control) 가공으로 진행하고 있지만 최근에는 3D 프린팅 기술을 사용하여 제작하는 사례가 늘어나고 있는 추이입니다. 막상 시제품 제조업체를 방문해보니 넓은 공간은 물론 고가의 기계까지 생각보다 다양한 인프라가 필요했습니다. 그런데 고가의 인프라를 구축하고 있었지만 마케팅이 원활하게 이루어지지는 않았습니다. 오히려 장비 없이 고객들의 주문만 받아서 실제 제조는 외주(Out-Sourcing)에 의뢰하는 스타트업 기업이나 소기업들이 더 많은 구매건수(Order)를 취급하고 있었습니다. 제조 시설을 구비하고 있는 것과 그렇지 않은 것의 차이는 이루 말할 수 없겠지만, 글로벌 IT기업의 선두주자인 '애플(Apple)'의 경우도 폭 넓은 제조 인프라 없이 '핵심기술'과 '핵심파트너'와의 협업으로도 비즈니스를 성장시켜 나가는 최근의 다양한 사례들을 비추어 보았을 때, 그리 신기한 현상도 아닙니다. 그렇지만 많은 시제품 서비스와 관련된 구매 건들이 제조시설 구비 없이도 마케팅을 잘 하고 있는 소기업이나 스타트업쪽으로 쏠리는 현상을 보니 매우 신기했던 기억이 있습니다.

결국 요즘은 어떠한 분야든 마케팅과 브랜딩이 매우 중요한 시기라고 볼 수 있습니다. IT분야에서도 하드웨어 혹은 소프트웨어에서 전문성과 인프라를 갖추고 있는 일부 컨설턴트 분들은 제품의 재고부담이나 유지보수 인력의 유지비용 없이도 충분히 프로젝트를 수행하는 경우를 꽤 많이 보았습니다. 이분들의 공통점은 끊임없이 새로운 고객들을 만들 수 있는 자신만의 인프라를 구축하고 있었습니다. 결국, 고객들을 접할 수 있는 DB만 꾸준하다면 제품재고 없이, 운영인력을 직접 고용하지 않고도 다양한 프로젝트를 운영할 수 있는 것입니다. 이런 컨설턴트분들의 마케팅 활동을 살펴보게 되면 가장 많은 비중을 차지하는 것이 블로그 운영이나 SNS를 운영하는 것입니다.

블로그는 구매의 니즈를 포함한 키워드를 통해 유입되기 때문에 구매전환이 매우 높은 채널입니다. 블로거들의 카테고리 중 일상, 맛집, 취미 등의 비율이 높기 때문에

B2B 비즈니스 분야의 블로그 시장은 상대적으로 경쟁이 덜합니다. 따라서 다른 분야에 비해 상대적으로 적은 시간투자로도 콘텐츠 마케팅을 효율적으로 진행할 수 있습니다. 그리고 페이스북, 링크드인 등의 소셜미디어를 활용하여 꾸준히 브랜딩을 하고 있는 경우에도 새로운 고객들을 만날 수 있는 좋은 마케팅 채널이 될 수 있습니다.

이렇게 마케팅만 잘 활용하게 된다면 조직을 꾸리지 않고도 다양한 비즈니스를 충분히 소화할 수 있는 인프라를 갖출 수 있습니다. 그러나 마케팅의 성과가 발생하는 데 까지도 일정 시간이 필요합니다. 요즘은 유통업계에서도 많은 변화가 생겨서 유통사에서 단순히 제품을 유통/분배(Distribution)만 하는 것이 아니라 직접 마케팅까지 하는 경우 사례들이 늘어나고 있습니다. 그러나 제조나 유통 기반의 업체가 마케팅 인프라를 확장하게 될 때, 비용과 전문 인력을 충당하더라도 생각보다 비즈니스가 더디게 발전하는 패턴을 보이고 있습니다. 이는 새로운 예산과 전문 인력이 확보가 되었더라도 내부의 조직이나 마케팅 프로세스가 안착되기까지 다양한 시행착오가 필요하기 때문입니다.

결국 마케팅 인프라 구축은 전문 인력과 비용만 있다고 해서 가능한 것이 아니라 물리적인 시간도 반드시 필요합니다. 따라서 제조/유통 기반의 업체에서 마케팅 인프라를 확장하여도 생각보다 발전의 속도가 더딘 이유는 이러한 이유들 때문입니다. 그러나 마케팅의 성장속도가 느린 것은 시간이 지나면서 개선될 수 있는 부분이지만 생각보다 많은 기업에서 다양한 마케팅 시도에도 불구하고 성과가 좋지 않기 때문에 마케팅에 대한 투자를 철회하게 되는 일종의 해프닝(Happening)이 되었던 사례들도 심심치 않게 발견할 수 있습니다.

따라서 마케팅 인프라를 구축하는 것도 절대 단기간에 성장시킬 수 없다는 것이 다양한 기업들의 사례로써 증명이 되었고 겉으로 보기에는 별것 아닌 것처럼 비추어지더라도 그 속에서는 다양한 도전과 시행착오들이 꾸준히 진행되고 있다는 사실을 잊어서는 안 됩니다. 결국 가장 좋은 마케팅이란, 거창한 것이 아니라 유지할 수 있는 가장 적은 비용으로 가장 빠르게 시도해서 다양한 사례들을 빠르게 학습하는 것이 해답이라고 생각합니다.

✒ 사례1. 10년전 B2B 분야에서는 진행하지 않았던 디지털 마케팅을 도입한 기업 ✒

국내 글로벌 기업의 IT 하드웨어와 소프트웨어 제품을 판매하고 있는 국내 유통 총판 대표님과 미팅을 한 적이 있습니다. 현재 해당 회사에서는 'B2B IT 쇼핑몰'을 운영하고 있는데 해당 쇼핑몰은 B2B 마케팅에서 적극적으로 온라인을 도입하지 않던 10년 전부터 운영하셨다고 합니다. 10년 전 B2B 시장에서는 온라인을 활용하는 기업들이 많지 않았습니다. 특정 산업전시나 세미나, 그리고 B2B 고객들과의 접점을 만들기 위한 협회활동, 그리고 VIP 고객을 관리하기 위한 골프행사 등을 주로 활용하던 시절이었는데 그 당시에 온라인 광고 시장에 진입하신 것입니다. 오래전부터 온라인 광고를 활용하셨으니 내부에는 수년간 축적되어 있는 다양한 정보들이 있고 다양한 위기들을 극복해오면서 지금까지 운영해오다 보니 시행착오를 거치며 다양한 부분에서 개선이 이루어졌던 것입니다.

시간이 지나면서 오프라인 마케팅보다는 온라인 마케팅의 활용도가 높아졌고 온라인 마케팅을 제대로 활용하지 못하던 다양한 후발기업들이 서둘러 온라인으로 전향을 하려고 했지만 노하우가 없다보니 그 격차가 쉽게 줄어들지 않았습니다. 결국 수년간 닦아온 온라인 마케팅 기반 덕분에 해당 회사는 'B2B IT 쇼핑몰'의 굳건한 위치를 지키고 있습니다.

대표님께 10년 전에 어떻게 온라인 광고를 도입하실 생각을 하셨냐고 물으니 시간이 지나면서 자연스럽게 온라인 시장이 성장할 것이라고 판단을 해서 과감하게 투자를 하셨다고 합니다. 그러나 B2B 비즈니스인지라 온라인에서 직접 결제하는 유저의 비중이 많지는 않고 별도의 상담문의를 통하여 영업사원이 응대하는 구조로 운영을 하고 있는데 온라인에서 직접적인 구매가 이루어지지 않더라도 상담문의가 꾸준히 들어오고 있습니다. 상담문의가 바로 구매로 이어지지 않더라도 그러한 문의들이 쌓이고 쌓이다보니 풍부한 고객 데이터베이스를 구축하게 되어 지금과 같은 고객 인프라를 형성하게 되었다는 것입니다.

대표님 말씀 중에서 인상이 깊었던 부분은 "쌓인다"는 표현이었습니다.

실전 마케팅에서는 성과를 너무 조급하게 생각하는 경향이 있습니다. 아무리 좋은 아이디어라도 막상 실행을 하게 되면 예상보다 성과가 적게 나오는 경우가 많습니다. 결국 시간을 갖고 꾸준히 투자하면서 개선을 해야 하는데 좋은 아이디어가 떠오르면 막상 시도했을 때, 빠르게 성과가 나올 것 같은 착각이 생기게 됩니다.

그러나 그 동안 진행했던 다양한 마케팅 캠페인에 대해 생각해보면 마케팅은 쌓이는 것이 맞는 것 같습니다.

앞서 말씀드렸듯 모든 광고는 최적화 기간을 지나야 본격적인 성과가 나오기 때문에 현실적으로 짧은 시간으로는 큰 성과를 기대하기 어렵습니다. 가장 쉽게 입문하는 네이버 검색광고의 경우에도 광고의 집행시간을 품질지수에 반영하기 때문에 오래 진행한 광고가 유리합니다. 그리고 콘텐츠 마케팅에서 많이 활용하는 블로그의 경우에도 블로그가 최적화 되면서 콘텐츠들이 검색노출(SEO)이 되기 때문에 쌓인다는 표현이 맞습니다. 유튜브의 검색 알고리즘도 처음 콘텐츠에 일명 '떡상'을 하는 경우도 있지만 대부분의 채널들은 콘텐츠들이 쌓이면서 노출이 됩니다. 반대로 유튜브의 경우 6개월 이상 활동하지 않은 계정에서 생성하는 콘텐츠들은 노출이 안되기 때문에 "마케팅은 쌓일수록 빛을 본다"는 말의 반증이기도 합니다.

이날 중소기업 대표님과의 미팅이후로 마케팅에서 "쌓인다"는 개념에 대해 깊게 고민을 해보았고, 다양한 마케팅 활동들을 주기가 길더라도 꾸준히 실천하는 습관을 기르게 되었습니다. 오늘날 이 책을 출판하게 된 기본적인 이유도 그 간의 마케팅들이 쌓이고 쌓여 다양한 경험과 통찰력을 길렀기 때문이라고 생각합니다. 마케팅에 쌓인다는 개념은 앞으로도 굳건히 유지해볼 생각입니다. 제가 존경하는 멘토는 평소에 "평범한 꾸준함이 비범함을 만든다"고 자주 조언을 해주셨는데, 이 조언은 마케팅에서도 해당이 되는 말인 것 같습니다.

✎ 사례 2. 잘 나가는 보험영업사원의 비밀 ✎

세상에는 숨은 고수들이 많습니다. 마케팅의 영역도 다르지 않다고 생각합니다. B2B마케팅에서 '리드제너레이션'이나 '리드너처링' 등 어려운 단어들이 많이 나오지만 사실 이러한 용어들은 마케팅 이론에서 나오는 개념적인 '정의'일뿐 실제적으로 더 넓은 분야에서 사용되고 있습니다. 요즘은 B2B 마케팅과 B2C 마케팅을 꼭 다른 마케팅이라고 분리하기보다는 넓은 흐름에서는 같되 일부 산업군이나 업종에 따라서 특수성들이 반영된다는 시각이 더 지배적인 것 같습니다. 실제로 B2C 마케팅에서도 제품을 구매하기까지 최상의 관여도가 반영되는 제품들의 경우에는 B2B 비즈니스와 비슷한 맥락을 보이고 있습니다. 대표적인 상품들로 부동산, 금융, 의료 서비스 등을 예를 들 수 있습니다.

B2B비즈니스와 유사한 구매 패턴을 보이는 분양시장

부동산의 경우 서울에서는 집값 상승률이 높아서 평생을 구매해보지도 못하는 사람들이 많은 제품입니다. 그러다보니 단순히 온라인만으로 구매가 이루어지는 것이 아닌 정보접촉 후 비즈니스 미팅, 그리고 의사결정에 다양한 요소들이 작용합니다. 당연히 그럴 수밖에 없습니다. 일반인의 경우에 평생 한번 있을까 말까한 기회이기 때문에 의사결정에 다양한 요소들이 반영될 수 밖에 없습니다.

부작용에 대한 기회비용이 크게 작용하는 의료시장

의료 서비스들도 마찬가지 입니다. 성형수술과 같은 고관여 의료서비스들은 비용에 대한 기회비용보다는 재수술에 대한 기회비용도 매우 크기 때문에 매우 높은 관여도가 작용하고 있습니다. 그리고 더불어 금융서비스 중에서도 종신보험과 같은 서비스들은 한번 결정하게 되면 총 납입해야 할 보험료도 많고, 또 중도 해지시 치루어야 할 기회비용이 크기 때문에 의사결정에 매우 다양한 요소들이 반영됩니다.

따라서 이러한 최상의 관여도가 작용되는 서비스들은 비용지불의 주체가 개인일뿐 기업용 거래에서 보이는 복잡하고 긴 구매결정의 과정을 보이고 있습니다. 이번 단락에서는 소개한 다양한 서비스 중 어느 한 보험영업사원에 대해 소개해볼까 합니다.

해당 영업사원은 영업DB 수집부터 영업까지 마케팅의 모든 과정을 시스템화를 시키고 있었고, 특히 영업조직의 구축을 위해 보험 설계사들을 모집하는 마케팅 또한 시스템을 구축하여 관리하고 있었습니다. 해당 영업사원의 핵심은 고객들이 모객되는 과정에서 문자발송, 이메일 발송, 카카오톡 채팅방 초대 등 반복적인 일들을 모두 자동화를 시켜서 진행하고 있었고 시스템은 다르지만 그 구조가 리드생성 단계에 따른 마케팅 퍼넬 구조와 매우 흡사했습니다. 이번 글에서는 그 구조를 소개할까 합니다.

1. 유료광고 (검색광고, 메일 발송 및 쪽지발송, SNS광고)
2. 자사채널 유입 (블로그 및 카페)
3. 랜딩페이지 유입 후 설문독려 (아임웹, 워드프레스)
4. 소책자(브로셔) 신청자 DB 엑셀 데이터화
5. 엑셀에 저장된 연락처로 안내 문자 자동발송
6. 엑셀에 저장된 이메일로 정보성 이메일 자동발송
7. 2차 설문에 따라 영업의 기회에 따라 비즈니스 미팅 혹은 영업기회 육성을 위해 또 다른 시퀀스를 개발하여 4번의 항목을 반복
8. 고객접점 후 계약완료

위의 과정은 일반적인 B2B 비즈니스의 리드개발과 리드 육성 캠페인에서 다루는 단계별 전략과 매우 흡사합니다. 더욱 놀라운 점은 구조는 물론 나름의 마케팅 자동화를 통해서 리드를 선별하는(리드 스코어링) 과정까지 자동화를 이루었다는 점입니다. 위의 시스템을 마케터가 아닌 영업사원이 스스로 캠페인을 기획하고 모든 캠페인을 구축했다는 부분에 놀라움을 느꼈습니다. 위의 사례에서 기초적인 '마케팅 자동화' 시스템에 대해 언급을 했는데, 마케팅 자동화와 관련해서는 뒤쪽에 있는 글에서 다시 설명해보도록 하겠습니다.

결국 잘나가는 영업사원의 비밀은 성실함과 열정에서만 있었던 것이 아니라 온전히 영업에 집중할 수 있는 영업환경을 스스로 구축한 것에서 찾을 수 있습니다. 우선 영업사원의 계약완료 확률을 높이기 위해서는 첫 번째로 들어오는 영업 DB의 수량이 많아야 합니다. 그리고 들어오는 DB는 영업의 기회가 있는 고품질의 DB가 들어와야

합니다. 그게 아니라면 기존 DB를 육성(Lead Nurturing)하여 새로운 영업의 기회를 만들어야 합니다.

 그러나 위의 3가지 방법의 공통점은 모두 DB가 들어오는 구조를 시스템화하여 안정적으로 DB를 공급받을 수 있는 인프라를 구축하는 것에서 찾을 수 있습니다. 가끔 전문 마케터는 아니지만 웬만한 마케터 이상의 마케팅 인사이트를 갖고 있는 대표님이나 영업사원분들을 만나게 됩니다. 확실히 노련하지는 않지만 현장의 '노하우'와 '절실함'으로 무장했기 때문에 노련하지는 않지만 본질에 있어서는 어느 마케터보다도 훌륭한 인프라를 구축하고 있습니다. 결국 마케팅도 절실함과 의지의 차이라는 것을 느끼게 됩니다.

✎ 사례 3. 커뮤니티의 핵심은 DB 마케팅 ✎

온라인상에는 특정산업분야와 관심사를 기준으로 형성되어 있는 다양한 커뮤니티가 있습니다. 이러한 커뮤니티 마케팅의 본질은 양질의 콘텐츠를 생산하여 비즈니스와 관련된 많은 사람들을 모으는 것입니다. 양질의 정보가 있으면 사람들이 모이게 되고 모이는 사람들이 많으면 커뮤니티는 강력한 마케팅 채널로 성장하게 됩니다. 비즈니스와 관련된 커뮤니티를 형성해서 얻을 수 있는 수익모델은 너무나도 많습니다.

커뮤니티의 핵심은 유저이기 때문에 넓은 의미에서는 고객DB를 얻는 것과 같습니다. B2B 마케팅에서 고객DB를 개발하기 위해 얼마나 많은 노력을 기울이고 있는지는 따로 설명을 드리지 않아도 아실 수 있는 부분이라 생각됩니다.

커뮤니티에 유저가 많아지면 회원DB를 통해 정보성 메일을 발송할 수 있기 때문에 그 자체만으로도 수익이 될 수 있습니다. 또, 풍부한 회원DB를 기반으로 프리미엄 유료 서비스를 개발하여 별도의 수익을 창출할 수도 있습니다.

그러나 위의 방법 외에도 꼭 수익모델을 개발하지 않고도 특정 브랜드에 충성도 (royalty)가 높은 유저들이 특정 커뮤니티를 통하여 자발적인 홍보가 이루어진다는 것만으로도 매우 의미 있는 마케팅이 될 수 있습니다.

커뮤니티 마케팅은 기존 회원들에게는 새로운 로열티를 제공함으로써 구성원과의 유대감을 느낄 수 있도록 할 수 있습니다. 네이버 카페의 경우 자발적으로 생성되는 콘텐츠들이 자연검색노출(SEO)을 통하여 네이버 VIEW탭에 노출이 되기 때문에 커뮤니티 자체만으로도 새로운 회원들을 꾸준히 유입할 수 있는 마케팅 채널이 됩니다.

아래의 커뮤니티들은 B2B 분야에서 운영되고 있는 다양한 커뮤니티들을 정리해보았습니다.

몇 가지의 사례를 통해 커뮤니티 마케팅의 목적과 흐름에 대해 파악을 하실 수 있으리라 생각됩니다.

▲ 스플렁크 프라이빗 커뮤니티 / [자료출처] https://www.facebook.com/groups/SplunkKoreaUserGroup

페이스북 그룹으로 운영되고 있는 커뮤니티입니다. 특정 회원들을 위하여 유니크하게 운영이 되는 비공개그룹으로 구성원들의 로열티가 상당히 높은 커뮤니티로 볼수 있습니다. 이러한 커뮤니티들은 주로 하이테크 비즈니스나 매우 세분화되어 있는 시장을 타겟으로 하는 비즈니스인 경우가 많습니다. 페이스북 그룹을 통해서 가장 심플한 구조로 운영을 하고 있는 대표적인 사례로 볼 수 있습니다.

▲ 유니티 허브(Unity Hub) - 게임 개발자 커뮤니티 / [자료출처] https://cafe.naver.com/unityhub

네이버 카페의 형식으로 운영되고 있는 커뮤니티입니다. 네이버 커뮤니티의 가장 큰 장점으로는 게시물이 네이버 View탭에 노출이 되어 자연검색노출이 가능하다는 부분입니다. 따라서 사람들이 모이면 모일수록 카페의 게시물이 많이 생성될수록 그 파급력은 기하급수적으로 늘어나게 됩니다. 진입장벽이 높은 고관여 서비스의 경우에는 유저들 대상의 커뮤니티를 운영하여 새로운 업데이트 사항이나 정보들을 꾸준히 제공하는 것만으로도 고객들과 좋은 접점을 만들 수 있고, 로열티가 높은 고객들을 만드는데 큰 도움이 됩니다.

그리고 카페에는 게시판 기능이나 단체 메일 혹은 쪽지 보내기 등 플랫폼 내에 있는 다양한 기능들을 별도의 구축 없이 사용할 수 있기 때문에 별도의 개발 없이 커뮤니티를 쉽게 구축할 수 있습니다.

▲ 꿈꾸는 개발자, DBA 커뮤니티 구루비 / [자료출처] http://www.gurubee.net/

워드프레스나 별도의 웹페이지 개발을 통해 커뮤니티를 구축한 사례입니다. 워드프레스로 제작한 경우에는 구글 검색 노출이 잘되기 때문에 네이버보다 구글에서 검색량이 높은 하이테크 비즈니스에 적합하고 특히 구글은 글로벌 유입이 많기 때문에 해외시장으로 확장할 수 있는 서비스들이 많이 활용하고 있습니다. 그러나, 별도로 디자인 및 코딩을 진행해야 하고 게시판이나 DB를 관리해야 하는 경우 워드프레스의 플러그인 기능이나 별도의 백엔드 개발이 필요하기 때문에 제작의 난이도는 가장 높다고 볼 수 있습니다.

그러나 개발의 진입장벽이 높은 만큼, 타 플랫폼에 의지하지 않고 100% 독자적으로 운영할 수 있기 때문에 상당한 자율성이 주어지게 됩니다. 그리고 웹페이지에 일부 공간을 구글 광고지면으로 제휴하여 사용할 수 있기 때문에 구독서비스나 이메일링 서비스 외에 플랫폼 자체만으로도 구글 애드센스 등과 같은 별도의 수익을 만들 수 있습니다.

구글 애드센스란?

광고주는 광고주 모집 프로그램인 Google Ads에 가입함으로서 구글에게 광고를 의뢰하고, 개인 사이트, 블로그 등의 광고 게시자는 애드센스에 가입함으로서 구글에게 광고 게시 영역을 제공하면, 구글은 광고주로부터 의뢰받은 광고를 애드센스 가입 사이트로부터 제공받은 광고 게시 영역에 게시한다. 이로부터 구글이 일정 수익 이상을 받으면 애드센스 가입자에게 광고 수익을 배분하는 방식이다.

한국 비즈니스 협회 - 영업인 소기업CEO를 위한 돈과시간의 자유

1인기업, 작은 기업, 영업인 부자되는 확실한 성공 비법 …

주제	교육 > 직업교육	멤버수	61,689
랭킹	가지4단계	새글/전체글	46/361,328
지역	서울특별시 > 강남구	카페프로필 >	

▲ 한국비즈니스협회 / [자료출처] https://cafe.naver.com/wwwxodls77

영업인들에게 다양한 강의 콘텐츠와 비즈니스 컨설팅을 제공하는 커뮤니티입니다. 해당 커뮤니티는 구성원간의 네트워킹이 매우 긴밀하게 이어져 있기 때문에 비즈니스 정보교류가 가능하고 커뮤니티 멘토를 배정받아 사업 컨설팅을 받을 수도 있습니다.

해당 협회는 멤버십으로 운영이 되기 때문에 비용을 지불하고 가입을 진행할 수 있으며 멤버십 혜택으로 누릴 수 있는 것들이 상당히 많이 있기 때문에 자신의 역량을 강화하고 싶은 다양한 영업인들이 활동하고 있는 커뮤니티입니다. 해당 커뮤니티 역

시 양질의 콘텐츠를 중심으로 다양 유저들이 모이면서 커뮤니티에 프리미엄이 형성되고 있는 대표적인 사례로 보실 수 있습니다.

이처럼 특정 분야의 커뮤니티를 운영한다는 것은 매우 매력적인 일입니다. 위에 소개한 커뮤니티 외에도 마케팅, 이커머스, 부동산전문가, 유통전문가, 임상실험 등 B2B 비즈니스와 관련된 다양한 커뮤니티들이 형성되어 있습니다. 특정 사업을 운영하고 있는 사업주가 이러한 커뮤니티를 운영하고 있다는 것은 마케팅 채널로서 가치가 무궁무진합니다. 그러나 가치가 높은 만큼 커뮤니티를 활성화시키기 위해서는 부단한 노력이 필요합니다만 진입장벽이 높다는 것은 역으로 타사의 마케팅 경쟁에서도 쉽게 흔들리지 않을 수 있기 때문에 커뮤니티가 형성된 이후에는 오히려 장점이 될 수 있습니다. 커뮤니티 운영을 시작으로 크게 사업을 확장한 경우는 우리 주변에서 쉽게 찾아 볼 수 있습니다.

PART 03

"복잡한 시장조사는 이제 그만, B2B 마케팅도 가볍게 시작합시다."

INDEX.

✏ Startup도 Lean. 마케팅도 Lean! ✏

오늘은 이미 오래전부터 실리콘밸리에서 유행하고 있는 비즈니스 개발이론인 린 스타트업(Lean Startup)에 대해 소개 해보려고 합니다. 사실, 이 책은 비즈니스 창업이론 이지만 마케팅에도 접목할 수 있는 부분이 너무나도 많습니다.

국내에는 2012년도에 출시 후, 10년이 지난 오늘날에도 현장에서 많이 쓰이고 있는 '스타트업'의 바이블(?)처럼 여겨지고 있는 책으로 여러 기획자들에게 귀감이 되고 있는 책이라 꼭 소개해야할 필요성을 느꼈습니다.

저는 이 책을 처음 정독했던 5년 전 이후로 기획 업무를 접하는 태도 자체가 달라진 것 같습니다.

저에게는 큰 영감이 되었던 책이고 마케팅 실무에서 기획을 하거나 강의를 나갈 때 저의 기본 뿌리가 되는 이론은 '린 스타트업' 이론에서 시작됩니다.

새로운 일을 기획해서 성장시켜 나갈 때에는 사업은 물론, 제품출시, 마케팅 등 다양한 분야에 포괄적으로 적용될 수 있는 좋은 이론입니다. 책에서는 다양한 내용이 소개되고 있지만 린 스타트업의 이론 중 가장 중요한 것은 민첩하게 행동하고 문제점을 빠르게 보완하는 것에 있습니다.

결국 사업이란, 전체적으로 큰 강을 이루는 물줄기를 만드는 것으로 초창기부터 완벽함을 추구하기 위해, 많은 비용과 시간을 소요하는 것 보다는 아이디어가 있다면 과감하게 도전하고 문제점이 발생했을 때 신속하게 대응하여 보강하는 것이 더 효율적인 방안입니다.

/ 린 스타트업을 마케팅에 적용하다. /

제가 마케팅 업무를 함에 있어서도 린스타트업은 가장 큰 영감이 되었습니다. 미디어 비용 확장이나, 콘텐츠의 확장을 고려할 때에도 MVP와 같은 구조적인 접근을 통해서 기획을 체계적으로 할 수 있었습니다. 성과 측정을 할 때에도 구글 애널리틱스를 통한 체류시간을 통해서 성과에 따른 다른 지표의 상관관계를 고려하였고 이는 마케팅의 예산을 편성하거나 기존의 마케팅에 대한 ROI를 추산할 때, 많은 도움이 되었습니다.

마케팅이 가장 필요하고 중요한 시점이 바로 제품을 새로 출시하거나 서비스를 런칭하는 초기시점입니다. 기업에서도 제품 출시단계에 가장 많은 비용을 투자하기도 하구요. 따라서 마케팅이나 기획쪽 업무를 하고 있으신 분이라면 해당 책은 실무는 물론 생각의 깊이를 넓히는 사고력 확장에 크게 도움이 될 것입니다.

혹시 사업을 기획하거나 마케팅을 기획하고 있다면 시장 조사나 사전준비에 지나치게 많은 시간을 소요하기 보다는 린스타트업 모델에서 권장하는 프로세스를 적용하여 생각한 아이디어를 과감하게 실행해보고 점차적으로 개선해 보시기 바랍니다.

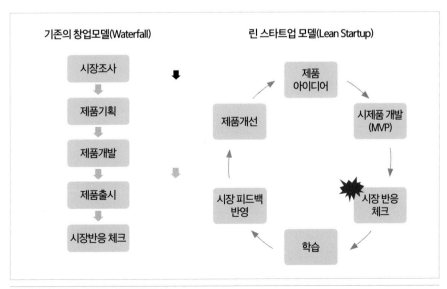

▲ 린스타트업에서 권장하는 기획방법

✏ 누구도 말해주지 않는 진실,
비즈니스 초기에 거창한 웹페이지가 필요하지 않습니다. ✏

　새로운 사업을 시작하거나 창업을 하면 대부분 웹사이트 제작에 집중을 하는 경향이 있는 것 같습니다. 사업 아이템이나 콘셉이 명확하고 비용과 시간이 넉넉한 경우라면 웹사이트부터 만드는 방법도 좋지만, 웹사이트부터 바로 만들 상황이 아닌데도 불구하고 "덜컥" 페이지수가 많은 홈페이지부터 만드는 기업들이 많이 있는 것 같습니다.

정성 들여서 만든 웹사이트들의 체류시간이 대부분 1분 미만이라는
사실을 알고 계십니까?

　대부분의 웹페이지들을 분석해보면 평균 체류시간이 1분이 넘는 웹 사이트가 그리 많지 않은 것 같습니다. 또한 평균 열람 웹페이지들을 보더라도 1~2페이지인 홈페이지들이 대부분입니다. 이런 상황인데도 불구하고 마케팅을 시작하기도 전에 웹페이지 제작에 필요 이상의 시간과 비용을 투자하는 것은 비효율적이라고 생각합니다.

　페이지수가 많은 웹페이지를 바로 제작해야 하는 상황은 명확합니다. 제가 보기에 아래의 상황을 제외하고는 바로 거창한 웹사이트를 바로 제작할 필요는 없습니다.

> 1. 사업아이템에 대한 시장조사를 충분히 해본 결과 고객들이 원하는 정보가 많아 페이지수를 늘려야 하는 경우
> 2. 비용과 시간이 충분하여 그에 따른 고퀄리티의 작업결과가 필요한 경우

　그렇다고 홈페이지 제작이 필요하지 않다는 것은 아닙니다. 다만 제가 말씀 드리고 싶은 것은 상황에 맞게 꼭 필요한 것들만 알맞게 해야 한다는 것입니다. 그러나 홈페이지 에이전시에서 불안감을 주는 전화영업이나 조급한 마음에 고객들이 어떤 정보에 관심을 갖는지 모르는 상황에서 무조건 화려한 홈페이지를 만드는 것은 비효율적

이라는 점을 안내 드립니다.

아직 충분한 학습이 되어 있지 않다면 블로그나 SNS를 운영해보면서 반응이 좋은 콘텐츠를 기준으로 웹페이지에 들어갈 내용을 구상해보아야 합니다. 또한, 사업을 검증해야 하는 상황이라면 간단한 마이크로페이지부터 제작하여 차근차근 필요한 페이지를 늘리는 방법도 좋습니다.

홈페이지 제작 전에 시장 반응을 테스트 할 수 있는 방법

우선, 웹 사이트 제작 전에 어떤 정보가 고객들에게 어필이 될지 테스트가 필요합니다. 고객 반응을 테스트하기에 가장 좋은 채널은 블로그입니다. 왜냐하면 홈페이지와 같이 웹페이지 기반으로 정보를 업데이트 할 수 있기 때문입니다.

그리고 콘텐츠가 풍부한 블로그는 4~5분을 넘기는 체류시간을 달성합니다. 이는 일반적인 웹페이지에 비해 2배 이상의 높은 체류시간입니다. 다양한 테스트를 거쳐서 조회수가 많고 반응이 많은 콘텐츠들만 일부를 추려서 웹페이지로 제작하면 됩니다. 따라서 웹사이트 제작을 고려하신다면 처음부터 "덜컥" 홈페이지부터 제작하는 것이 아니라 블로그를 통해서 시장 반응을 체크해본 후 반응이 좋은 내용들만 추려서 1 page 형식의 마이크로 페이지부터 제작해보고 이후에 또 다른 테스트를 통해서 고객 반응이 검증이 된다면 점진적으로 페이지를 늘려나가는 것을 추천 드립니다.

필요에 따라 제작된 랜딩페이지도 구글 옵티마이즈를 통해서 A/B 테스트를 진행하여 고객 반응을 체크해 볼 수도 있습니다. 그러나 이 방법은 아직까지는 실무에서 많이 사용하지는 않는 것 같습니다. 또한 마이크로 페이지 제작 시에도 1 page를 제작한 이후에 또 수정을 하거나 다른 페이지를 추가해야 하기 때문에, 수정과 편집추가가 편리한 아임웹 등의 솔루션을 활용하여 제작하는 것이 좋습니다. 사업 초창기이거나 성장한 기업이더라도 신제품 출시단계라면 적용해볼 필요가 있습니다.

위에서 언급한 방안에 대해 다시 한 번 정리해보자면 아래와 같습니다.

첫 번째, 블로그를 통해서 어떤 정보에 반응을 보이는지 테스트를 충분히 해서 어떤 정보를 기재 할지 데이터를 수집하고, 두 번째, 해당 데이터를 기반으로 브랜드에 대한 정보를 압축한 1 page의 형태의 마이크로페이지부터 제작한 이후에, 세 번째, 해당 페이지의 체류시간을 체크하여 추후 페이지를 확장하는 방법으로 진행하시는 것을 추천드립니다. 제가 설명한 방법은 시제품 제작과 엔젤투자 단계에 있는 기업이라면 깊게 고민해볼 만한 내용이라고 생각합니다. 그리고 이미 성장한 기업이라도 새로운 제품이나 서비스를 출시한 경우에는 위와 같은 방법으로 진행해보시기를 추천드립니다.

단계	아이디어	MVP (Minimum Viable Product)	시제품 (Prototype)	엔젤투자	시드투자	시리즈A	시리즈B	시리즈C
투자유치액	5억 미만			10억 미만	100억 미만	500억 미만	700억 미만	기업공개(IPO) 인수합병(M&A)
상황	사업 아이디어 구상	사업검증	사업 시제품	가능성 확보	상품과 서비스 출시	유의미한 매출 발생	사업확장	투자금 회수 시작
투자의 주체	개인	개인	개인	지인	엑셀러레이터 초기 스타트업 VC	VC	VC 사모펀드 (PEF)	일반투자자 및 기업
마케팅 목적	아이디어를 검증 할 수 있는 마케팅		초창기 소수 팬 확보	사업의 가치 측정 (FGI, 재방문 등)	브랜딩, 매출, 재방문, 회원가입		사업의 확장 해외시장 개척	카테고리 내 시장 점유율

▲ 스타트업 기업의 흐름

✎ 안에서 새는 바가지 밖에서도 샌다!
마케팅은 자사채널부터 시작하자. ✎

중소기업을 흔히 업계에서는 SMB(Small Medium Business)라고 부르고 있습니다. B2B 분야의 중소기업들의 마케팅 업무를 들여다보면 특징이 있습니다.

대부분 온라인 기반의 마케팅 인프라가 미흡하거나 초기단계이고
관계에 의한 비즈니스의 비중이 높다는 것 입니다.

이를 인식하고 코로나 이전부터 디지털 마케팅의 전환을 꾸준히 시도하고 있으나 B2B 마케팅에 최적화 되어 있는 온라인 마케팅 에이전시나 컨설턴트가 부족한 상황이기 때문에 마케팅을 진행했더라도 큰 성과가 없었다는 평들이 많이 있습니다. 모든 온라인 마케터들이 B2B 비즈니스를 이해하고 있지는 않기 때문입니다.

사실 맞는 말인 것 같습니다. B2B 마케팅 에이전시의 경우 튼튼한 디지털 조직을 꾸리고 있는 조직이 소수이고, B2B 마케팅 분야에서는 그 간, 컨퍼런스나 세미나 위주의 오프라인 활동을 했기 때문에 온라인을 효율적으로 사용할 수 있는 전문가가 적습니다. 이런 상황이다 보니 코로나 이후에 온라인 컨퍼런스(웨비나)가 유행했지만 오프라인 접점이 없고 고객들에게 낯설다보니 당연히 참여자가 적었고, 따라서 급하게 신규 참여자를 모객하고자 다양한 온라인 미디어를 사용해보지만 충분한 학습과 시행착오가 되어 있지 않은 상황에서 결과가 좋을 수 없습니다. 마케팅의 확장에도 순서와 단계가 있습니다.

중소기업 대표님이나 마케팅 담당자와 이야기를 나누어보면 대부분 마음이 급합니다. 제대로 된 웹페이지도 개설되어 있지 않은 상황에서 온라인 광고를 집행하면 언제 성과가 나오는지에 대한 질문을 하시는데, 이런 경우는 단호하게 말씀드립니다.

"대표님! 지금 상황에서는 어떠한 마케팅을 하셔도 큰 성과를 보실 수 없습니다."

서운하게 들리실 수는 있지만 그것이 사실입니다. 온라인 접점이 제대로 이루어져 있지 않은 상황에서는 큰 유입이 있더라도 이탈만 발생할 것이고 결국에는 불필요한 광고비 손실로 이어집니다. 따라서 급할수록 돌아가라는 말처럼 기본기에 충실할 필요가 있습니다.

우선 디지털 마케팅 도입단계라면 유료광고는 미루어 두고 '고전적인 Triple Media'에 집중을 할 필요가 있습니다. 가장 기본적으로는 홈페이지, 그리고 더 나아가서는 SNS와 블로그와 같은 채널들이 안정적으로 구축된 이후에 광고를 해야 합니다만, 대부분 이런 과정을 생각하지 않고 광고만 하면 성과가 나올 것 같은 생각들을 하시는 경우가 많습니다.

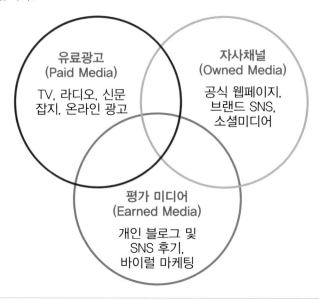

▲ 트리플 미디어 (Triple Media) 전략

이후에 마케팅에서 큰 성과를 얻지 못했더라도 '학습효과'라도 있어야 하는데, 채널이 제대로 구축이 안 되어 있기 때문에 데이터분석 등을 원활하게 체크했을 리가 없습니다. 결국에는 온라인 마케팅에 광고비를 투자했는데 잘 안되더라, 따라서 기존에 진행하던 고전적인 마케팅이나 관계영업에 집중을 하게 되고, 온라인 마케팅의 니즈가 생기면 결국 또 다시 시도하는 패턴이 반복되는 것 같습니다. 따라서 많은 B2B 기업에서 온라인 마케팅은 언젠가는 해결해야 할 큰 숙제처럼 남아 있는 것 같습니다.

중소기업에서 홈페이지를 구축할 때에 생기는 일들

디지털 마케팅이나 홈페이지 관련하여 미팅을 진행해보면 대부분 거창한 생각을 하십니다.

최근 스타트업 비즈니스 개발론에서도 'Lean Start up' 모델을 강조하는 것처럼 마케팅에서도 얇은(Lean) 구조를 통해 진행을 해야 한다고 생각합니다. 홈페이지나 웹페이지에 대한 콘셉 이야기를 나누다보면 대부분 10 page, 20 page의 구색을 갖춘 완벽한 홈페이지를 원하십니다.

이유는 간단합니다. B2B 비즈니스에서는 브랜딩이 생명이기 때문에 한번 만들 때 제대로 만들어야 하고 구색을 갖추기 위해 다양한 사업영역을 추가해야 한다고 하십니다. 그리고 웅장한 도표와 다양한 사업영역들을 소개하고 있습니다.

틀린 말은 아닙니다.
그러나 저는 시기와 단계에 집중하라는 조언을 드리는 것입니다.

그렇게 어렵게 만든 거창한(?) 웹페이지의 체류시간을 분석해보면 1분 이내에 이탈하는 경우가 대다수이고, 고객들의 웹페이지내 행동을 분석해보면 많아야 1-2페이지를 체류한다는 사실은 잘 모르시는 것 같습니다.

따라서 완벽하게 준비되어 있고 확실한 상황이 아니라면 제대로 된
1 page의 웹페이지부터 제작하시기를 권유해드리고 있습니다.

당장 웹페이지를 만들기에는 시간이나 금전적으로 부담스러우신 상황이면 블로그에 제대로 된 정보를 업데이트 할 수도 있고 요즘은 솔루션을 통해 간단하게 마이크로 페이지를 만들 수도 있습니다. 1 page에서 고객들의 행동을 학습한 이후에 페이지를 추가해 나가셔도 늦지 않고 더 중요한 것은 1 page에서도 고객을 끌어들이지 못한다면 페이지를 추가하더라도 큰 차이는 없습니다.

'Owned Media'를 제대로 사용 했을 때 발생하는 일들

자사가 소유한 미디어(Owned Media)를 제대로 활용한다면 브랜드를 인지하고 기존 고객들과의 접점을 단단하게 할 수 있습니다. 브랜드를 검색했을 때 노출되는 상단의 영역은 브랜드 검색광고이고 하단의 영역은 몇 가지 사항의 개선으로 노출시킬 수 있는 영역입니다.

당연히 하단의 영역은 광고비가 없이도 노출이 됩니다. 또한 자사채널의 정보가 주기적으로 노출되기 때문에 브랜드의 '생동감'을 줄 수 있습니다. 서비스나 브랜드명을 검색 했는데 1년 전에 올라온 콘텐츠만 있는 경우에 신뢰도를 느끼시나요? 브랜드에 있어서 생동감은 아주 큰 효과를 발휘합니다.

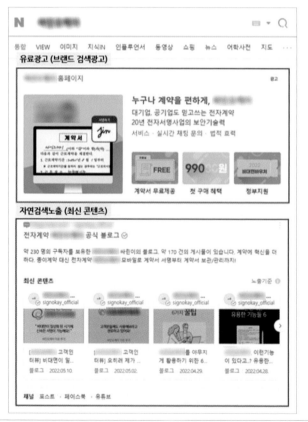

▲ 네이버 검색 시 노출되는 다양한 채널들 / [자료출처] 네이버 검색화면

어렸을 때 부모님께 학습 환경을 바꾸기 위해 '독서실'을 끊어 달라고 말씀드렸을 때 부모님께서는 흔쾌히 허락해 주셨습니다. 그렇지만 한 마디를 덧붙이셨습니다. 환경을 바꾸는 것은 매우 좋은 시도이지만 '가장 안락한 너의 방'에서도 학습 효과를 얻지 못한다면 그 장소가 '독서실'이라도 마찬가지일 것이라고 조언해 주셨습니다.

이 말이 마케팅을 하고 있는 요즘에도 와닿습니다. 결국 마케팅도 가장 작은 구조에서 해답을 찾아야 합니다. 처음 시도만으로 큰 성과는 얻지 못하더라도 앞으로 개선할 수 있는 실마리를 찾아가야 합니다. 저는 처음 온라인 마케팅을 시도하고 있는 기업이라면 자사에서 운영하고 있는 웹페이지, 블로그, SNS에서부터 해답을 찾아야 한다고 생각합니다.

✏️ 대행사에서는 말해주지 않는 검색광고가 효율이 나오지 않는 진짜 이유 ✏️

'B2B 마케팅'에서 '온라인 광고'의 중요성은 꾸준히 강조되고 있으나, 기존에 학습이 충분히 되지 않았다면 당연히 시행착오가 있기 마련입니다. 따라서 오늘은 새로 디지털 마케팅 인프라를 구축하기 위한 B2B 마케팅 담당자분들을 위한 방법들을 소개합니다.

오늘 준비한 '검색광고'는 가장 쉽고 빠르게 도입할 수 있지만 제대로 기획하지 않으면 불필요한 광고비가 꾸준히 발생하여 장기간 큰 리스크가 될 수 있습니다.

검색광고요?
실제로 집행했더니
큰 효과가 없어요.
B2B 마케팅 담당자 曰

B2B 마케팅 담당자분들과 온라인 검색광고에 대해 이야기를 나누다보면 효과가 없었다고 말씀하시는 분들이 많습니다. 그런데 제대로 들여다보면 성과가 당연히 안 나올 수밖에 없습니다. 비즈니스 상황에 맞지 않게 셋팅을 해놓은 후 몇 달 진행해보고 큰 성과가 없다고 광고를 아예 중단해버리는 일들이 빈번하게 발생하는데, 오늘은 그 이유에 대해 말씀드리고자 합니다.

B2B 기업에서 '검색광고의 성과가 안 나오는 이유'는 크게 아래와 같습니다. 아마 아래의 순서가 B2B 기업의 검색광고가 고도화되어가는 과정과 거의 일치할 것 같습니다.

본 글의 마지막에는 그에 따른 간단한 솔루션도 함께 제공해보도록 하겠습니다.

1. **비즈니스의 상황을 고려하지 않고 셋팅하는 경우**: 관련 서비스에 대한 검색량이 저조한데 광고만 집행하고 있는 상황
2. **특정 검색어의 니즈와 비즈니스의 성격이 매칭되지 않는 경우**: 비즈니스와 관련된 앤드유저를 '검색광고'에서 찾을 수 없는데도 관련되는 키워드로 광고를 하는 상황
3. **광고를 꾸준히 집행하여 어느 정도 성과가 나오고 있지만 제대로 된 효율분석을 할 수 없는 경우**: 어렴풋이 성과가 나오는 것 같지만 제대로 데이터를 분석하지 못해서 불필요한 광고비가 소진되는 상황

> 김대리,
> 검색하면 뭐라도
> 나와야 할 것 아니야.
> 일단 뭐라도 나오게 해봐!!

비즈니스의 상황을 고려하지 않고 셋팅하는 경우

이 사례는 비즈니스의 구조를 분석하지 못한 상황에서 광고 셋팅을 했을 경우입니다. 보통 위에서 부터 급하게 업무지시가 내려옵니다. 온라인상에 뭐라도 검색했을 때 나오게 하라고 지시하십니다. 그게 아니면 검색광고 대행사에서 아웃바운드 영업으로 'B2B 비즈니스'에 대한 이해가 없는 상황에서 셋팅했을 때 주로 발생합니다.

검색광고도 제대로 셋팅하려면 분야에 대한 'value-chain' 관점에서 이해가 있어야 합니다.

아래에 보시는 것처럼 1960년대에는 특정 한 업체가 PC제조 분야의 거의 모든 영역을 담당하고 있었기 때문에, 뭐라도 검색해서 나오게 되면 당연히 해당 기업으로 모든 트래픽이 흡수되는 환경인데, 오늘날의 대부분의 비즈니스는 그렇지 않습니다.

따라서 제품이 생산되어 최종 앤드유저까지 도달하는 사업의 전체적인 구조를 알아야 셋팅을 할 수 있습니다. B2B 광고 셋팅을 할 때, 시장에 대한 이해가 없이 광고를 셋팅하게 된다면 당연히 성과가 나오지 않을 수밖에 없습니다.

결국 산업과 관련된 다양한 니즈에 대한 디테일을 기반으로 키워드를 추출하고 셋팅을 해야는데, 이를 분석하는 과정이 부족하다보니 직관적으로 셋팅을 하게 되고, 결국에 불필요한 키워드로만 광고를 하는 경우가 많습니다.

Division	1960	1970	1980	1990	2000
Equipment	IBM		Teradyne, Nikon, Canon, Applied Materials, Millipore, etc.		
Materials			Monsanto, Sumitomo Metals, Shipley, etc.		
Components		Control Data	Digital Equipment	Intel, Micron, Quantum, Komag, etc.	
Product design				Compaq, Dell, Gateway, Packard Bell	
Assembly				Compaq	Contract assemblers
Operating system				Microsoft	
Applications software				Word Perfect, Lotus, Borland	Microsoft
Sales & distribution				CompUSA	Dell
Field service				Independent contractors	

▲ 컴퓨터 제조시장의 'value-chain'

김대리,
우리는 네트워크 관련 업체니까
'네트워크' 검색하면
나오게 하면 되잖아!!

특정 검색어의 니즈와 비즈니스의 성격이 매칭되지 않는 경우

B2B 서비스나 제품들은 최종 소비자에게 전달되기까지 다양한 제조과정을 거치게 됩니다. 따라서 우리가 흔히 알고 있는 기업이더라도 고객들과의 판매접점이 형성되어 있지 않은 기업의 경우에는 검색광고를 하더라도 큰 성과를 얻을 수 없습니다.

예를 들어 네트워크기기 혹은 시스템에 들어가는 칩이나 부품을 생산하거나, 특정 기술을 제공하는 업체들이 광고를 통해 자사의 브랜드를 노출하더라도 큰 성과를 얻지 못합니다. 결국 브랜드가 최종 엔드 유저와의 접점에 위치하지 않는 기업이나 서비스들은 '검색광고'를 하더라도 성과가 나올 수 없습니다.

아래와 같이 기업용 네트워크라는 키워드를 검색하는 유저들의 니즈는 네트워크에 들어가는 부품이나 기술에 대한 정보취득이 목적이 아니라, 실제로 기업용 네트워크를 설치할 수 있는 리테일 업체를 찾는 목적으로 검색하기 때문입니다.

▲ 네이버 검색 시 노출되는 '기업용 네트워크'니즈 / [자료출처] 네이버 검색화면

**김대리,
우리 검색광고 성과가
나오고 있는 거 맞아?**

광고는 제대로 집행하고 있지만 효율분석을 할 수 없는 경우

B2B 비즈니스는 규모에 따라 엔터프라이즈, 중소기업, 소기업 등으로 나뉘는데 온라인 상에 충분한 접점을 찾을 수 있는 경우도 있습니다. **대표적으로 기업에서 서비스를 생산하고 최종 제공하는 '기업용 소프트웨어'는 온라인 검색광고로도 충분한 효율을 올릴 수 있습니다.**

그리고 B2B 비즈니스이지만 검색광고에서도 온라인 접점이 충분히 발생하는 '번역업체' 와 같이 다른 서비스에 비해 구매까지의 진입장벽이 낮은 상품들은 온라인 검색광고로도 충분한 효율이 발생합니다.

문제는 효율이 발생한다고 하더라도 성과측정이 되어야 하는데, 이러한 부분은 구글 애널리틱스 로그분석을 통해서 개선 할 수 있습니다. B2B 마케터분들이 '리드제너레이션'이라는 큰 흐름에서 업무를 바라보는 경우가 많은데, 데이터 분석이나 기술적인 부분을 대행사에 위임하시더라도 어떤 기능을 활용하실 수 있는지 알고 있다면 더 원활한 커뮤니케이션이 될 수 있습니다.

그렇다면 B2B 기업에서 검색광고는 어떻게 활용해야 하는가?

B2B기업에서 검색광고를 제대로 활용하는 경우는 간단합니다.

온라인 검색수요가 있어 어느 정도 성과가 발생하는 경우라면 '**구글 애널리틱스**' 셋팅을 통해서 효율이 나오는 키워드는 지속적으로 광고를 진행하되, 효율이 안 나오는 키워드는 과감하게 광고를 제외해야 합니다.

불필요한 광고비를 줄이는 것도 효율개선의 차원에서 보면 광고비의 투자가 적어지기 때문에 결과적으로 성과개선이 이루어집니다.

온라인에서 검색 수요를 찾을 수 없거나 비즈니스 구조상 검색광고의 효율을 기대하기 어려운 경우라면, 브랜드 키워드와 브랜드 검색광고 위주로 광고를 집행하고 검색니즈가 서비스와 정확히 매칭되는 키워드만 선별적으로 진행합니다.

이러한 경우에는 브랜드 블로그 등의 자사 채널을 활용한 마케팅이 훨씬 더 효율적이고 새로운 유저를 유입하기 위해서는 검색광고 외에 서비스에 맞는 핵심타겟에게 콘텐츠를 노출시키기 위한 '핀셋 타겟팅'이 적용되어야 합니다.

✏ 가장 1순위로 진행해야 할 마케팅은 브랜드 블로그 운영입니다. ✏

　지난 장에서 설명했듯이 마케팅 확장 시에 기업이 소유하고 있는 온드 미디어(Owned Media)에 집중을 해야 한다고 했습니다.

　우리 속담 중에는 '안에서 세는 바가지는 밖에서도 센다'라는 말이 있습니다. 해당 속담이 조금 격하게 들릴 수 있지만 마케팅 역시, 외부 마케팅을 하기 전에 자사 채널을 튼튼히 해야 합니다.

　왜냐하면 '자사 브랜드 키워드' 검색 시 홈페이지와 더불어 블로그와 SNS가 노출되기 때문입니다. 결국 고객들은 다양한 과정을 통해 자사의 브랜드를 인지하고 '자사 브랜드 키워드'를 검색하여 유입되게 되는데 해당 채널이 관리가 안되어 있다면 브랜드에 좋지 않은 영향을 미칠 수 있기 때문입니다. 결국 마케팅 개선 또한 외부에서 원인을 찾아 해결하기 보다는 내부에서부터 해결하는 것이 가장 효과적입니다.

　따라서 오늘은 다양한 자사 미디어 중, 검색노출최적화(SEO)를 통하여 포털이 노출되는 '블로그'를 가장 먼저 소개해볼까 합니다.

블로그 마케팅을 해야 하는 이유

기업 블로그를 운영해야 하는 이유는 크게 2가지입니다.
우선 직접적인 광고비용이 들지 않습니다.

　바라보는 관점에 따라 내부 인력도 비용이지만 실질적으로 광고비를 입금하는 비용은 들지 않습니다.

　그리고 유료광고처럼 진행 후 끝나는 것이 아니라 발행한 포스팅은 시간이 흘러도 남아있고, 일정 기간 꾸준히 진행하게 되면 SEO에도 가속도가 붙어서 다양한 키워드 검색시 광고비 없이도 자연검색노출이 이루어집니다.

따라서 시간을 두고 장기적인 성과 측면에서 보자면

블로그 마케팅은 '가성비갑'인 마케팅 채널이라고 볼 수 있습니다.

특히 B2B 기업에서는 검색량은 매우 적지만 키워드 단가는 매우 비싸게 형성이 되어 있습니다. 이러한 이유 때문에 마케팅이 어느 정도 최적화가 되어 있는 상황이라면 검색광고 비용을 늘리는 것보다는 '기업 블로그'를 운영하여 마케팅의 균형을 잡아주는 것이 좋습니다.

	키워드	예상 노출수 ⇕	예상 클릭수 ⇕	예상 평균클릭비용 ⇕
☐	전자계약	2.368	59	30.733
☐	협업툴	3.228	9	28.425

▲ 키워드 조회수 추이 – 네이버 검색광고 시스템 /[자료출처] 네이버 검색화면

블로그 마케팅을 제대로 하게 되었을 때에는, 유료광고에 비해 유입자수는 적지만 성과는 늘어나는 신기한 현상이 생깁니다. 블로그 마케팅의 경우에는 유료 광고처럼 즉각적인 반응이 생기는 분야는 아닙니다. 그렇지만 시간을 두고 꾸준히 투자하게 되면 검색노출최적화(SEO)가 이루어지면서 다양한 키워드들이 노출되게 됩니다. 이 단계가 되면 비용 없이 블로그 유입이 늘어나면서 성과가 나오게 됩니다.

제 생각에는 블로그 마케팅에 직접적인 비용이 들지 않는다는 장점도 있지만 체류시간도 관건입니다. 대표적으로 B2B 비즈니스의 경우에는 웹페이지 평균 체류 시간이 1-2분 내외로 측정됩니다.

관여도가 높은 B2B 비즈니스를 1~2분 이내로 고객들에게 어필하기에는 현실적으로 물리적인 시간이 부족합니다.

그러나 '기업 블로그'를 통해 꾸준한 콘텐츠 마케팅을 하게 된다면 충분히 가능합니다. 실제로 제가 운영하고 있는 블로그는 마케팅 관련 콘텐츠를 포스팅하고 있는데 체류시간이 4~5분대로 일반적인 웹페이지에 비하면 2배가 넘는 체류시간을 달성하고 있습니다. 다른 미디어에 비해 긴 체류시간은 결국 성과로 나타날 확률이 높습니다.

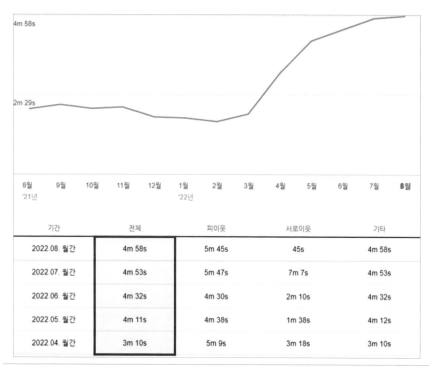

기간	전체	피이웃	서로이웃	기타
2022.08. 월간	4m 58s	5m 45s	45s	4m 58s
2022.07. 월간	4m 53s	5m 47s	7m 7s	4m 53s
2022.06. 월간	4m 32s	4m 30s	2m 10s	4m 32s
2022.05. 월간	4m 11s	4m 38s	1m 38s	4m 12s
2022.04. 월간	3m 10s	5m 9s	3m 18s	3m 10s

▲ '마름모연구소' 블로그 평균 체류시간

　운영할 수 있는 블로그는 여러가지가 있습니다만 일반적으로 네이버, 티스토리, 워드프레스 이렇게 3가지 종류를 많이 사용합니다. 아무래도 네이버 블로그가 게시물 발행도 편리하고 네이버 검색노출에 유리하다보니 가장 많이 사용하는 것 같습니다.

　네이버 블로그는 최적화 지수에 따라 노출에 영향을 주게 됩니다. '기업 블로그'를 운영하는 것은 전문성이 필요합니다. 콘텐츠 작성 능력도 중요하겠지만 검색노출(SEO)도 중요하기 때문에 다방면으로 고려해야 합니다. 만약 콘텐츠를 발행해도 잘 노출이 되지 않는다면 콘텐츠의 품질이 낮아 노출이 제한되는 블로그로 필터링 되어 있을 수도 있습니다.

　이는 블로그 지수를 통해 체크가 가능합니다. 그러나 대부분 꾸준하게 양질의 콘텐츠를 발행한 블로그는 검색 최적화가 이루어져서 관련 키워드 검색 시 노출이 잘 이루어집니다. 따라서 최적화가 잘되어 있는 블로그가 당연히 노출에 유리하지만 꼭 최적화 지수만으로 노출을 결정하는 것은 아닙니다. 네이버에서는 '씨랭크' 및 'DIA'라는 로직을 통해 콘텐츠를 노출시키고 있어 결론적으로 양질의 콘텐츠를 상단에 노출하고 있습니다.

블로그 최적화 지수라는 것은 공식적으로 네이버 블로그에 등급이 있는 것은 아닙니다. 그렇지만 'Ndev'라는 유료툴을 이용해서 대략적인 지수를 체크할 수 있습니다. 'Ndev'로 조회 했을 때, 저의 블로그는 최적화 블로그 2단계로 상당부분 많이 최적화가 되어 있는 상태입니다. 따라서, 본 책에서는 그 간의 경험을 기반으로 블로그 운영에 대한 다양한 정보들을 담아보았습니다.

▲ 'NDEV BLOG TOOLS' 최적화 지수 조회화면

✒ 블로그 대행업체에 속지 않는 나만의 체크리스트 ✒

사실 브랜드 블로그의 경우에 가장 좋은 방법은 내부에서 직접 운영하시는 것입니다. 사업의 이해나 커뮤니케이션 면에서도 내부에서 하시는 것이 가장 좋지만 보통의 경우 브랜드 블로그를 외부에 의뢰해야 하는 상황은 크게 3가지로 분류가 되는 것 같습니다.

> 1. 다양한 업무를 처리하다보니 블로그를 운영할 인력이 없거나,
> 2. 내부에 담당자를 지정했으나 급한 업무의 우선순위에 밀려 발행량이 현저히 줄어들거나 정체되는 상황,
> 3. 콘텐츠 작성과 SEO에 대한 전문성이 없어서 외부에 위임해야 하는 경우.

1, 2번 상황이라면 외부에 의뢰하시는 것이 맞지만 내부에 콘텐츠를 작성할 수 있는 인력만 있으시다면, 외부에서 부족한 부분에 대해 컨설팅을 받으시고 기술을 이전받으실 수 있는 방법도 있습니다. 그러나 컨설팅에 대한 내용은 조금 뒤로하고 부득이 블로그 운영대행을 맡겨야 하는 상황일 때, 업체선정 부터 블로그 기획, 그리고 블로그 운영에 대한 디테일한 방법에 대해 소개하겠습니다.

블로그 대행업체인데 제대로 된 블로그를 운영하고 있지 않다? 저도 마케팅과 관련된 업무를 하면서 '블로그 운영'을 외부 업체에 의뢰한 적이 있었습니다.

블로그 운영이라는 것이 다른 마케팅에 비해 진입문턱이 상대적으로 낮다보니 업체가 굉장히 많습니다. 업체 선정하는 과정에서 커뮤니케이션을 하다보니 느낀 점이 있었습니다.

1. 다양한 포트폴리오가 있고 다양한 운영사례가 있지만 정작 제대로 된 블로그 운영사례가 없는 경우

큰 기업의 블로그를 운영하는 것과 제대로 된 블로그를 운영하는 것은 다른 부분인데 포트폴리오는 화려하지만 막상 그 블로그를 들어가보니 콘텐츠가 충실하지 않습니다. 피부과 블

로그를 운영하기 때문에 단순한 '피부에 좋은 음식'을 소개하고 있고, 특정 지역과 상호명에 대한 포스팅만 주구장창 진행하는 경우가 많습니다. 블로그 마케팅의 핵심은 고객과 브랜드의 연결고리를 넓혀가며 고객과 소통의 깊이를 늘려가는 것이 핵심인데 이를 제대로 하는 곳이 생각보다 많지 않습니다.

2. 실무자와 이야기를 나누어보면 블로그에 대한 전문성이 느껴지지 않습니다.

또 해당 업무를 하고 있는 담당자와 커뮤니케이션을 해보면 이제 일을 시작한지 1년도 안되어 보이는 담당자인 경우도 많고 업무를 의뢰하는 당사자인 저보다도 모르는 경우가 많았습니다. 노출이나 콘텐츠에 대해 질문을 해보면 매번 돌아오는 대답은 '네이버 검색로직의 변화'로 인하여 어쩔 수 없다는 답변뿐이었습니다. 그래서 저는 블로그 운영대행을 의뢰한다면 제대로 된 블로그가 있는지 어떤 실무자를 배정해야 하는지가 가장 중요하다고 봅니다. 운이 좋게 담당자가 블로그에 대한 애정과 경험이 많아 개인 블로그를 꾸준히 운영했다면 '금상첨화'겠지만 생각보다 이해도가 높은 담당자를 만나기가 쉽지 않습니다. 여담이지만 제가 블로그를 시작한 이유 중 한 가지도 매번 의뢰한 업체 담당자에게 '검색로직의 개편'에 대한 답변만 받았기 때문에 정작 이를 해결할 수 있는 방법이 있는지 스스로 스터디해보고 찾아보기 위해 시작한 것이 어언 10년이 넘은 것 같습니다.

결론적으로 업체를 선정할 때에는 운영하고 있는 브랜드의 이름에 집중할 것이 아니라 운영하고 있는 블로그의 콘텐츠와 체류시간을 봐야하고, 실무에 어떤 담당자가 배정되는지를 체크하는 것이 가장 중요합니다. 블로그 운영환경은 수시로 변화하기 때문에 가급적 개인블로그를 운영하면서 블로그 환경에 가장 밀접하게 위치해 있는 담당자를 만나는 것이 좋습니다.

블로그의 콘셉과 콘텐츠 기획

블로그의 콘셉과 콘텐츠 기획은 매우 중요합니다.

블로그의 스킨이나 제목, 프로필에서부터 브랜딩이 시작되기 때문에 이를 어필할 수 있는 체계적인 전략이 필요합니다. 유튜브 채널의 이름을 정할 때에는 많은 공수를 들이는 것에 비해 블로그의 네이밍에는 크게 신경을 쓰지 않는 경향이 있는데 기획과 콘텐츠만 잘 맞아 떨어진다면 블로그는 여전히 강력한 마케팅 채널이 될 수 있습니다. 그리고 콘텐츠에 대한 부분은 반드시 짚고 넘어가야 할 것 같습니다.

브랜드 블로그를 운영할 때 대부분 자사 브랜드의 특장점을 홍보할 수 있는 콘텐츠만 많이 발행하는 경향이 있는 데 자사 홍보 콘텐츠는 최대한 줄이고 고객과 브랜드의 연결고리를 찾는 것이 좋습니다. 예를 들어 '기업용 소프트웨어' 브랜드 블로그를 운영한다고 하면 아래와 같이 자사 서비스의 특장점을 가장 줄이고, 고객과의 연결고리를 만들 수 있는 콘텐츠의 카테고리를 만든 이후에 타겟과 콘텐츠를 기획하면 좋습니다. 그러나 대부분 문제가 되는 것은 콘텐츠의 주제와 타겟이 명확하지 않은 상황에서 콘텐츠 기획이 들어가기 때문에, 1차원적인 콘텐츠에 머물게 됩니다. 기획 초기에 어느 정도 명확한 주제와 타겟을 유지해야 일관성 있는 브랜딩을 할 수 있습니다.

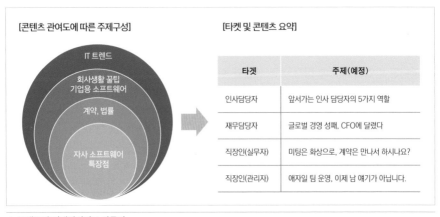

▲ 콘텐츠의 인게이지먼트 만들기

성과 체크와 관리는 어떻게 해야 할까?

블로그 운영 이후에는 블로그가 최적화되어 콘텐츠가 노출되기까지 시간이 필요합니다. 그러나 최적화가 되지 않아도 평가 할 수 있는 지표가 많이 있습니다. 주기적으로 시기를 정해서 3가지의 항목을 기준으로 평가하시면 좋습니다.

1. 콘텐츠에 대한 주관적인 평가

사실 이 부분만 잘 해결되어도 나머지 문제는 쉽게 해결이 됩니다. 주관적으로 보았을 때 콘텐츠의 흐름이 안정적으로 흘러가고 포스팅의 정보성을 충족시키고 있다면 크게 문제될 것은 없습니다. 다만 포스팅마다 업체명을 꼭 강조하지 않아도 됩니다. 왜냐하면 블로그 자체가 브랜딩이기 때문에 굳이 브랜드를 여러번 어필하지 않아도 자연스럽게 어필이 됩니다. 공감이나 유의미한 덧글 등으로 일시적인 판단하셔도 좋습니다.

2. 콘텐츠 노출

처음부터 조회수가 많은 키워드들이 노출되지는 않겠지만 장기적으로 다양한 키워드의 노출이 이루어져야 합니다. 조회수가 많지 않더라도 올라가는 포스팅이 잘 노출되는지 수기로 체크해보거나 아래와 같이 웹페이지의 도움을 받아 주기적으로 체크 해보시면 좋습니다.

점차적으로 노출되는 키워드가 많아져야 합니다. 중요한 것은 초창기에 단순히 유입자수를 목표로 운영하는 것은 본질적인 관점에서 크게 의미는 없습니다. 사업자 블로그라면 해당 서비스에 대한 온라인 검색량은 이미 정해져 있을 것이니 해당 키워드의 흐름에 자사 브랜드를 노출시키고 자사 브랜드를 인지 시키는 것이 유입자수보다 훨씬 더 의미가 있다고 볼 수 있습니다.

3. 콘텐츠 체류시간

블로그의 체류시간은 굉장히 중요합니다. 일반적인 웹페이지 평균 체류시간이 1분에서 1분 30초 내외인 것을 비교하면 적어도 이보다는 높아야하고 가장 베스트는 체류시간이 4분 이상을 넘어가는 것이 좋지만 이를 달성하는 것은 많은 시간이 필요합니다. 따라서 체류시간은 하기의 단계에 따라 높여보는 것도 좋습니다.

1단계) 홈페이지의 평균 체류시간보다 높게 유지하기

2단계) 사업이 속해있는 카테고리를 분석하여 네이버 콘텐츠 평균 체류시간보다 높게 유지하기

3단계) 이상적인 목표이지만 콘텐츠의 품질을 높여서 4분 이상의 체류시간을 달성하기

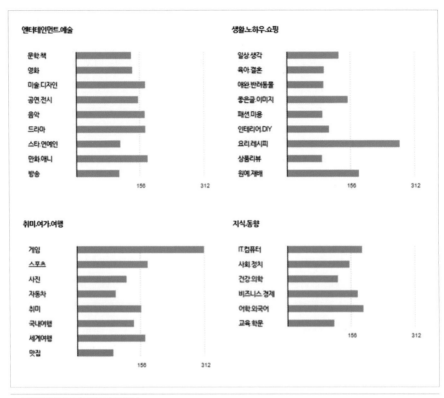

엔터테인먼트·예술

- 문학·책
- 영화
- 미술·디자인
- 공연·전시
- 음악
- 드라마
- 스타·연예인
- 만화·애니
- 방송

156   312

생활·노하우·쇼핑

- 일상·생각
- 육아·결혼
- 애완·반려동물
- 좋은글·이미지
- 패션·미용
- 인테리어·DIY
- 요리·레시피
- 상품리뷰
- 원예·재배

156   312

취미·여가·여행

- 게임
- 스포츠
- 사진
- 자동차
- 취미
- 국내여행
- 세계여행
- 맛집

156   312

지식·동향

- IT·컴퓨터
- 사회·정치
- 건강·의학
- 비즈니스·경제
- 어학·외국어
- 교육·학문

156   312

▲ 네이버 블로그 제공자료(단위/초)

블로그 마케팅은 겉으로 보기에는 쉬워 보여도 '콘텐츠 마케팅'이라는 큰 흐름으로 보아야 하기 때문에 매우 어려운 분야입니다. 그럼에도 블로그 운영대행업체에서는 단순히 노출과 방문자수를 강조하는 경향이 있습니다. 물론, 노출과 유입도 중요합니다만 콘텐츠의 품질은 그보다 훨씬 더 중요합니다. 제대로 운영하고 있는 브랜드 블로그는 핵심 타겟만을 대상으로 콘텐츠를 발행하기 때문에 유입자수는 다소 낮더라도 콘텐츠의 체류시간이 높아 매출 등의 마케팅 성과도 함께 높아지는 다소 신기한(?) 현상이 발생합니다.

✏ 아직도 브랜드 블로그에 사업 홍보 글만 올리시나요? ✏

사업자의 블로그는 명확하게 비즈니스 목적으로 운영됩니다.
따라서 일상 글들을 올리는 개인 블로그와는 다른 면에서 접근을 해야 합니다.

 상담문의 등 원하는 목적을 달성하기 위해서는 블로그의 주제부터 기획해야 하는데, 치밀한 계획이 없이 운영하게 되면 방문자수가 늘어나게 되더라도 원하는 성과를 달성할 수 없습니다. 따라서 이번 단락은 사업자 블로그의 주제를 정한 후 목표를 달성하기 위해 한 발짝 더 다가서기 위한 준비단계에 있는 분들이 참고하시면 좋을 것 같습니다.

사업자 블로그는 방문자수에 집착하지 마시고 내가 원하는 분야의
'트래픽'을 모으는데 집중해야 합니다.

 제가 운영하고 있는 '마름모연구소'의 블로그는 장기간 제 개인 일상을 담은 블로그로 활용하다가 최근부터 마케팅에 대한 내용을 꾸준히 업데이트 하고 있습니다. 당연히 일상 콘텐츠로 포스팅을 작성하면 불특정 다수가 관심 있어하는 맛집, 여행지 등의 소재를 다룰 수 있기 때문에 방문자수를 늘리기는 더 수월합니다.

그렇지만 사업자 블로그는 방문자수가 중요한 것이 아니라 내가 원하는
고객들의 '트래픽'을 모으는데 집중해야 합니다.

 기업이라도 타겟이 넓은 소비재를 다루는 B2C 브랜드의 블로그는 불특정 다수를 위해 운영해도 괜찮습니다. 그러나 사실 이러한 브랜드들은 노출만 되더라도 성과가 나기 때문에 성과가 나타날 때까지 시간이 많이 소요되는 브랜드 블로그 보다는 가장 낮은 CPC를 보이는 유료광고가 더 효과적일 수도 있습니다.

왜냐하면 양말이나 생필품 관련된 제품은 거의 모든 타겟이 브랜드의 고객이기
때문입니다. 그렇지만 타겟이 명확한 법률서비스, B2B 기업, 기업용서비스나 기업용 소프트
웨어 등은 매우 세분화 되어 있는 시장이기 때문에 '트래픽' 자체가 한정이 되어 있습니다.

이유는 간단합니다. 네이버에 '양말'을 검색하는 사람이 많을까요? 아니면 특정 B2B 서비스를 검색하시는 분들이 많을까요? 당연히 양말이 많습니다. 그렇기 때문에 특정 분야의 사업자 블로그는 트래픽이 적은 것이 매우 자연스러운 현상입니다.

나의 사업과 관련되어 있는 주제 찾기

사업자 블로그를 운영하기 위해서는 나의 사업과 관련되어 있는 주제를 찾아야 합니다.

대표적으로 한의원에서 운영하는 블로그를 유심히 보게 되면 건강이나 음식효능과 관련된 콘텐츠를 자주 올리고 있습니다. 성형외과 블로그를 보게 되면 다이어트나 피부미용 등에 대한 콘텐츠를 자주 올리고 있습니다.

이는 인게이지먼트 마케팅(Engagement Marketing)과 관련이 되어 있습니다.

결국 소비자와 브랜드의 연관관계를 찾아 콘텐츠를 통해 꾸준히 소통하는 것이 콘텐츠 마케팅의 핵심이라고 볼 수 있습니다.

그러나 인게이지먼트 마케팅에서도 단계가 있습니다. 아직 충분히 교감이 형성되어 있지 않은 상황에서 브랜드의 정보를 노출하게 되면 고객들은 거부 반응만 더 생기게 됩니다. 따라서 인게이지먼트를 단계 별로 설정해서 점진적인 콘텐츠 노출을 하는 것이 필요합니다.

예를 들어, 블로그를 통해서 B2C 브랜드에서 출시한 프로바이오틱스를 홍보하고 싶다고 하면, 1단계인 식품, 영양, 건강관리 등의 콘텐츠부터 상위 카테고리인 건강기능식품부터 프로바이오틱스까지 다양한 콘텐츠를 배포하는 것입니다.

식품, 영양, 건강관리와 관련된 콘텐츠는 연관성이 떨어진다고요?

그렇지 않습니다.

건강 관련 콘텐츠에 관심을 갖는 고객은 잠재적으로 건강기능식품 타겟이기 때문에 추후 고객이 될 확률이 높습니다. 그리고 콘텐츠에 자사제품을 굳이 넣지 않은 정보성 콘텐츠라도 블로그명과 스킨 등에 있는 브랜딩으로 충분히 원하는 성과를 달성할 수 있습니다.

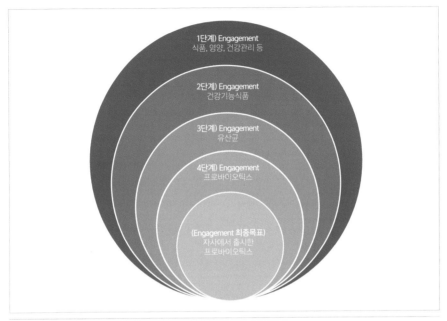

▲ 인게이지먼트의 단계 별 구조

결국 브랜드 블로그를 통한 콘텐츠 마케팅의 핵심은 위와 같이 자사 제품과 밀접하게 연관되어 있는 다양한 연결고리를 찾아, 꾸준하게 콘텐츠를 발행하는 것입니다. 자사제품에 대한 홍보는 절제하고 타겟이 좋아하는 관심사에 대한 콘텐츠를 많이 올려 적당한 균형을 맞추는 것이 좋습니다.

사업자 블로그 주제를 정하고 콘텐츠를 발행 할 때 피해야 할 사항들.

1. 자사브랜드를 의도적으로 언급하여 콘텐츠를 부자연스럽게 만들지 말아야 합니다.

일부 의료기관에서 환절기가 되면 목감기에 좋은 음식과 관련된 포스팅하고 결국에는 목감기와 관련된 치료기관이나 건강기능식품을 소개하기도 하는데, 제 개인적으로는 굳이 제품을 부자연스럽게 언급하지 않아도 된다고 생각합니다. 어차피 블로그 이름, 프로필, 스킨 등에 브랜딩이 되어 있는 상황인데 굳이 문맥에 맞지 않게 제품을 노출시킨다고 해서 고객들이 공감하지도 않을뿐더러 도리어 포스팅에서 원하는 정보를 얻지 못했기 때문에 빠른 유저 이탈만 발생합니다. 따라서 본래 글의 주제인 '**정보성 콘텐츠**'에 주력하고 나머지의 과정은 위에서 말한 단계 별로 접근을 해야 합니다.

예를 들어 목감기와 관련된 의료기관을 홍보하고 싶다면 여러 편으로 포스팅을 나누어 점진적으로 진행해야 합니다. 아래와 같이 단계별로 콘텐츠 마케팅을 진행하되 자사 서비스나 제품에 대한 홍보는 최대한 절제하고 세련되게 어필하는 것이 핵심입니다.

1단계) 목감기와 관련된 음식 등의 효능을 소개
2단계) 목감기를 치료 할 수 있는 성분에 대한 소개
3단계) 집에서 간단하게 할 수 있는 목감기 예방법 소개
4단계) 음식과 자가예방법으로도 호전이 되지 않을 경우 시도해 볼 수 있는 치료방법 소개

2. 같은 키워드를 의도적으로 포스팅하지 말아야 합니다.

처음 시작하는 블로그에서 많이 발견되는 현상입니다. 블로그에 콘텐츠가 축적되지 않은 상황에서 제품명과 카테고리가 섞인 제목을 주기적으로 발행하는 것을 피해야 합니다. 우선 블로그 운영 초기단계에서 제품명과 제품명이 속한 카테고리로 제목을 작성하여 포스팅한다고 해도 '검색노출'이 되지 않을 뿐더러 혹시라도 '검색노출'이 된다고 하더라도 고객들이 공감하지 않습니다.

콘텐츠 마케팅도 순서와 단계가 있듯이 급하게 진행한다고 해서
성과가 나오는 것이 아니라, 브랜드와 가장 멀리 있는 콘텐츠부터
차근차근 연결고리(인게이지먼트)를 만들어 콘텐츠가 누적될 때, 블로그 방문자수가
점진적으로 늘어나면서 비즈니스의 성과로 이어지게 됩니다.

따라서 블로그 마케팅을 고려하고 있으시다면 최소 3개월 이상 장기간을 두고
꾸준히 진행해 보시기를 추천 드립니다.

/ '약방의 감초'처럼 소셜미디어를 활용하기 /

B2B 마케팅에서 타겟 기업의 규모가 중소기업(SMB)에서 대기업(Enterprise)로 높아질수록 온라인 미디어보다는 오프라인을 선호하고, SNS나 유튜브, 카카오모먼트보다는 링크드인과 같은 기업 타겟팅의 미디어를 선호하시는 경향이 있는 것 같습니다.

특히, 페이스북과 인스타그램 등 SNS에 대해 이야기를 나누다보면,
성과가 없다는 피드백들이 많습니다.

그러나 제 생각은 조금 다릅니다.

비즈니스 성격마다 일부 차이는 있지만 SNS도 B2B 마케팅이나
리드제네레이션 캠페인에 효율적으로 사용 하실 수 있습니다.

B2B 마케팅에서 SNS를 효율적으로 사용 하실 수 있는 다양한 방법들에 대해 소개해보도록 하겠습니다. 이미 다양한 B2B 기업들이 SNS 채널을 활용하고 있습니다. B2B 비즈니스에서 SNS 채널이 주목받기 시작한 것은 약 2-3년 정도 된 것 같습니다.

이 때부터 다양한 온라인 미디어를 적극 활용하기 시작했고 SEO(Search-Engine Optimization)와 더불어 SNS 등의 소셜미디어의 활용도 높아졌습니다. 특히 국내외 B2B 기업들을 보면 실제로 SNS 광고를 적극적으로 활용하고 있습니다. 집행된 날짜를 보시더라도 최근에 잦은 빈도로 광고를 진행하고 있음을 확인하실 수 있습니다. 캠페인 목적에 따라 다르겠지만 아무런 성과가 없다면 많은 B2B 기업에서 주기적으로 광고를 집행하지는 않을 것입니다.

▲ 페이스북 라이브러리 검색화면

B2B 기업에 적용할 수 있는 SNS 마케팅 노하우

SNS채널이 성과가 없다고 피드백을 주시는 경우를 디테일하게 들여다보면 상황에 따라 적절하게 사용하지 못하는 경우가 많이 있습니다. **성과가 나온다면 광고비를 증액하면 되고, 혹시라도 성과가 저조하다면 필요한 만큼 소액을 알맞게 활용하면 되는데 유연하게 대처하지 못하는 경우가 많은 것 같습니다.**

아래 소개한 방법들은 시기 별로 소액의 예산을 적절하게 사용하면 '약방의 감초'와 같은 효과를 톡톡해 보실 수 있습니다. 소개한 유형에 해당되신다면 일부 금액으로 적절하게 활용해보시기 바랍니다.

1. 웹페이지만 운영하고 있는 경우(혹은 간단한 검색광고만 활용하는 경우)

이 경우에는 아주 간단하게 리마케팅으로만 활용하시면 됩니다. 구글 태그매니저를 통해 페이스북 픽셀을 설치한 경우 페이스북과 인스타그램에서 리마케팅용도로만 활용하셔도 됩니다. **기존에 웹페이지를 방문했던 유저들에게 다시 '브랜드 메시지'를 전달하여 고객과 브랜드의 접점을 높일 수 있는 전략으로 상대적으로 비용도 적게 듭니다.** 네이버 검색광고를 활용하고 있으시다면 그 성과가 더 크게 나타납니다. 이유는 비싼 CPC를 통해 유입한 유저들에게 다시 한 번 브랜드의 메시지를 어필할 수 있어 기존 광고와 연계 작용이 발생하게 됩니다. 특히 페이스북 리마케팅의 경우 클릭 당 단가도 저렴하기 때문에 비용 면에서도 효율적입니다. 그리고 페이스북 계정만 있다면 인스타그램은 별도의 계정이 없이도 광고를 집행할 수 있기 때문에, 인스타그램 광고도 부담 없이 진행 해보실 수 있습니다.

2. 내부에 고객 DB가 충분히 축적되어 있는 경우

다년간의 마케팅 캠페인을 통해 내부에 DB가 수집되어 있는 경우에도 절적하게 사용 가능합니다. **해당 DB는 주기적으로 이메일 마케팅을 진행했기 때문에 아마 이메일 오픈률이나 도달률이 많이 떨어져 있을 것입니다.** 이는 이미 이메일이 광고로 인지가 되었기 때문에 지속적으로 이메일을 발송해도 고객들의 반응이 없는 것인데요. 이런 경우 내부에 축적되어 있는 이메일, 전화번호를 SNS를 통해 타겟팅하게 되면 해당 정보로 생성된 계정에만 광고를 전달할 수 있습니다. 페이스북에서는 이미 몇 년 전에 해당 타겟팅을 선보였지만 아직 B2B 분야에는 도입이 더딘 것 같습니다.

▲ 페이스북 고객 리스트 타겟팅

SNS로 성과를 얻고 있는 B2B 기업들은 다양한 소재로 콘텐츠 마케팅을 진행하고 있습니다. 그러나 SNS 마케팅으로 꾸준한 성과를 얻고 있는 기업들은 대부분 콘텐츠 마케팅과 유료광고를 병행하고 있습니다.

콘텐츠 마케팅의 핵심은 고객과 브랜드간의 연결고리를 만드는 것이고 유료광고는 반응이 높은 콘텐츠의 노출을 증폭시키는 역할을 합니다. 성과가 없다고 피드백을 주시는 경우를 들여다보면 고객들이 브랜드에 대해 충분히 공감되지 못한 상황에서 조급하게 'LEAD 수집'만을 강조하기 때문입니다.

아래의 표를 보시면 전체적인 리드생성 캠페인에서 SNS는 고객과 공감대를 만들고, 브랜드에 대한 관여도가 높은 상황에서 검색을 통해 홈페이지로 흘러 들어갈 수 있는 역할을 해야 하는데, 그러한 과정이 없는 SNS 운영은 좋은 성과를 얻지 못합니다. 따라서 SNS 상에서 나름의 '고객구매여정'을 만들어 다양한 콘텐츠와 광고를 병행하여 테스트 후, 효율이 높은 콘텐츠를 추려 나가는 과정이 필요합니다.

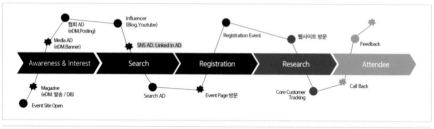

▲ 리드젠 캠페인에서 SNS의 역할

자연스럽게 LEAD로 흘러갈 수 있는 흐름을 만들어야 합니다.

SNS를 통해 리드를 생성하려면 아래와 같이 적어도 5단계의 과정이 필요합니다.

3단계에 있는 제품의 특장점만 어필 후 바로 DB를 남겨주시기를 요청해도 고객들의 반응이 오지 않습니다. 따라서 제품과의 연관성은 떨어지더라도 공감형 콘텐츠를 통해 유입 될 수 있는 창구를 넓게 열어야 합니다. 그리고 특장점을 어필하기 전에 씬(Scene)전략이 매우 중요합니다.

흔히 알고 있는 실험과 같이 "저 좀 도와주세요!" 보다는 "저기 파란 셔츠 입고 계신 남자분, 저 좀 도와주세요!"라고 했을 때 반응이 높다고 하죠? 이는 명확한 타겟을 지정했기 때문입니다. 따라서 특장점도 포괄적으로 어필 하는 것보다는 이 제품과 이 서비스가 필요한 구체적인 상황이 연상되는 장면(씬,scene)을 콘텐츠로 제작하여 어필하는 것입니다.

  그리고 제품의 특장점을 어필한 콘텐츠는 수량을 최대로 낮추어 알게 모르게 어필을 하는 것이 핵심입니다. 마지막으로 B2B 비즈니스에서 고객사례 만큼 중요한 것이 A/S와 같은 고객지원입니다. 관련 설문조사에 따르면 서비스나 가격 경쟁력이 떨어지더라도 안정된 고객지원 때문에 특정 업체를 선정하는 경우가 생각보다 많습니다.

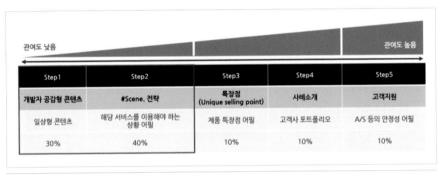

Step1	Step2	Step3	Step4	Step5
개발자 공감형 콘텐츠	#Scene, 전략	특장점 (Unique selling point)	사례소개	고객지원
일상형 콘텐츠	해당 서비스를 이용해야 하는 상황 어필	제품 특장점 어필	고객사 포트폴리오	A/S 등의 안정성 어필
30%	40%	10%	10%	10%

관여도 낮음 / 관여도 높음

▲ 콘텐츠 마케팅 구성 및 비중

  B2B마케팅에서도 SNS를 적절히 사용한다면 큰 성과를 얻을 수 있습니다.

  B2B마케팅 담당자라면 SNS의 채널을 굳이 닫아 놓을 필요가 없습니다. 다양한 창구는 열어놓는 것이 유리하고 다만 성과가 저조하거나 우리 고객의 타겟이 적다면 해당 채널을 운영하는데 필요한 리소스(비용, 시간, 인력)를 줄여 운영하면 됩니다. 상황이 여의치 않은 경우라면 비즈니스가 활발해지는 특정 시즌이나 관련 행사가 있을 때에만 선별적으로 활용해보시는 것도 추천합니다.

PART 04

"작은 것이 완벽을 만든다!" B2B 웹페이지 구축방법

INDEX.

/ 온라인 접점채널 구축하기 /

다양한 시장 검증을 통해서 브랜딩이 어느 정도 자리가 잡혀간다면 웹페이지를 개설하는 것이 필요합니다.

그러나 웹페이지를 만드는 것은 비용이 많이 소요되고 또, 한번 제작하면 수정하는 것이 번거롭기 때문에 신중하게 제작을 하는 것이 좋습니다. 따라서 개발자가 전수 코딩작업으로 제작되는 웹페이지 보다는 브랜드나 서비스가 성장해가면서 그에 따라 유연하게 대처할 수 있는 플랫폼 형태의 홈페이지 제작으로 시작하는 것 더 효율적이라고 볼 수 있습니다.

국내에서는 아임웹과 Wix를 활용하여 웹페이지를 쉽게 구축할 수 있습니다. 아임웹과 WIX는 사업초기 최소기능제품(Minimum Viable Product)을 만들기에 적합합니다. 이유는 주어진 템플릿 내에서 레이아웃 변경이 가능하고 전문적인 코딩지식 없이 간단한 이미지 업로드만으로도 홈페이지를 구축할 수 있기 때문에 매우 편리합니다. 또, 부가적으로 필요한 도메인, 호스팅과 DB 축적 시 필요한 SSL(Secure Sockets Layer / 인터넷에서 데이터를 안전하게 전송하기 위한 인터넷 통신 규약 프로토콜)도 간편하게 구입하여 사용할 수 있습니다. 설치가 간편하다 보니 사업 초기에 사용하는 경우가 많지만 플랫폼에서 구현할 수 있는 기능들이 많이 있어서 어느 정도 안정되어 있는 브랜드에서도 많이 사용하고 있습니다.

그러나 시간과 비용을 어느 정도 투자할 수 있는 상황이라면 설치형 블로그인 '워드프레스' 기반의 웹페이지를 추천 드립니다. 실제로 워드프레스의 기능은 무궁무진합니다.

게시판 기능이나 결제 기능 등의 다양한 플러그인 기능들을 붙여 쓸 수 있기 때문에 확장성이 매우 좋지만 제작 난이도가 높기 때문에 국내에서는 유난히 사용률이 적은 것 같습니다. 현재 워드프레스의 웹사이트 시장 점유율은 약 33%정도로 집계되고 있는 것 같습니다. 다만, 국내는 IT강국답게 워드프레스를 대체할 수 있는 네이버 블로그, 카페, 그리고 템플릿으로 홈페이지를 제작할 수 있는 아임웹 등 워드프레스보다 편리한 다양한 서비스들이 많이 있기 때문에 사용률이 저조한 것으로 판단됩니다.

템플릿 형태로 제작할 수 있는 웹페이지 제작 플랫폼도 있고 노코딩으로 진행할 수 있는 워드프레스 형태의 웹페이지도 있지만 시간과 비용이 충분한 경우라면 제대로 된 웹페이지를 개설하는 것도 상당히 매력적입니다. 워드프레스나 템플릿 웹페이지 는 변형이나 수정이 편리하기 때문에 스타트업이나 중소기업에서 많이 사용하는 반 면에 어느 정도 유지보수 여력이 되는 상황이라면 전문 개발자와 퍼블리셔가 제작한 웹페이지를 따라오기는 쉽지 않습니다.

저는 B2B 비즈니스는 브랜딩이 생명이라고 생각합니다. 장기간 기업에서 사용하는 서비스이기 때문에 유지보수나 안정성 부분도 구매의 큰 요소로 작용하기 때문에 브 랜드에 대한 '신뢰감'을 어필 하는 것이 매우 중요합니다.

신뢰감을 어필할 수 있는 다양한 시각적인 부분을 아무런 제약없이 구현할 수 있다 는 부분은 매우 매력적입니다. 다만 신규 서비스가 자주 추가되거나 현재 베타버전이 라 서비스가 주기적으로 발전하는 기업들은 신중히 생각해야 합니다.

이유는 어느 정도 안정화 되어 있는 브랜드는 B2B 비즈니스 특성 상 한번 웹페이지 를 개설하면 보통 1~2년 정도의 기간은 충분히 사용할 수 있지만 사업의 구조나 브랜 딩의 변화가 예상되어 있는 기업이라면 긴 노력으로 만든 웹페이지를 또 수정해야할 우려가 있기 때문입니다. 따라서 현재의 비즈니스 상황에 따라 완성형 홈페이지를 제 작할지, 시간의 흐름에 따라 유연하게 변화할 수 있는 템플릿이나 워드프레스 형태의 웹페이지가 효율적일지 선택해야 합니다. 의료 상담을 받아보면 수술의 경우에도 재 수술이 더 어렵듯이 웹페이지의 경우에도 리뉴얼하는 경우에는 상황에 따라 거의 새 로 만드는 정도의 공수가 들어가게 됩니다.

✏ 쉽고 간단하게 제작할 수 있는 '아임웹' 알아보기 ✏

▲ 아임웹 서비스 구분

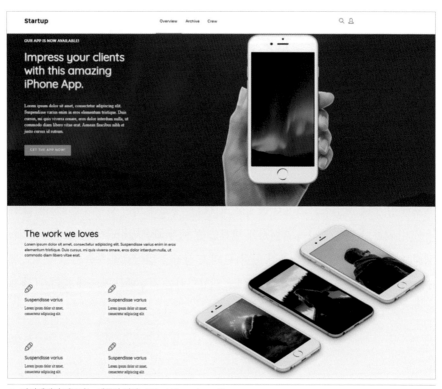

▲ 아임웹에서 제공하는 템플릿 예시   https://imweb.me/theme

아임웹의 경우에는 다양한 버전이 있는데 결제 기능이 필요하지 않은 일반적인 B2B 비즈니스의 구조에서는 Starter정도의 서비스로도 충분히 웹페이지를 구현할 수 있습니다. 다만, 고객 DB가 축적되는 경우 SSL의 경우만 별도로 구입해서 사용하시면 됩니다. 1년 기간의 플랫폼 비용을 결제해서 사용할 수 있고 초기에 큰 비용을 투자하는 것 보다는 월별 사용 요금을 결제해서 사용할 수 있기 때문에 상당히 효율적입니다. 서비스 이용기간에는 구독하는 서비스에서 새로운 기능이나 업데이트가 출시될 경우에도 적용 받을 수 있기 때문에 효율적입니다.

'아임웹' 플랫폼을 활용 했을 때의 장점

마케터의 입장에서 '아입웹' 페이지를 구축 했을 때의 장점은 아래의 정도가 될 것 같습니다.

1. 우선 개설이 매우 편리합니다. 템플릿 내에 이미지만 업데이트 하면 되기 때문에 간단합니다.
2. 정형화된 템플릿이 있다보니 모바일, PC, 테블릿에서 이미지 최적화를 편리하게 진행 할 수 있습니다. 별도로 틀어지거나 깨지는 부분없이 깔끔하게 작업이 가능합니다.
3. DB수집에 필요한 기술적인 구현을 손쉽게 할 수 있습니다.
4. 가장 중요한 부분은 다양한 마케팅툴과 연동을 쉽게 할 수 있다는 부분입니다. 아래의 표는 다양한 마케팅툴과 쉽게 연동 할 수 있는 부분에 대해 정리를 해보았습니다.

아임웹에서 연동가능한 마케팅툴

구글 태그매니저를 활용하는 경우에는 환경설정 → SEO, 헤더설정을 통해서 직접 스크립트 삽입을 할 수 있으니 상황에 맞게 사용해 보시기 바랍니다.

항목	설명	필요사항
Google Ads 리마케팅	이전에 내 웹사이트를 방문했던 고객에게 광고를 게재할 수 있는 기능입니다. 고객이 Google 광고를 진행하는 다른 웹사이트를 방문하거나 광고주의 키워드를 사용하여 Google에서 검색할 때 해당 광고가 게재될 수 있습니다.	리마케팅 ID
Google Ads 전환추적	Google Ads 에서 진행한 내 광고를 통해 얼마나 많은 사람들이 구매, 가입 등으로 전환되었는지 측정할 수 있도록 해줍니다.	Google Ads 고유번호
Google 애널리틱스 (웹로그 분석)	무료이면서도 매우 전문적인 방문자 분석 도구를 제공합니다. 지금 사이트 접속자 수가 몇 명이고 어떤 경로를 통해 왔으며, 어떤 페이지를 보고 있고 어디서 이탈했는지 확인할 수 있습니다.	애널리틱스 ID
네이버 애널리틱스 프리미엄 로그 분석	네이버에서 제공하는 방문자 및 네이버 키워드 광고 효과 분석을 위한 도구입니다.	네이버 공통 인증키
카카오 광고(픽셀)	카카오 모먼트 및 키워드 광고 진행시 방문, 회원가입, 검색, 장바구니, 구매 등의 행위를할 때 정보를 수집하여 전환추적, 리타게팅 등 최적화된 운영에 활용할 수 있습니다.	카카오 픽셀 고유코드(track_id)
모비온 리타게팅	모비온의 리타게팅 광고주를 위한 기능입니다. 내 사이트의 방문자가 모비온 광고를 진행하는 다른 사이트에 방문했을 때 내 사이트에서 봤던 상품이 광고에 게재될 수 있습니다.	User ID
에이스카운터 로그분석/ 전환추적	웹사이트 방문자들이 누가, 언제, 어디서 방문하였는지 방문자를 분석하고, 네이버 키워드 광고 부정클릭 분석을 도와줍니다.	에이스카운터 유형

✏ 전세계 인구의 약 40%가 활용하는 확장성이 높은 플랫폼 '워드프레스' ✏

아임웹과 같은 템플릿으로 제작하는 웹페이지들을 활용해서 간단하게 홈페이지를 만들 수 있다면 워드프레스는 진입장벽이 높기는 하지만 플러그인 기능을 통하여 다양한 기능들을 구현할 수 있습니다. 대부분 워드프레스하면 블로그 정도로 활용을 할 수 있을 것이라고 생각을 하지만 생각보다 워드프레스는 그 확장성이 넓습니다. 원하는 플러그인을 활용하면 뚝딱 완성이 될 수 있을 정도로 많은 기능들을 구현할 수 있습니다.

워드프레스의 장점

1. 개발을 최소한으로 하기 때문에 비용이 저렴하다.
2. 전세계의 개발자들이 사용하기 때문에 사용 할 수 있는 정보와 자원이 풍부하다.
3. 검색 엔진 최적화(Search Engine Optimization)에 유리합니다.
4. CMS(Contents Manatement System)을 통하여 콘텐츠 관리가 편리하다.
5. 지속적으로 버전이 업그레이드 되고 다양한 플러그인들이 개발되기 때문에 확장성이 높습니다.

그러나 위의 다양한 장점에도 불구하고 진입장벽이 높다보니 국내에는 유독 글로벌에 비해 유저수가 떨어지고 있고 더구나 워드프레스의 가장 큰 핵심인 플러그인의 경우에도 한국의 상황에 맞는 플러그인이 없다보니 쉽고 매끈하게 만들 수 있는 다른 템플릿 웹페이지에 비해 사용도가 떨어지는 것 같습니다.

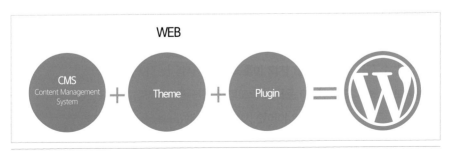

▲ 워드프레스의 구조1

CMS Contents Manatement System(컨텐츠 관리 시스템)의 약자로 넓은 의미로 저작물을 관리하는 시스템을 의미합니다.

Theme란 네이버와 같은 한국형 블로그의 스킨과 레이아웃이라고 보시면 됩니다. 원하는 디자인과 레이아웃의 무료/유료 Theme를 구입하여 적용하게 되면 취향에 맞는 웹페이지를 구현할 수 있습니다.

Plugin이란 문서를 입력하는 기능과 그 외 부가 프로세스로 나눌 수 있습니다. 문서(글, 페이지, 상품, 강의)를 업데이트하는 플러그인과 문서와 덧글을 연결하는 플러그인이 대표적이고 웹문서를 검색노출시키는 SEO와 관련된 플러그인도 설치하여 사용할 수 있습니다. 따라서 워드프레스 웹페이지의 전체적인 구성을 보게 되면 아래와 같은 구조로 보실 수 있습니다.

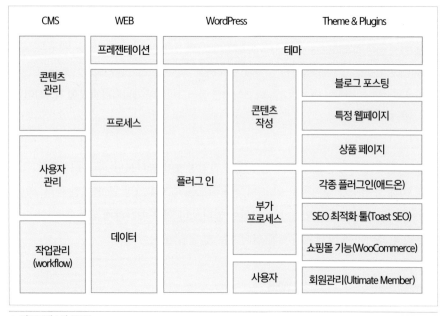

▲ 워드프레스의 구조2

CMS(컨텐츠 관리 시스템)을 커뮤니티와 같이 유저들의 등급을 나누어 관리할 수 있고, 심지어 운영자도 추가로 지정하여 여러 명의 관리자를 설정할 수 있습니다. 이러한 콘텐츠를 웹에 구현할 수 있는 도메인과 호스팅을 연결하여 웹상에 데이터를 노출시킵니다. 이후에는 플러그인을 통하여 게시글을 발행거나 혹은 상품을 등록할 수 있는 기능을 구현할 수 있고, 상품 등록이 가능하기 때문에 당연히 PG사와 결제 및 주문까지도 관리할 수 있습니다. 기타 블로그형으로 운영할 경우에는 검색노출을 할 수 있는 플러그인을 설치하면 됩니다.

워드프레스는 위와 같은 구조 때문에 확장성이 무궁무진합니다. 노코딩으로 시스템을 구축하는 것이 아닌 출시된 기능들을 조작하여 구축할 수 있기 때문에 별도의 개발이 없이도 웹페이지를 구현할 수 있는 이유가 이러한 이유 때문입니다.

워드프레스를 통하여 웹페이지를 구현하는 경우에는 난이도에 따라 아래의 용도로 사용하는 것 같습니다.

국내에서 사용하고 있는 다양한 유형들에 대해 소개해보도록 하겠습니다.

구분	설명
블로그	개인 블로그의 형태로 운영할 수 있는 가장 기본형
뉴스 매거진	매거진의 형태로 운영하는 블로그의 확장판 개념
퍼스널 브랜딩 웹페이지	전문직, 강사, 정치인, 컨설턴트 등 개인을 브랜딩할 수 있는 웹페이지
회사 포트폴리오 웹페이지	회사의 포트폴리오를 소개하여 상담문의를 받을 수 있는 포트폴리오 웹페이지
LMS 시스템(Learning Management System)	온라인으로 수강생 들의 성적과 진도, 출석 등을 관리해주는 시스템
전자책 판매와 열람	고객들이 이메일을 통해서 전자책을 구독 신청 하거나 전자책을 판매하고 결제할 수 있는 시스템
제휴 파트너스 시스템	특정 링크를 통하여 결제가 이루어졌을 경우 수익을 배분받을 수 있는 시스템
줌세미나 판매	비대면으로 진행되는 강의나 세미나를 판매할 수 있는 시스템
캘린더 기능	일정을 관리할 수 있는 캘린더 기능
컨설팅 예약서비스	매장 예약이나 컨설팅 예약 등을 받을 수 있는 시스템
정기결제(구독서비스)	일반 유저와 프리미엄 유저를 분류하여 특정 콘텐츠의 열람 권한을 다르게 하거나 정기적으로 콘텐츠를 유료로 받아 볼 수 있는 구독 서비스

위와 같이 워드프레스에서 구현 가능한 웹페이지들에 대해 소개를 해보았습니다. 그러나 워드프레스는 아직도 꾸준히 발전하고 있습니다. 글로벌의 많은 유저들이 활용하고 있는 플랫폼이다 보니 새로운 '플러그인'과 '테마(Theme)'들이 꾸준히 출시되고 있고 그 기능들도 날이 갈수록 개선이 되고 있습니다. 따라서 앞으로 노코딩으로 진행할 수 있는 웹페이지 구현의 범위는 더 넓어질 것으로 예상됩니다. 추가로 이러한 확장성 덕분에 워드프레스는 '마케팅 자동화'와 연동해서 사용하기에도 안성맞춤입니다. 마케팅 자동화와 관련해서는 다른 단락에서 다룰 예정이니 이번 글에서는 이정도로 워드프레스에 대한 소개를 마무리하도록 하겠습니다.

고비용, 고효율의 자체 제작 웹페이지 만들기

디자인과 기능의 제약이 없는 웹페이지 개발

홈페이지를 제작할 수 있는 다양한 방법이 있지만 아무래도 B2B 비즈니스에서는 자체적으로 디자인 후 코딩하는 제작 방식을 가장 선호하는 것 같습니다. 앱(APP)이나 플랫폼(platform)의 형식을 제외한 경우에는 비교적 복잡하지 않은 구조로 사이트맵(sitemap)이 짜여진 경우가 많고, 이커머스와 달리 웹 페이지상에서 PG(Payment Gateway)를 통해 결제하는 구조도 아니기 때문에 기능적으로 난이도가 높은 부분이 많지는 않지만 해당 비즈니스와 브랜드를 명확히 이해해야 하기 때문에 일반적인 기획자가 쉽게 진입하기에는 어려운 부분도 있습니다.

B2B 웹페이지 경우에는 브랜딩이 가장 중요합니다. 유저들이 웹페이지에 진입을 했을 때, 브랜드가 전달하고자 하는 메시지가 매우 명확해야 합니다. 또, 비교적 복잡한 비즈니스를 쉽게 설명해야 하기 때문에 단순히 외부에 의뢰할 경우 콘텐츠의 흐름을 잘 잡지 못하는 경우도 많이 있습니다. 따라서, B2B 웹페이지를 제작할 때에는 기존에 꾸준히 업무를 진행하고 있던 에이전시와 협업을 하거나 아니면 내부에 있는 마케터가 웹페이지에 대한 명확한 콘셉을 기획하고 외부에 디자인의 영역과 기술적인 지원에 대한 부분에 대해 요청하는 것이 바람직합니다.

B2B 웹페이지 제작과정에서 가장 문제가 생기는 부분은 비즈니스 이해도에 따른 커뮤니케이션 문제입니다. 실제로 업무를 해보기 전에는 계약 후, 업무에 들어가게 되면 전체적인 방향이나 콘셉 등에 대해 적극적으로 제안을 해주고 에이전시에서 이끌어 가주기를 원하지만 대부분의 B2B 비즈니스가 하이테크(Hi-Tech) 비즈니스라는 점을 감안했을 때 이를 이해할 수 있는 외부 기획자가 생각보다 많지 않습니다. 따라서 에이전시에서 의지가 있는 경우에도 비즈니스의 분위기를 맞추는 것이 어려운 경우가 빈번합니다. 이런 경우 클라이언트 입장에서 보자면 비용은 들었지만 결국 내부에서 직접 기획을 해서 의뢰를 해야 하는 상황이 발생합니다.

따라서 저는 자사 웹페이지 기획을 준비중이라면 가장 먼저 해야할 부분이 업무의 역할을 분배(R&R, Role & Responsibility)하는 것이라고 생각합니다. 클라이언트가 해야 할 업무와 외부에 위임해야할 업무를 명확하게 분배해야 추후 커뮤니케이션의 혼동이 없습니다.

그러나 많은 부분을 외부에 의뢰하더라도 일반적으로 웹페이지의 전체적인 구조와 필요한 기능, 그리고 콘셉에 대해서는 클라이언트 쪽에서 명확하게 준비하는 것이 효율적이라고 생각합니다. 왜냐하면 해당 브랜드를 가장 잘 알고 있는 사람이고, 또 내부의 의견들을 수렴하기에 가장 효율적인 위치에 있기 때문입니다. 따라서 기초자료가 명확하게 준비되어 있다면 내부/외부 커뮤니케이션을 상당히 효율적으로 이끌어 나갈 수 있습니다. 좋은 제작물이 나오기 위해서는 초기 기획이 가장 중요하고 탄탄한 초기 기획을 기반으로 RFP(RFP, Request For Proposals)를 제작했을 때, 외부 에이전시에서도 클라이언트의 의중을 잘 파악하여 양질의 제안을 할 수 있습니다.

✎ 따라하기 쉬운 웹페이지 기획 프로세스 ✎

구조를 알아야 더 좋은 것들이 보인다.

홈페이지를 기획하는 업무는 다른 업무보다 개인차가 크게 작용하는 것 같습니다. 이유는 일반적인 공정과정이 아니라 창조(Creation)의 영역이다 보니 같은 시간을 투여하여도 성과가 다르게 나타나는 것 같습니다. 실제로 경험 많은 시니어(Senior)마케터가 업무를 진행하더라도 업무 방향을 잃게 될 수 있는 것이 홈페이지 기획의 영역인 것 같습니다. 그러나 다수의 프로젝트를 운영해보니 공통적으로 꼭 필요한 단계들이 있었고 그러한 부분들은 마케터분들께 공통으로 적용이 될 것 같아서 이번 단락을 준비해보았습니다. 제가 홈페이지를 기획하면서 가장 기초가 되었던 단계들에 대해 설명하였으니 참고해주시기 바랍니다.

마케팅에 있어서 홈페이지의 역할

전체적인 마케팅 펀넬 구조에서 보면 홈페이지는 바로 목표 앞에 있다고 볼 수 있습니다. 축구로 보면 골문 앞이고 골프로 보자면 골컵 바로 주위에 있는 상황입니다. 따라서 홈페이지의 목표는 간단하게 2가지로 보는 것이 좋습니다. 홈페이지의 가장 큰 목적은 당연히 구매 전환이고, 그 다음의 목표는 웹페이지의 이탈을 줄이고 체류시간을 증가시키는 것입니다. 따라서 홈페이지의 목적에 맞게 내용을 배치하고 구성하는 것이 중요합니다.

에빙하우스 망각곡선(보유 곡선)

다음 자료는 독일의 심리학자 헤르만 에빙하우스(Hermann Ebbinghaus)의 연구한 망각 곡선입니다.

우리의 뇌는 어떠한 내용을 인지한 후 20분만 지나더라도 약 40%의 내용을 잊게 됩니다. 따라서 어떻게 보면 인상을 줄 수 있는 마케팅도 중요하지만 잊히지 않는 마케팅이 더 중요하기도 한 대목이기도 합니다.

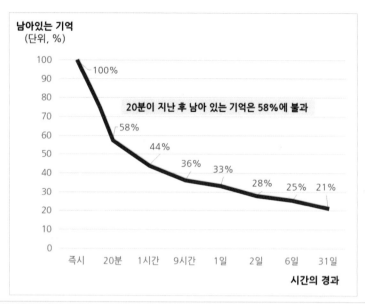

남아있는 기억
(단위, %)

20분이 지난 후 남아 있는 기억은 58%에 불과

100%
58%
44%
36%
33%
28%
25%
21%

즉시 20분 1시간 9시간 1일 2일 6일 31일

시간의 경과

▲ 에빙하우스 망각곡선

뇌기억에 관련된 다양한 연구결과를 살펴보면 텍스트와 이미지 중 80%가 이미지 컨텐츠를 선택하고, 뇌가 인식할 때에 텍스트는 1분에 약 200단어 정도를 하는 반면에 이미지는 이미지의 인식속도는 1초 미만으로 매우 짧습니다. 결국 우리의 뇌는 텍스트보다는 직관적인 이미지를 통해서 인지를 하게 됩니다. 따라서 웹페이지 내에서도 이미지를 기준으로 인상을 줄 수 있는 브랜딩이 필요합니다.

브랜딩의 구조 구축하기

브랜딩을 기획하는 일은 매우 추상적이기 때문에 개념을 구조화 시키는 작업이 필요합니다.

가장 먼저 브랜드의 본질(에센스/essence)을 파악해야 하는데 본질이 명확하지 않은 상황에서 슬로건(slogan)을 만들고 광고카피를 기획하려고 하기 때문에 생각보다 진도가 더디게 나가는 경우가 많습니다.

추상적인 브랜딩을 아래와 같이 브랜드 본질부터 슬로건 네이밍까지의 정리를 하게 된다면 웹페이지 기획을 하고 메인 카피를 정하는 것이 쉬워집니다. 홈페이지는 예쁜 디자인만이 중요한 것이 아닙니다. 디자인도 중요하지만 그에 못지않게 핵심 메시지를 전달하는 것이 중요하기 때문에 브랜드에 대한 구조를 명확하게 할 필요가 있습니다. 특히 해당 자료는 CEO를 포함한 내부 의사결정자와 커뮤니케이션에 매우 큰 도움이 됩니다. 실무 마케터 분들과 이야기를 나누다 보면 내부 의사결정자와의 커뮤니케이션 때문에 어려움을 느끼는 경우가 생각보다 많이 있습니다. 그러나 의사결정자가 마케팅에 대해 잘 모르는 경우라면 이에 대해 눈높이를 맞출 필요가 있습니다.

대부분의 의사 결정자들은 수년간 해당 비즈니스를 이끌어 왔고 다양한 경험들을 했기 때문에 브랜딩에 대해 추상적으로는 그림이 그려지지만 막상 디테일하게 설명을 하지 못하는 상황이 발생하는데 이러한 구조화를 기준으로 커뮤니케이션을 한다면 브랜딩의 방향을 조금 더 명확하게 그려볼 수 있습니다.

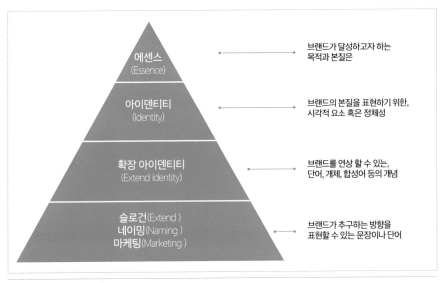

▲ 브랜딩을 구축하는 방법

시장조사 하기

위의 브랜딩의 구조를 잡는 작업이 큰 뼈대에 해당한다면 아래의 자료들은 내용물에 해당한다고 볼 수 있습니다. 내부 커뮤니케이션이든, 외부 커뮤니케이션이든 사례를 기준으로 커뮤니케이션 하는 것이 가장 효율적입니다. 작업 전에 대략적인 시안이 없이 진행이 된다면 실제로 작업 완료 후 수정이 많아질 수 있습니다. 따라서 시장조사를 철저하게 하고 다양한 포트폴리오를 찾는 작업은 사전기획과 최종제작물 사이에 발생할 수 있는 간극을 줄여주는 역할을 한다고 볼 수 있습니다.

아래의 페이지들은 마케터가 참조자료를 찾을 때 활용하면 매우 유용한 페이지들이니 참고 해주시기 바랍니다.

1. 핀터레스트 (https://www.pinterest.co.kr/)

▲ 핀터레스트 소개

디자인 참고자료를 찾기 매우 좋은 플랫폼입니다. 네이버나 구글에 검색을 하게 되었을 때에는 검색 로직의 영향으로 광고성 콘텐츠들이 많이 검색되는데 핀터레스트에서는 비교적 원하는 정보를 쉽게 찾을 수 있습니다.

플랫폼에 접속하는 유저들의 니즈 자체가 인스타그램과 같이 일상공유보다는 정보탐색 목적이기 때문에 DIY나 창조적인 제작물들을 많이 공유하고 있습니다. 또, 검색된 게시물을 클릭 했을 때, 실제 웹페이지로 이동할 수 있기 때문에 구현되는 웹페이지의 실물을 열람할 수 있다는 것도 큰 장점입니다.

2. 비헨스(https://www.behance.net/)

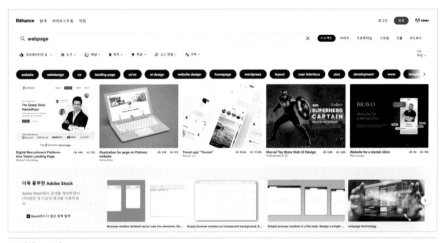

▲ 비헨스 소개

2005년 Matias Corea와 Scott Belsky에 의해 만들어졌으나 2012년 어도비에 인수되어 운영되고 있는 웹페이지입니다. 여러 나라의 창작자들이 작업물을 올리기에 다양한 디자인 트렌드를 접할 수 있다는 것이 큰 장점입니다. 각 분야의 디자이너들이 참조자료를 찾기 위해 자주 접속하는 웹 페이지입니다.

3. 드리블(https://dribbble.com/)

▲ 드리블 소개

UI(user interface), UX(User Experience)와 일러스트레이션이 주로 공유되는 페이지입니다. 마케터보다는 전문 디자이너들이 많이 접속하는 페이지로 유행하고 있는 웹페이지의 구성을 체크하기에는 도움이 됩니다. 그러나 초보자라면 핀터레스트나 비핸스를 먼저 참고하시는 것이 좋을 것 같습니다.

4. 어도비 컬러(https://color.adobe.com/)

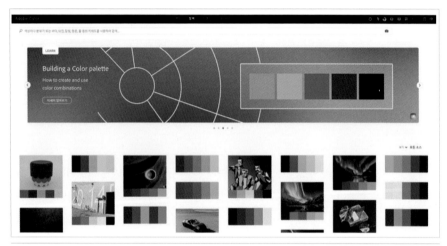

▲ 어도비 컬러소개

플랫폼에서 특정 이미지를 업로드하면 이미지에 있는 색컬러를 추출할 수 있는 웹페이지로 마케터들도 활용하기 좋은 페이지입니다. 메인 비주얼로 사용하고 싶은 이미지가 있다면 해당 이미지를 업로드하여 색컬러를 추출 후 파워포인트를 통해서 이미지+텍스트 조합으로 간단하게 샘플 이미지를 제작할 수 있습니다. 디자인에 들어가기 전에 어느 정도 느낌을 공유할 수 있고 사전기획과 최종 제작물의 간극을 줄일 수 있기 때문에 커뮤니케이션에 활용하면 좋습니다.

웹페이지의 구조를 기획하는 방법

	최상단 상단배너
	카테고리
	메인배너
	서비스 소개
	도입 성공사례
	업종 별 하이라이트 기능
	기능요약

▲ 웹페이지 기획안 요약자료

위의 구조는 B2B 솔루션의 구조를 기획했던 기획안에서 일부를 발췌한 자료입니다. 대략적으로 구조를 구성하는데 이해하실 수 있도록 첨부하였으니 참고해주시기 바랍니다. 가장 중점적으로 보아야할 부분은 중요도에 따라서 내용이 어떻게 배치했는지, 그리고 고객들의 이탈을 줄이기 위해 어떤 고객동선을 만들어주려고 했는지가 가장 중요할 것 같습니다.

1. 전체적인 구조

"고객들의 구매를 만들어 줄 수 있는 큰 구조를 만들어라!"

해당 구성안은 기업의 IT 인프라에 맞게 납품 가능한 기업용 소프트웨어(SaaS & On-Premise형) 웹페이지의 Main 시안을 첨부하였습니다. 가장 중요한 것은 Head 영역입니다. 홈페이지에 왔을 때 직관적으로 서비스를 어필을 해야 하고 그 뒤로 효능을 뒷받침할 수 있는 설명자료들로 이루어져 있습니다. 대부분의 B2B 웹페이지는 웹페이지의 도입부에 중심내용을 기재하는 두괄식 구조를 사용하는 경우가 많습니다. 그러나, 세부페이지로 넘어가면 상황이 다릅니다. 페이지의 목적에 중심내용을 뒷받침하는 내용이 나오는 경우도 있기 때문에 관련 사례를 먼저 나열하고 글의 마지막에 중심내용을 넣는 미괄식 구조를 활용하는 경우도 있고, 내용이 많거나 복잡한 경우에는 글의 상단과 하단에 각각 중심내용을 이중으로 배치하는 수미상관식 구조를 사용하는 경우도 있으니 페이지의 목적에 따라 다릅니다. 다만, B2B 비즈니스의 메인 페이지에서는 상단에 가장 하이라이트할 내용을 배치하고 있음을 안내 드립니다.

2. Head 이미지

"홈페이지의 첫인상, 복잡하지 않고 가장 심플하게 제작하기!"

상단 이미지는 매우 중요합니다. 보통 브랜드에서 소구(appeal)하고 있는 메인 메시지(Main Message)를 넣거나 아니면 특정 기간내 진행하고 있는 프로모션(promotion)을 넣는 경우가 많습니다. 다만, 가장 상단에 위치하다 보니 내용이 많아져 간혹 시선을 분산시키는 경우가 있습니다. 따라서, 롤링 배너를 삽입할 경우 3개를 넘기지 않도록 구성하는 것이 좋습니다. 다만 전달해야할 메시지가 명확하다면 굳이 롤링영역으로 진행하지 않고 고정영역으로 운영하는 것도 좋습니다.

3. 상세페이지

"고객들과 친해지는 시간으로 최대한 상세하고 설득력 있게"

웹페이지에 유입이 되었다면 구매여부는 상세페이지에서 결정이 됩니다. 상품마다 다르지만 일반적으로 퍼포먼스 마케팅의 영역에서는 웹페이지가 100명에게 노출이 된다면 평균 60% 이상은 페이지 열람 후 바로 이탈하기 때문입니다. 따라서 웹페이지에 남아서 상세페이지를 정독하는 유저라면 구매를 고려하고 있는 유저일 확률이 높습니다. 보통 상세페이지에서 많이 사용하는 방법이 서비스를 요약하고 그에 따른 핵심 기능들을 설명하고 그를 뒷받침할 수 있는 사례들을 나열하는 경우가 많습니다.

4. CTA/CallToAction

"결정적인 순간에 고객의 구매를 만들 수 있는 핵심역할"

콜 투 액션은 결정적으로 구매를 만드는 역할을 합니다. 어떤 액션을 유도할지는 상황에 따라 다릅니다. 특정 물건이나 서비스인 경우에는 '바로 구매하기'로 진행하는 경우도 있고, 시스템이나 인프라를 구축해야 하는 경우에는 '데모체험하기'로 진행하는 경우도 있습니다. 그러나 애초에 간단하게 데모체험으로 제공할 수 있는 서비스가 아닌 경우에는 '상담문의'나 '컨설팅 신청' 등으로 고객들의 행동을 유도하기도 합니다. 그리고 바로 구매와 연관된 행동을 유도하기 보다는 '백서 다운로드'나 '공략집 신청하기' 등의 행동을 유도하는 경우도 있습니다. 이러한 행동유도는 당장의 구매가 이루어지지는 않더라도 브랜드의 잠재고객을 만드는데 도움이 됩니다. 따라서 이를 킬러 콘텐츠(Killer Contents)로 만들어서 운영하는 경우도 많습니다.

5. 킬러 콘텐츠 (Killer Contents)

본 글에서 소개한 샘플구조에서 킬러 콘텐츠는 '인사담당자와 기업 관리자가 알아야할 비교자료'입니다. 기업용 서비스의 경우에는 특정인이 단독으로 결정하기 보다는 각 부서의 유관업무 담당자와 협의를 거쳐서 도입하는 경우가 많습니다. 따라서 기업내에 어떤 제품이나 서비스를 도입하기 위해서 의사소통을 위한 자료들이 필요한데 이를 킬러 콘텐츠를 활용하게 되면 큰 도움이 됩니다. 예를 들어 '관리자라면 꼭 알아야할 경영관리 솔루션 비교자료'와 같은 콘텐츠를 제작하게 된다면 정보성 콘텐츠와 더불어 자사의 특장점을 자연스럽게 소구할 수 있습니다. 그리고 이러한 콘텐츠들은 광고로 인지하지 않고 콘텐츠로 인지하기 때문에 정보의 전달력 또한 높은 편입니다.

웹 페이지에서 LEAD가 수집되는 구조 설계하기

구분	목적	내용	참여 허들
1단계	서비스 인지	홈페이지 내 서비스 요약	★☆☆☆☆
2단계	데모체험	홈페이지 내 데모체험 실행	★★☆☆☆
3단계	상담문의 접수	홈페이지 내 상담문의 접수	★★★☆☆
4단계	비교자료요청 접수	홈페이지 내 상담문의 접수 후 상담원의 연락대기	★★★★☆
5단계	홈페이지 회원가입	회원가입 후 서비스이용	★★★★★

▲ 단계 별 DB 수집구조

　홈페이지의 구성을 잘 하려면 잠재고객(LEAD)이 수집되는 동선을 잘 이해해야 합니다. 이커머스의 경우에는 상품페이지 유입 후 바로 구매를 유도하는 경우가 많지만 B2B 비즈니스의 경우에는 고객들에게 신뢰를 쌓기 위해 꾸준한 커뮤니케이션이 동반되는 경우가 많습니다. 따라서 위와 같은 기업용 소프트웨어의 경우에는 목적에 따라 데모신청, 상담문의, 비교자료 요청 등의 다양한 단계들을 구축해 놓았습니다.

　이러한 단계를 구축한 이유는 고객들이 홈페이지에서 회원가입 후 상담문의를 받거나 바로 유료결제를 해서 이용하는 허들이 높기 때문에 이를 완화할 수 있는 다양한 단계들을 고안한 것입니다. 다만 소프트웨어 등의 비실물 서비스의 경우에는 데모체험 등을 통해 허들을 낮출 수 있습니다. 그러나 실물 서비스를 제공하는 비즈니스의 경우에는 고객들이 실제로 제품을 체험해 볼 수 있도록 샘플을 제공하거나, 제품을 구매했을 때, 부가서비스들을 묶음(번들, bundle) 형태로 제공하는 경우도 있습니다. 특히 샘플 증정의 경우에는 B2B에서도 많이 사용하는 기법으로 실물의 경우에는 샘플 제공을 하고, 비실물의 경우에는 데모체험을 제공하지만 구조나 목적 면에서는 B2C 분야의 샘플 증정과 구조가 동일합니다. 다만 다른 점이 있다면 B2C의 경우에는 불특정 다수가 타겟이기 때문에 다양한 사람들에게 샘플을 증정하지만 B2B의 경우 타겟이 명확하기 때문에 샘플 신청을 한 고객정보를 기반으로 비즈니스의 타겟과 일치하는 경우에만 샘플을 증정하고 있습니다.

PART 05

뼈대가 튼튼해야
마케팅도 잘된다.
B2B 마케팅 구조 설계하기

INDEX.

✎ LEAD가 꾸준히 들어오는 흐름을 만들라. ✎

흐름에 따라가지 말라, 흐름이 되라.

- 엘리프 샤팍

강의나 미팅을 통해서 많은 사업자분들을 만나다 보면 느끼는 부분이 있습니다. 자기가 알고 있는 정작 필요한 정보는 다른 사람들에게 공유하지 않는 다는 것입니다. 여기에는 2가지 이유가 있는 것 같습니다. 우선, 잠재적인 경쟁자들에게 필요 이상의 정보를 공유해도 결코 득이 될 일이 없다는 것입니다. 따라서 애로사항은 같이 고민하지만 마케팅의 성과가 나오는 채널 등의 핵심 정보는 결코 공유하지 않습니다. 또, 한 가지의 이유는 역설적이게도 다양한 시행착오를 겪으며 얻은 고급정보를 다른 사람은 너무 쉽게 치부하는 경향이 있기 때문입니다. 다양한 사업자분들과 이야기를 나누다 보면 어렵게 얻은 정보들을 공유함에도 불구하고 정보를 별것 아닌 것처럼 여기거나 잘못된 정보처럼 인식하는 경우가 많아서 공유를 하지 않는 것 같습니다. 따라서 경쟁사에 대한 의식보다는 꾸준한 실천이 더 중요하다고 생각합니다.

LEAD가 생성되는 구조도 마찬가지입니다. 정작 중요한 정보들은 잘 공유가 되지 않기 때문에 경쟁사를 너무 의식할 필요도 없고, 다양한 의견에 흔들릴 필요도 없습니다. 그저 현재 상황에서 다양한 시도들을 도전하고 잘못된 부분을 고쳐 나가게 된다면, 그리 오랜 시간이 걸리지 않아도 탄탄한 시스템을 구축할 수 있으나 성과가 빠르게 나오지 않는 다는 부분에서 밀려오는 조급함과 지나친 경쟁업체 의식으로 인하여 방향이 일관성을 잃는 경우가 많이 있습니다.

마케팅의 전략과 구조는 업체마다 시장마다 매우 다양합니다. 결코, 똑같은 구조가 생길 수가 없습니다. 그리고 시장내에 다양한 경쟁업체가 존재하지만 각 업체마다 특성이나 시장들도 조금씩은 차이가 있습니다. 따라서 자기만의 특색을 유지하여 일정 기간은 꾸준히 유지해보는 '뚝심'이 필요합니다. 따라서 경쟁업체의 활동에 쉽게 휘

둘리는 것보다는 현재의 비즈니스와 구조에 더 집중하는 것이 훨씬 더 효율적인 전략임을 이해하신다면 현재 진행하고 있는 마케팅의 일관성을 잃지 않으실 수 있다고 생각합니다.

잊지 마시기 바랍니다. 진정 가치 있는 정보들은 외부에 공개되지 않고, 외부에 공개되더라도 자사의 마케팅과 경쟁사의 마케팅은 많은 차이가 있기 때문에 도입한다고 하여도 바로 성과가 나오지는 않습니다. 따라서 흐름에 따라가지 말고, 진행하는 비즈니스를 기준으로 흐름을 이어가는 전략이 필요합니다.

이번 단락에서는 LEAD가 꾸준히 유입될 수 있는 구조를 분석하는 방법과 그에 따른 몇 가지 사례에 대해 소개해보도록 하겠습니다.

✏ B2B 마케터의 가장 핵심 업무는 '구매'라는 '여행'의 길을 만들어 주는 것 ✏

고객 구매 여정(Customer Journey Map) 분석을 통한 콘텐츠 기획

이번 글에서는 콘텐츠 기획에 대해 이야기를 해볼까 합니다. 콘텐츠를 기획하는 여러가지 방법이 있지만 제가 가장 많이 사용하는 방법은 고객 구매 여정(Customer Journey Map)을 분석하는 것입니다. 고객 구매여정을 작성할 때 주의해야할 점은 기획 초반에서 구매에 영향을 주는 단계 별 요소들에 대해 기획을 해야 한다는 것입니다.

따라서 검색해보면 나오는 다양한 자료들은 형태나 구성에 대한 부분만 참고해주시고 결국에는 우리의 서비스에 맞는 양식을 새로 만들어야 합니다. 저 역시도 다양한 '고객 구매 여정'을 작성하다 보면 브랜드나 제품마다 양식이 달라지게 되는 것 같습니다. 이는 지극히 당연한 결과라고 생각합니다. 아래의 이미지는 '고객 구매 여정'을 이해하시기에 도움이 될 것 같아서 담아 보았습니다.

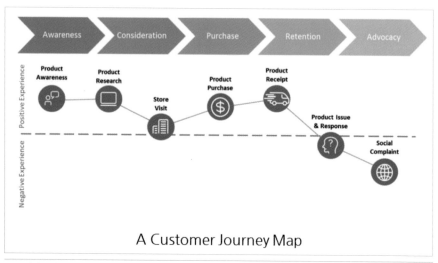

▲ 소비자 고객 구매여정

1. 구매 결정에 영향을 미치는 조건들을 찾아라.

가장 먼저 해야할 일은 구매 결정에 영향을 미치는 요소들을 찾는 것입니다. 위의 자료를 보시면, 온라인 쇼핑몰에서 정보를 검색하여 결제하기까지 각 단계를 유저의 기분과 경험에 따라서 분석하였습니다. 개인적인 취향이 반영되는 소비재에서는 기분(느낌)과 같은 주관적인 요소로 정리하는 것도 매우 효과적인 분석방법이라고 생각합니다. 그러나 제품 구매에 영향을 미치는 것들은 기분뿐만이 아니라 시즌, 경쟁사 제품의 동향, 기술의 발전, 시장의 팽창 등 다양한 조건이 있을 수 있습니다. 제 생각에는 브랜드에 영향을 미치는 것 항목들만 정리하더라도 자료의 절반 이상은 작성했다고 보아도 될 것 같습니다.

2. 구매까지의 단계를 정하고 그에 맞는 미디어를 설정한 후

콘텐츠 기획을 하는 것이 빠릅니다.

오랜 경험으로 콘텐츠 기획 분야에 충분히 숙련된 마케터라면 바로 콘텐츠부터 바로 기획하는 것이 가능하겠지만 그렇지 않은 경우라면 구매까지의 단계를 정하고 그에 맞는 미디어를 정한 이후에 최종적으로 콘텐츠를 제작하는 것이 좋습니다. 하기의 자료는 '테블릿 메뉴판' 시장을 분석할 때 작성했던 '고객 구매 여정'입니다. 서비스인지 단계부터 최종 구매 이후까지의 과정을 나누었고 각 단계를 관여도의 상승에 따라 분류하였습니다. 각 단계를 넘기위해 넘어야할 허들에 대해서도 정리를 해보았습니다.

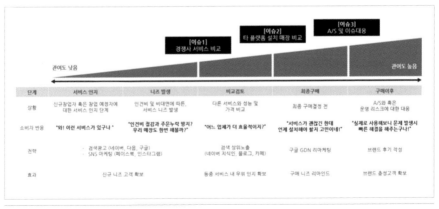

▲ 고객 구매 여정에 따른 미디어 전략

위와 같이 정리 한 이후에 해당 단계를 개선하기 위한 미디어와 효과를 기재해보았습니다. 각 단계 별로 미디어와 기대효과가 명확하기 때문에 콘텐츠 기획 또한 원활하게 기획할 수 있었습니다. 큰 방향 없이 콘텐츠를 기획했다면 많은 수정과 번복이 있었겠지만 위의 자료를 토대로 기획을 하니 큰 맥락에서 쉽게 콘텐츠 기획을 할 수 있었습니다. 추후 시장이 변하더라도 위의 '고객 구매 여정'을 일부 수정하여 콘텐츠에 방향을 잡아본다면 크게 어려운 일은 아닐 것입니다.

3. 콘텐츠를 기획하는 방법은 여러가지가 있습니다.

콘텐츠를 기획하는 방법은 여러가지가 있습니다. 앞서 언급한 바와 같이 충분히 숙련된 기획자라면 어쩌면 위에 소개한 방법 없이도 찬란한 다양한 콘텐츠를 기획할 수도 있을 것입니다. 그러나 저는 콘텐츠 기획에 탁월한 능력을 소유하였더라도 위와 같은 장표를 만들어보는 것은 도움이 된다고 생각합니다.

왜냐하면 협업을 해야 하는 상황이라면 구성원들끼리 큰 방향을 공유할 수 있고, 자신의 생각을 바로 집행할 수 있는 위치와 상황이더라도 위의 정리과정을 거치면서 생각과 방향을 다듬을 수 있기 때문입니다. 그러나 꼭 '고객 구매 여정'만을 참고할 것이 아니라 '마케팅 펀넬'이나 '소비자 행동론'에서 다루는 'AIDMA이론'이나 'AISAS이론' 등을 참고하시어 나에게 맞는 방식을 찾아보시기 바랍니다.

4. 우리 고객만 딱 잡는, 알고 보면 쉬운 ABM(Account Based Marketing) 마케팅

이번 글에서는 ABM 마케팅에 대해 설명해볼까 합니다. 최근 2~3년 전부터 ABM(Account Based Marketing) 마케팅에 대한 문의가 많아지고 있습니다. ABM 마케팅의 핵심은 기존의 마케팅 펀넬(Marketing Funnel)의 과정을 역으로 뒤집어서 핵심 기업의 프로필을 먼저 규정하는 것입니다.

기존의 마케팅 펀넬에서 새롭게 고객접점을 만들고 그 중에 계약의 성공률이 높은 고객사를 선별하는 과정(Nurturing)을 통해 비즈니스 목적을 달성한다면 ABM 마케팅에서는 애초에 우리의 고객사의 프로필을 먼저 정하고 특정 기업에 맞는 광고 전략을 펼치는 전략입니다.

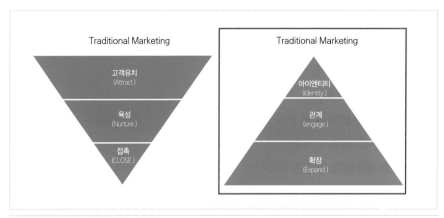

▲ Account Based Marketing의 구조

ABM 마케팅의 타겟을 명확히 하려면 가설과 검증이 필요합니다.

기존의 마케팅 펀넬 구조에 비해 불필요한 부분을 덜어낸 기법이기 때문에 최근 해외 조사에 따르면, ABM 마케팅은 B2B 기업에서 가장 많이 사용하는 마케팅 전략이되었습니다. 그렇지만, 모든 기업에서 ABM 마케팅으로 빠르게 성과를 볼 수 있는 것은 아닙니다.

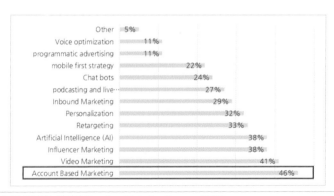

▲ 마케팅 담당자가 선호하는 마케팅 (Sagefrog Marketing Group - 2021)

ABM 마케팅으로 큰 효과를 보고 있는 기업은 아이러니하게도 기존의 'Lead Generation' 캠페인을 꾸준히 진행해서 다양한 데이터가 축적되어 있는 기업입니다. 결국 고객의 프로필을 명확히 파악하지 못했다면 ABM 마케팅도 똑같은 시행착오를 겪게 될 것입니다.

ABM 마케팅의 핵심은 기업 프로필이 명확해야 합니다.

기존에 리드제너레이션 캠페인을 꾸준히 진행했던 기업이라면 내부에 LEAD에 점수를 부여하여 관리를 하고 있습니다. 이론적으로 이 과정은 '리드 스코어링'이라고 불리어 수집된 리드 중에서 영업의 기회를 판단하여 등급을 부여하고 있습니다. 그 기준은 회사마다 다르나 복잡하게 추산하는 것 보다는 수집된 LEAD 중 계약 확률이 높은 등급을 A, B, C로 부여하는 것도 괜찮은 방법입니다. 일반적으로 '리드 스코어링'을 할 때에는 BANT를 기준으로 필터링하는 경우가 많습니다.

BANT

예산(Budget), 권한(Authority), 필요(Need), 시기(Timing)를 분석하여 리드로서의 가치를 평가하는 기준.

따라서 위의 'BANT'로 분석 했을 때 가장 높은 점수를 달성한 기업이나 시장이 1순위가 되어야 합니다. 해당 시장이 이미 포화상태라면 1순위를 제외한 2순위의 기업들이 우선 타겟이 되어야할 것 입니다. ABM 마케팅의 순서를 요약하자면 아래와 같습니다.

1. 기존 데이터를 분석하여 1순위 타겟이 되어야 할 시장(industry)과 기업을 선정합니다.
2. 해당 기업 내에서 의사결정을 하거나 의사결정에 의견을 제시할 수 있는 실무자, 관리자급 대상의 마케팅을 진행합니다.
3. 타겟에 따라 메시지도 달라야 합니다. 실무자에게는 실무자에게 공감을 얻을만한, 관리자급 대상에게는 그에 맞는 비전을 제시 할 수 있는 메시지를 전달 합니다.
4. 얻은 LEAD값에서 비즈니스 기회를 확인 후 별도의 미팅 등으로 고객접촉을 시작합니다.

위의 과정에서 가장 중요한 것이 2번 사항입니다.

과연 우리기업에 맞는 타겟에게 어떻게 정보를 제공하느냐 하는 것입니다. 사실 마케팅 실무적으로 보면 기업에 맞는 Account를 찾는 방법은 아주 많습니다. 그렇지만 마케팅 도입시기가 초창기라 많은 리소스를 투여할 수 없는 상황이라면 가장 간단한 방법은 '링크드인'을 활용하는 방법입니다. 링크드인에서는 특정기업이나, 연차, 직급 등 B2B 비즈니스에 핵심이 되는 정보를 기반으로 타겟팅할 수 있습니다. 아직 온라인 마케팅 초창기라면 아래의 순서로 진행해 보시기를 추천드립니다.

1. 세일즈 네비게이터 활용하기

세일즈 네비게이터에서는 필터링을 통해 관련된 분야의 유저들을 검색 해볼 수 있습니다.

우선 내부에 축적된 DB로 타겟시장과 타겟 Account의 프로필을 정했다면 실제로 링크드 인의 모수를 체크 해보시기를 바랍니다. 세일즈 네비게이터 관련해서는 미디어 소개에 별도 로 소개하였으니 해당 부분의 글을 참고 해주시기 바랍니다.

2. 링크드인 광고 진행하기

'세일즈 네비게이터'를 통해서 타겟의 모수를 충분히 체크했다면 본격적으로 유료광고를 집행해보시면 좋습니다. 링크드인 광고에서는 위에 언급한 특정 기업이나, 연차, 직급 등의 타겟팅할 수 있습니다. 링크드인 광고의 핵심은 아래와 같이 의사결정자들을 대상으로 타겟 팅할 수 있다는 부분입니다.

▲ 링크드인 타겟팅 예시

그러나 결국에는 LEAD가 안정적으로 수집 될 수 있는 인프라를 구축해야 합니다.

위의 링크드인의 몇 가지 기능들을 통해서 간단하게 ABM 기반의 마케팅을 시도해볼 수 있습니다. 그러나 링크드인 외에도 마케팅툴은 더 다양합니다. 같은 미디어라도 활용하는 방향에 따라 전혀 다른 성과를 낼 수 있습니다. 따라서 결국 ABM 마케팅의 목적도 튼튼한 마케팅 구조를 통해서 안정적으로 LEAD가 수집될 수 있는 시스템을 구축하는 것입니다. Account의 프로필을 확실하게 규정하여 ABM 마케팅 기반으로 미디어를 확장하게 된다면 추후 검색광고나 배너광고 등 다양한 미디어를 확장하더라도 불필요한 광고비를 줄여 광고 금액 대비 투자효율을 높일 수 있습니다.

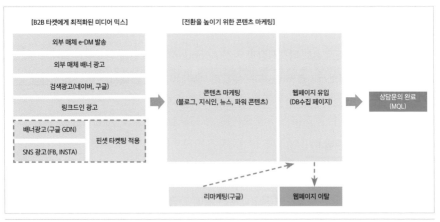

▲ B2B 마케팅 미디어 구조

PART 06

B2B 마케팅은 타겟팅부터 다릅니다. 이것을 모르면 광고비를 써도 큰 효과가 없습니다.

INDEX.

✏ B2B비즈니스에 알맞는 미디어 선정하기 ✏

> **견딤이 있어야 쓰임도 있다.**
>
> – 유재석

구상하고 있는 마케팅을 실행해보면 곧장 성과가 나올 것 같습니다만, 생각보다 그러한 경우가 많지는 않습니다. 마케팅 반응이 즉각적으로 나오기 위해서는 우선 비즈니스 모델이 명확해야 하고, 시장 내의 브랜드 포지션이 명확해야 하고, 마케팅을 진행하는 시기가 잘 맞아야 합니다. 그런데 생각보다 3가지의 경우가 맞아 떨어지는 경우는 많지 않습니다.

그리고 얼마전부터 유행하고 있는 풀 퍼널 마케팅(Full-Funnel Marketing)에 대한 내용에 대해서도 들여다 볼 필요가 있습니다. 풀 퍼널 마케팅에서 구매가 이루어지기까지의 각 단계를 규정하고 있습니다. 각 단계의 핵심은 인지, 고려, 전환 과정을 각 단계별로 고려하여 그에 알맞은 전략을 적용하는 것이 핵심입니다.

▲ 풀-퍼널 마케팅(Full-Funnel Marketing)의 구조

마케팅 전략을 구성할 때, 각 미디어마다의 특성이 있고 그로 인한 기대효과가 있기 마련인데, 이러한 퍼널(Funnel) 구조를 이해하지 못하고 캠페인을 기획하게 되면 예상했던 결과가 빗나가는 경우가 많이 있습니다. 대표적으로 소셜미디어를 통하여 이미지 광고를 진행하거나 배너광고를 집행하면 바로 전환(구매)이 이루어질 것이라고 생각하지만 이러한 아웃-바운드 미디어들은 제품이나 서비스에 대한 새로운 수요(Demand Generation)를 만들어주어서 기존의 구매과정에서는 발생하지 않는 온라인 검색구간을 만들어주거나, 브랜드 키워드를 통해 유입되어 구매전환이 이루어지는 패턴을 보이고 있습니다.

이러한 이해도가 없는 상황이라면 이미지 광고를 통해서 즉각적인 구매가 이루어질 것으로 예상하게 됩니다. 따라서 미디어의 특성을 고려하여 단계에 맞는 목적을 충족시키는 전략구성이 필요합니다. 결국 마케팅을 시작해도 광고가 최적화가 되어 시장 내의 반응을 테스트하기 위한 '견딤'의 시간이 필요하고, 이후에 '쓰임'이 명확해져서 구매가 이루어지는 각 과정의 역할을 하게 되는 것이라고 이해하시면 좋을 것 같습니다. 따라서 이번 글에서는 B2B 마케팅에서 많이 사용하는 마케팅 캠페인과 미디어들에 대해 소개해보려고 합니다. 전체적으로 두루 활용하는 채널들을 이해하고 마케팅의 큰 방향을 기획하는데 도움이 되시기 바랍니다.

✒ 명확한 목적이 있다면 험난한 길에서 조차도 앞으로 나 갑니다. ✒

마케팅의 목적에 따른 캠페인 설계하기 (브랜딩, 인게이지먼트, 리드개발)

마케팅을 설계할 때 가장 중요한 것은 목적과 시기에 따라 알맞는 전략을 구성하는 것입니다. 아무리 효과적인 마케팅 전략이 있더라도 시기가 잘 맞아야 효율이 극대화될 수 있으며, 도리어 어떠한 상황에서는 마케팅을 진행하지 않는 것이 더 효율적인 경우도 있습니다. 이번 글에서는 마케팅의 목적과 시기에 대해 설명해보도록 하겠습니다.

목적	설명
[1단계] 브랜딩(Branding)	시장 내에 진입했을 때, 브랜드 인지도를 구축하는 일입니다. B2B 마케팅의 처음과 끝에는 브랜딩이 거의 전부라고 해도 무관하지 않습니다. 왜냐하면 미디어를 통해서 유입시킬 수 있는 방법도 있지만, 시장 내에서 형성되어 있는 브랜딩만으로도 고객들이 알아서 유입되는 구조로 만들 수 있기 때문입니다. 이러한 이유 때문에 이미지를 구축할 수 있는 웹페이지를 구축하는데 많은 비용을 투자하기도 하고, 업계 종사자들이 모이는 연중 행사에서는 고액의 비용을 투자하여 멋지게 브랜딩이 되어 있는 홍보 부스를 운영하기도 합니다.
[2단계] 인게이지먼트(Engagement)	인게이지먼트(Engagement)는 고객과 브랜드가 관계를 형성하는 것을 말하는 다소 추상적인 개념입니다. 그러나 미디어 마케팅에서는 콘텐츠에 관심도를 측정할 수 보조지표들을 기준으로 평가하기도 합니다. 미디어에 따라 콘텐츠의 체류시간으로 인게이지먼트를 측정하기도 하고 일반적으로 콘텐츠에 대한 덧글, 공감 등의 반응을 측정하여 평가하기도 합니다. 그러나 B2C 마케팅에서는 콘텐츠 마케팅을 통하여 폭발적인 반응이 나오는 경우도 많이 있지만 일반적으로 B2B 마케팅에서는 덧글이나, 좋아요 등의 공감을 얻는 것이 생각보다 쉽지 않습니다. 업무의 영역이다보니 생각보다 개인의 의견을 적극적으로 피력하는 경우가 많지는 않은 것 같아서 B2B 마케팅 캠페인에서는 매우 어려운 목표로 손꼽히기도 합니다.
[3단계] 리드개발(Lead Generation)	B2B 마케팅에서 가장 선호하는 마케팅 캠페인의 유형입니다. 실제로 영업의 기회가 있는 잠재고객(LEAD)을 개발하는 것이 최종 목적으로 고객리드(LEAD)라는 결과물을 만들어야 하는 작업이기 때문에 가장 직관적인 작업이라고 볼 수 있지만, 생각보다 성과를 내기가 매우 어렵습니다. 따라서 해당 캠페인은 단타성으로 끝내는 경우보다는 주기적으로 관리하면서 개선해 나가는 경우가 많습니다. 처음에 시스템을 구축하는데 시간이 걸리기는 하지만 한번 인프라가 갖추어지면 고객리드(LEAD)를 안정적으로 유입 시킬 수 있기 때문에 매우 매력적입니다.

위의 자료와 같이 일반적으로 시장 내 서비스나 제품을 출시하게 되면 브랜딩부터 시작하는 경우가 많습니다. 마케팅의 성과를 측정할 때에는 (현재 시장 내 브랜딩 ×노출 =

마케팅 성과) 라는 공식이 성립하기 때문에 브랜딩이 되어 있지 않은 상황에서는 노출은 크게 의미가 없습니다. 도리어 아직 브랜딩이 다듬어지지 않은 Beta 버전인 상황이라면 적극적인 노출보다는 시장 내 형성되어 있는 소수팬 2.5%의 응집을 단단하게 구축하는데 주력을 하는 것이 훨씬 더 좋은 전략이라고 판단됩니다. 현재 퍼포먼스 마케팅에 대한 니즈들이 많다보니 무조건 노출만 하게 되면 마케팅 성과가 나올 것이라고 판단하시는 분들도 있겠지만, 결국 노출은 거들뿐 중요한 것은 브랜딩이라는 점을 잊지 말아야 합니다.

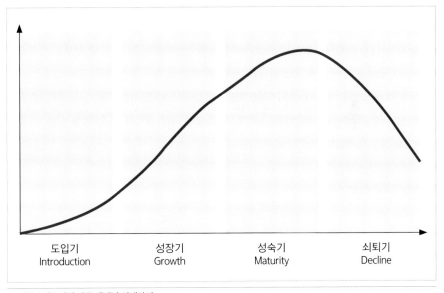

▲ 제품수명주기에 따른 캠페인 설계하기

현재 브랜드가 위치해 있는 단계를 직관적으로 판단하여 마케팅의 방향을 정하는 것도 좋지만, 이러한 감각적인 진단과 마케팅을 하기 위해서는 많은 경험들이 필요합니다. 따라서 경험이 많이 축적되어 있지 않은 상황이라면 제품수명주기(PLC, Product Life Cycle)를 기준으로 마케팅 전략을 구성해보는 것도 좋습니다.

제품수명주기는 브랜드의 관점에서 보는것과 동시에 시장성장의 관점에서도 분석할 수 있어야 합니다. 아무리 우리 브랜드가 시장 내에 압도적인 브랜딩을 구축하고 있더라도 시장의 성장이 아직 '도입기'에 머물러 있다면 마케팅도 그에 맞는 전략이 병행되어야 한다는 말씀을 드리고 싶습니다.

1. 도입기(Introduction)

도입기의 마케팅은 소수팬을 명확하게 확보하고 브랜드가 성장할 수 있는 기틀을 마련해야 하는 단계입니다. 따라서 노출보다는 순수유입(Organic Traffic)에 많은 노력을 기울여야 합니다. 따라서 홈페이지 구축이나 브랜드 블로그 운영, 서비스에 따라서 페이스북 그룹이나 소규모 모임 등이 가장 주력이 되어야 합니다. 유료 광고의 영역으로 넘어가게 된다면 브랜드 키워드나 카테고리를 대변할 수 있는 핵심 키워드에 대한 노출이 진행되면 좋습니다. 초창기에 브랜드 검색량이 얼마 되지 않더라도 브랜드 검색광고를 집행하는 것은 매우 좋습니다. 왜냐하면, 초창기 분산되어 있는 트래픽을 웹페이지로 모을 수 있고, 브랜드 검색광고를 통해 브랜드가 소구하고 있는 명확한 메시지와 방향을 어필할 수 있기 때문입니다. 이때에 시장 내에 브랜딩이 어느 정도 되어 있는 상황이라면 해당 시장내에 선두주자임을 알릴 수 있는 '원조' 마케팅도 도움이 됩니다. 따라서 해당 시장 내에서 '원조'임을 알릴 수 있는 보도자료 등의 마케팅도 도움이 될 수 있습니다.

2. 성장기(Growth)

시장이나 브랜드가 성장하고 있는지 체크할 수 있는 지표들이 많이 있지만 가장 직관적으로 사용할 수 있는 부분이 미투(me-too brand)의 등장이라고 볼 수 있을 것 같습니다. 그러나 정확한 성장기를 측정할 수 있는 방법에 대해서는 경영학 이론에 더 가깝기 때문에 더 이상의 설명은 생략하도록 하겠습니다. 미투 브랜드의 등장은 IT나 플랫폼 분야에서 더 두드러지게 발생되고 있습니다. 아무래도 제조업과 같은 서비스에 비해 제품 출시가 간편하고 특히 플랫폼의 경우에는 도입기 시장에서 선두주자가 되지 못했더라도 대규모의 투자유치를 통해 자본력을 확보한 경우에 막대한 마케팅의 예산을 투입할 수 있기 때문에 성장기에 들어서면 도입기의 선두주자가 많이 뒤바뀌기도 합니다. 이는 B2B 비즈니스에서도 공통적으로 적용되는 사항입니다.

성장기의 마케팅은 특정 프로모션을 중심으로 한 대규모의 유료광고가 대표적입니다. 그냥 유료광고를 한다고해서 성과가 높아지지 않기 때문에 단발성 이벤트를 나누어서 진행하기도 하고 대규모의 프로모션을 진행하기도 합니다. 이러한 대규모 프로모션을 기반으로 검색광고, SNS광고, 블로그 마케팅, 동영상 광고 등 다양한 마케팅 캠페인이 진행되는 시기입니다.

그러나 프로모션을 한다고 해도 마케팅의 효율이 오르지 않을 때에는 성장기의 대표적인 전략인 USP(Unique Selling Point)를 극대화 시키기 위한 노력을 기울이기도 합니다. 이 부분은 마케팅 콘셉 기획부분에서도 중요하게 다루는 부분인데 어렸을 때 하던 말 중에 "종합선물세트는 먹을 것이 없다"는 말이 있습니다. 결국 B2B의 비즈니스에서도 공통적으로 통용이 되는 말 같습니다. 우리 상품은 모든 것이 좋고 모든 분야에 적용될 수 있다는 마케팅 포지션보다는 확실한 USP를 기준으로 제품이 확실하게 포지셔닝 될 수 있는 시장부터 진입하는 것이 좋습니다. 이는 B2B 마케팅에서도 중요하게 생각하는 시장세분화(Market Segmentation)와 연관된 개념으로 우리의 서비스를 도입할 수 있는 특정시장과 특정 기업을 대상으로 마케팅 캠페인을 운영하는 것입니다. 결국 일명 'STP전략'이라고 하는 시장세분화(Segmentation)과 표적시장 설정(Targeting), 포지셔닝(Positioning)이 가장 중요한 시기라고 볼 수 있습니다.

3. 성숙기(Maturity)

B2B 비즈니스에서 성숙기에서는 발생하는 대표적인 현상은 어느 정도 시장 질서가 만들어지는 단계라고 볼 수 있습니다. 대표적으로 업종별로 도입할 수 있는 서비스 그리고 회사의 규모별로 도입할 수 있는 서비스가 어느 정도 추려지기 때문에 어느 정도 경쟁구도가 만들어져 가는 시기이기도 합니다. 따라서 시장내에서 경쟁구도가 변하는 경우도 있지만 새로운 기술의 출시나 적용범위의 확대 등의 외부 변수를 고려해야 하기도 합니다. 이 시기의 마케팅에서는 체류시간이나 인게이지먼트(Engagement)도 중요하지만 마케팅비용보다는 CRM(Customer Relationship Management)에 더 집중을 하는 시기이기도 합니다. 따라서 리드를 관리할 때에도 단순히 당장의 영업의 기회가 있는 잠재고객(LEAD)만을 관리하는 것, 외에도 리드선별(Lead Nurturing)의 중요성이 대두되기도 합니다. 전반적으로 새로운 유입을 적극적으로 유입하는 것보다는 기존에 확보해 놓은 인프라에서 효율성을 찾는 시기라고 보는 것이 더 적절할 것 같습니다. 따라서 마케팅자동화(Marketing Automation System)에 대한 필요성이 인지되는 시기가 대부분 성숙기에 이루어지고 있습니다. 새로운 마케팅 비용의 투자보다는 공정방식에 염두하기 때문에 넓은 맥락에서는 CRM에 집중하는

시기라고 볼 수 있습니다. 그러나 전체적인 맥락에서 보았을 때 CRM에 집중하는 것일 뿐, 신규 유입에 대한 마케팅을 배제하는 것은 아닙니다. 꾸준히 새로운 유입을 늘릴 수 있는 유료광고나 다양한 캠페인이 진행되기는 하지만 이 시기에는 넓은 시장을 대상으로 하기보다는 서비스에 따라 특정 규모의 시장인 스타트업, 혹은 특정 분야의 중소기업(SMB, Small & Medium Business) 시장으로 확장하는 경우도 많습니다.

4. 쇠퇴기(Decline)

쇠퇴기의 마케팅은 대표적으로 클레임을 최소화할 수 있는 CS(Customer Service)에 집중하지만 꼭 그런 것만은 아닙니다. 서비스 인수합병이나 새로운 가치를 창출할 수 있는 제품이나 서비스에 편입되어 새로운 시작을 이루기도 합니다. 따라서 쇠퇴기라고 해서 마케팅 비용을 무조건 줄이고 CS만 하는 것이 아니라 상황마다 대응할 수 있는 다양한 방법이 존재한다는 측면에서 이해해주시는 편이 더 좋을 듯 합니다.

온라인 마케팅을 확장할 때에는 어떠한 단계를 거쳐 확장해야 하는가?

이제 이론적인 부분 외에 본격적으로 마케팅 실무에 대한 설명을 해볼까 합니다. 이는 일반적으로 서비스를 새로 출시 했거나 아니면 그 동안 온라인마케팅을 전혀 하지 않은 기업에서 마케팅을 확장할 때에 대해서 대략적인 단계를 미디어의 확장순으로 정리하였으니 아래의 자료를 참고해주시기 바랍니다.

단계	1단계	2단계	3단계	4단계
핵심사항	온라인 거점 구축 및 베이스 콘텐츠 발행	이메일 마케팅	디지털 마케팅 시스템 구축	리드(LEAD) 육성 프로그램 운영
세부내용	랜딩페이지 개설 로그분석 설치 베이스 콘텐츠 발행 (뉴스, 블로그 등)	개발자 밀집 채널 이메일 발송 내부 DB를 활용한 이메일 발송	유료광고 집행 (검색, 배너, SNS, 링크드인 등)	링크드인 세일즈 네비게이터 활용 (Sales Navigator)
목적	온라인상의 브랜딩 구축	시즌성 캠페인을 통한 LEAD 수집	마케팅 시스템을 통한 중장기적 LEAD 개발 인프라 구축	CRM을 통한 장기적 LEAD 육성

〔1단계〕 온라인 거점 구축 및 베이스 콘텐츠 발행

온라인 거점채널 구축과 브랜드 블로그 운영 등의 오가닉 트래픽(Organic Traffic)과 관련된 내용은 '복잡한 시장조사는 이제 그만 Start up도 Lean, 마케팅도 Lean!'의 단락에서도 소개하였으니 해당 부분의 글을 참고해주시면 감사하겠습니다.

〔2단계〕 이메일 마케팅

기초적인 브랜딩이 완성이 되었다면 이제 본격적으로 리드제너레이션(Lead Generation)을 진행 해볼 수 있습니다. 유료광고를 통하여 시스템 인프라를 구축하는 것은 이후의 단계이고 지금의 단계에서는 코어타겟(버티컬 미디어, Vertical Media)를 활용하는 것이 일반적입니다. 물론 내부에 축적되어 있는 DB를 활용하여 CRM(Customer Relationship Management)을 진행하는 경우도 있지만 대부분의 기업에서는 그러한 데이터베이스가 구축되어 있지 않은 경우가 더 많기 때문에 이메일 마케팅 형태의 리드제너레이션 캠페인을 운영하고 있습니다.

〔3단계〕 디지털 마케팅 시스템 구축

마케팅 인프라를 구축할 때에 가장 많은 공수가 들어가는 부분이 이 단계일 것 같습니다. 검색광고의 운영부터 시작해서 각 키워드의 효율을 비교하여 성과가 나오는 키워드에 대해 선별적으로 SEO를 병행하고 검색유입이 어느 정도 최적화가 되었다고 판단할 때, 웹페이지 방문객 대상의 리마케팅 배너광고를 오픈하고, 이후에 폭 넓게 다양한 니즈를 포함하고 있는 고객을 유입시킬 수 있는 배너광고나 SNS 광고가 필요한 경우가 대부분입니다.

〔4단계〕 리드(LEAD) 육성 프로그램 운영

4단계에서는 리드 육성프로그램을 운영하게 됩니다. 시스템으로 유입되는 신규 LEAD외에 아웃 바운드(Out Bound)로 고객들과 컨택하여 새로운 잠재고객(LEAD)을 만들어야 하는 시기입니다. 배너광고와 SNS와 같은 아웃바운드 미디어는 물론 세일즈 네비게이터 등의 솔루션을 사용하여 적극적으로 고객접점을 만들어가는 시기라고 볼 수 있습니다.

✎ 우리 고객이 모두 여기 있었네?
B2B 마케팅의 핫스팟 'Vertical Media' ✎

Vertical Media를 활용한 리드젠 캠페인

　B2B 마케팅에서 버티컬 미디어(Vertical Media)는 매우 중요합니다. 마케팅을 진행할 때에 가장 1순위로 진행해야할 미디어라고 볼 수 있습니다. 불특정 다수를 대상으로 하는 매스 마케팅(Mass Marketing)이나 이벤트 마케팅(Event Marketing)에서는 핫스팟(hot spot)이라는 표현을 많이 쓰는데 B2B 마케팅에서 버티컬 미디어는 특정 분야의 유저들이 모여 있는 핫스팟과 같은 미디어로 보셔도 될 것 같습니다.

　버티컬 미디어는 개념적으로 접근하는 것이 좋습니다. 미디어의 종류를 떠나서 특정 주제나 기술을 기반으로 한 전문분야 매체를 만드는 것을 일컫습니다. 뉴스지면으로 말하자면 불특정 다수가 열람하는 메인지보다는 특정 산업군의 유저가 포커스 되어 있는 프렌차이즈 신문, 외식신문, 전기신문 등이 이에 알맞은 사례가 될 것 같습니다.

버티컬 미디어의 운영구조

　이러한 버티컬 미디어들은 여러 가지 구조로 운영되고 있습니다. 메인지에서 특정 분야의 전문성을 획득하기 위해 운영하는 경우도 있고 특정 분야에 전문성이 있는 인력들이 소수정예로 팀을 꾸려서 만들어 운영하는 경우가 있습니다. 최근에는 이런 경우에는 워드프레스형 매거진을 만들어서 운영하는 사례들도 많이 보이고 있습니다. 그리고 컨설팅 업체에서 브랜딩과 고객관리의 목적으로 매거진을 운영하는 경우도 흔히 볼 수 있는 운영 구조입니다.

유형	예시	비고
메인지에서 특정 지면을 운영하는 경우	조선일보사에서 운영하는 IT조선 https://it.chosun.com/	IT 분야의 버티컬미디어
	동아일보사에서 운영하는 동아비즈니스리뷰 https://dbr.donga.com/	비즈니스 분야의 버티컬미디어
소수정예의 핵심인력이 운영하는 경우	아웃스탠딩 https://outstanding.kr/	IT 및 스타트업 분야의 버디컬미디어

	특정 분야의 전문가들이 커뮤니티 형태로 운영하는 경우	IT 지식 공유 네트워크 https://www.sharedit.co.kr/	IT 분야의 버티컬 미디어

B2B 마케팅을 진행하기 위해서는 우리의 비즈니스와 연관성이 있는 버티컬미디어를 찾아 진행을 하는 것을 가장 먼저 진행해야 합니다. 아래의 자료는 IT분야의 B2B 마케팅에서 메인 타겟으로 진행하는 CEO 타겟팅, 경영관리 부서 타겟팅, IT 분야, 스타트업 타겟 대상으로 진행할 수 있는 다양한 미디어들을 첨부해보았습니다. 아래의 미디어에는 광고 제휴 상품이 있는데 실무에서는 회원대상의 이메일 광고 서비스와 배너광고를 가장 많이 사용하고 있습니다.

유형	구분	미디어	URL
1	CEO 타겟팅	잡코리아	https://www.jobkorea.co.kr/
2	CEO 타겟팅	HR Professional	https://cafe.naver.com/ak573
3	IT	토크아이티	https://talkit.tv/
4	IT	쉐어드IT	https://www.sharedit.co.kr/
5	IT	블로터	https://www.bloter.net/
6	IT	OKKY	https://okky.kr/
7	IT	전자신문	https://www.etnews.com/
8	IT	디지털데일리	http://www.ddaily.co.kr/
9	스타트업	헬로티	http://www.hellot.net
10	스타트업	로켓펀치	https://www.rocketpunch.com
11	스타트업	플래텀	https://platum.kr/
12	스타트업	넥스트유니콘	https://www.nextunicorn.kr/
13	스타트업	벤처스퀘어	https://www.venturesquare.net

▲ 버티컬 미디어를 활용할 때 체크 리스트

금액에 따른 도달범위를 알아보기

B2C 비즈니스와 B2C 비즈니스의 가장 큰 차이는 거래규모입니다. B2B 비즈니스에서 최종 계약이 이루어졌을 때 거래 금액단위가 굉장히 크다보니 마케팅 비용도 상대적으로 넉넉하게 사용할 수 있는 편입니다. B2C의 분야라면 이메일 1회 발송당 몇백만원을 지불하는 것이 이해가 되지 않을 수 있으나 B2B 비즈니스에서는 해당 이메일 마케팅을 통하여 1~2건의 구매만 최종 성사 되더라도 마케팅 비용 대비 수익률 (ROAS)가 나쁘지는 않기 때문에 이러한 고비용의 마케팅을 꾸준히 진행할 수 있는 것입니다. 그러나 금액에 따라 노출 및 클릭당 대략 얼마의 비용을 소진해야 하는지 체크 하는 것이 좋습니다. 예를 들어 아래와 같이 마케팅전 간단한 성과를 예측해 볼 수 있습니다. 아래에 기재되어 있는 정보는 정확하지는 않지만 미디어에 요청을 하게 되면 대략적인 평균값을 받을 수 있습니다.

미디어	구분	광고비	총 발송 DB	노출 (예상)	오픈 (메일 열람)	오픈율	링크클릭	1회 클릭당 단가	1회 노출당 단가
미디어1	이메일 광고	2,000,000	33,000	33,000	3,500	11%	637	3,140	571
미디어2	이메일 광고	1,500,000	16,000	16,000	2,700	17%	232	6,466	556

▲ 버티컬 미디어의 성과예측 분석

이메일 마케팅도 소재가 생명이다. (A/B 테스트는 기본)

보통의 경우 브랜딩의 차원에서라도 진행하고 있는 비즈니스와 연관성 있는 미디어들은 꾸준히 진행을 하는 것 같습니다. 보통 봄 시즌인 4~5월, 그리고 가을시즌인 9~10월에 많이 진행을 하고 있는데요. 1회성으로 캠페인을 마무리할 것이 아니라면 다양한 테스트를 통해서 최대한 많은 데이터를 축적하는 것이 좋습니다. 따라서 이메일 마케팅을 할 때에도 A/B 테스트가 필요합니다.

이메일의 A/B 테스트를 할 때에는 같은 미디어에 시기 별로 소재를 달리하여 테스트 하는 경우도 있고, 각각 매체에 따라 소재를 다르게 배분하는 경우도 있습니다. 일반적으로 CEO 등의 연령대가 다소 높은 미디어는 다소 안정된 느낌의 소재를 제작하고 다소 연령대가 낮은 미디어는 '시의성' 콘텐츠를 섞어서 소재를 제작할 수 있습니다. 아래의 사례는 같은 내용을 소구하지만 타겟에 따라 다르게 디자인해본 사례를 첨부합니다.

▲ 안정된 느낌의 시안(1안) / 자료출처 : 싱크트리(SyncTree)

▲ 유행하고 있는 예능을 모티브로 한 시안 (2안) / 자료출처 : 싱크트리 (SyncTree)

버티컬 미디어를 활용한 리드제너레이션 캠페인의 효율을 높이기 위해서는 어떻게 해야 할까?

아래의 요소들을 캠페인에 적용하여 마케팅의 효율을 증진시킬 수 있습니다. 그러나 성과를 일부 증진시켜 주는 정도의 효과를 볼 수 있고 결국에는 큰 틀에서 캠페인의 구조나 콘셉 디자인의 가독성 등이 개선되어야 큰 효과를 얻을 수 있음을 잊어서는 안됩니다.

1. 보상(reward)

상담문의를 남겼을 때 보상에 대한 부분을 지정하면 성과를 높일 수 있습니다. 보상의 경우 선착순 인원을 지정하여 작은 금액의 기프트를 100% 증정하고, 추첨을 통하여 가격대가 나가는 제품을 증정하는 경우가 일반적입니다. 그러나 실수 요인을 찾기 위해 비즈니스 미팅 진행 시 특정 기프트를 증정하는 사례도 최근 많이 도입이 되고 있습니다. 사실, 보상부분은 제공하는 기프트의 단가와 수량에 대한 고민은 필요하지만 반드시 해야할 부분이라고 생각 합니다

2. 이메일 발송시간

이메일 발송 시간도 소폭 차이를 보이고 있습니다. 일반적으로 월요일이나 금요일보다는 화, 수, 목을 더 선호하고 있는 편이고 시간대의 경우도 출퇴근 직전의 시간보다는 점심시간 전후의 타임이 조금 더 좋은 성과를 나타내고 있습니다. 경험상 요일별 편차는 있는 편이지 만 시간대별 편차는 요일에 비해 덜한 것 같습니다.

3. 페이지의 가독성 및 길이

페이지의 가독성과 길이도 영향을 주는 것 같습니다. 생각보다 긴 페이지를 꼼꼼하게 열람 하는 유저는 많지 않습니다. 많은 내용을 함축적으로 표현을 해야하고 처음 도입부(HOOK) 부분이 가장 중요한 것 같습니다. 웹페이지를 로그분석 해보아도 마우스 스크롤 30% 미만 에서 이탈하는 유저들이 대부분이기 때문에 초반부에 고객에게 어필을 하지 못한다면 바로 이탈이 이어질 수 있습니다.

위의 기재한 사항 외에도 다양한 부분들이 있으나 큰 맥락에서 위의 부분을 신경 쓰게 된다면 개선된 마케팅 성과를 기대할 수 있습니다.

온라인 마케팅의 시초, 검색광고 이해하기

검색광고(네이버, 구글, 다음)

대부분의 B2B 기업에서 검색광고를 가장 먼저 접하게 되는 것 같습니다. 온라인에 노출되어 있는 회사정보를 통해 영업전화가 오는 경우가 많기 때문입니다. 문제는 전화영업을 통해서 검색광고 마케팅을 권유하는 회사들이 B2B 전문 에이전시가 아닌 소비재들을 위주로 진행하고 있는 에이전시라는 점입니다. 또한, 주변에서 소개를 받는다고 하더라도 B2B 비즈니스에 대한 이해가 있는 에이전시들을 찾기가 쉽지 않기 때문에 소비재들을 위주로 진행하고 있는 에이전시와 검색광고를 진행하게 됩니다. 검색광고는 처음 셋팅이 가장 중요합니다. 어떤 구조로 어떠한 목적으로 셋팅하느냐에 따라 성과가 많이 달라지게 됩니다. 그리고 B2B 비즈니스는 B2C에 비해 시의성에 따라 급변하기보다는 어느 정도 일정한 패턴을 기준으로 변화하기 때문에 처음 기본 셋팅을 하는 것이 가장 중요합니다. 큰 틀에서 보면 아래의 순서로 셋팅을 진행해 나가는 것이 가장 좋습니다.

B2B 비즈니스의 검색광고 셋팅 방법

단계	미디어	업무
1단계	네이버	브랜드 검색량 체크 후 한글/영문 키워드 등록
		브랜드 검색량이 체크 되는 경우 브랜드 검색광고 등록
		자사 서비스를 알릴 수 있는 핵심 키워드 등록
		키워드의 성향을 분석하여 니즈 별 소재 등록
2단계	구글	네이버에서 효율이 발생하는 키워드를 구글에 선별적으로 등록
		키워드의 성향에 따라 확장/구문/일치 검색 옵션변경
	다음	브랜드 키워드 및 효율이 나오는 키워드는 다음검색도 확장 (5%이내)
3단계	효율분석	전환 및 체류시간을 기준으로 키워드의 등급을 분류하여 입찰가 조정
4단계	피드백	위의 1, 2, 3단계를 반복 운영하여 효율이 높은 키워드를 선별운영

우선 가장 중요한 부분이 네이버 브랜드 키워드 관련 셋팅입니다. 1순위는 추가로 고객을 확장하는 것이 아니라 기존 고객이거나, 사전에 자사브랜드를 인지하고 유입되는 유저들입니다. 이미, 네이버 웹사이트 등록을 통해서 브랜드가 노출되어 있더라도 브랜드를 타고 들어올 수 있는 영문 키워드나, 펜네임, 전체 이름을 검색하는 것이 아닌 단축 이름을 검색하는 경우까지 브랜드명을 검색할 수 있는 최대한 다양한 키워드들을 검색했을 때 브랜드 웹페이지가 뜰 수 있도록 셋팅하는 것이 가장 중요합니다.

브랜드 검색량이 체크되는 경우 브랜드 검색광고를 등록

브랜드 검색광고는 브랜드 검색 시 최상단에 뜨는 아래의 광고입니다.

▲ 네이버 브랜드 검색광고 예시

브랜드 검색량에 따라서 단가가 정해지는 구조로 운영되고 있으며 PC와 모바일 각각 별도의 요금이 부과됩니다. 그러나 브랜드 조회수 약 8,000건 미만까지는 PC 1구좌만 진행 했을 경우 월 50만원 이내의 비용으로 진행할 수 있습니다. 브랜드를 인지하고 유입하는 고객분들에게 가장 먼저 노출되는 배너로 활용도가 매우 높습니다. 대표적으로 브랜드에서 운영하고 있는 블로그나 SNS를 홍보할 수 있고, 특정 시기에 운영되는 프로모션이나 이벤트, 그리고 회사에서 주최하는 주요 행사나 웨비나 등을 홍보할 수 있기 때문에 마케팅용으로 운영하는 콘텐츠들이 많을수록 가장 효과적으로 운영할 수 있는 광고구좌가 브랜드 검색광고 영역입니다.

자사 서비스를 알릴 수 있는 핵심 키워드 등록

　B2B 기업의 검색광고 문제점은 이 부분에서 가장 많이 발생하는 것 같습니다. 키워드 검색을 통하여 새로운 수요가 발생할 수 없는 상황인데도 불구하고 검색광고를 꾸준히 집행하는 경우입니다. 이런 경우에는 크게 2가지 경우가 있는 것 같습니다. 아웃-바운드 검색광고 영업을 통해서 광고를 셋팅하게 된 경우 아무래도 에이전시 입장에서는 전체 광고금액 대비 수수료를 지급받는 형식이기 때문에 최소 집행금액이 있습니다. 따라서 이런 경우에 특정 키워드와 비즈니스가 연관성이 덜하더라도 불필요한 광고가 집행되고 있는 경우가 있습니다. 그리고 아직 축적된 데이터가 없거나 현 상황을 정확하게 진단해 줄 수 있는 전문가가 없는 경우에도 마찬가지 현상이 발생합니다. 스스로 검색광고 인프라를 구축해야 하는 상황이라면 가장 좋은 부분은 구글 애널리틱스를 활용하여 자연검색유입(오가닉트래픽/Organic Traffic) 키워드를 중심으로 셋팅을 하는 것입니다. 린스타트업에서 강조하듯 기획을 할 때에 가장 중요한 것은 가설과 검증입니다. 100% 완벽한 마케팅은 존재하지 않습니다. 따라서 아래의 가설을 기준으로 키워드를 셋팅하는 것이 가장 좋습니다.

가설) 광고없이 자연검색으로 유입된 키워드들은 광고를 하더라도 성과가 높을 것이다.
검증) 자연검색유입이 되는 키워드들이 어떻게 노출되는지 파악하여 유료광고로 집행

　이렇게 자연검색유입 되는 키워드를 선별한다면 광고를 세팅하는 것이 한결 더 수월합니다. 자연 검색 유입되는 키워드들을 '네이버 검색광고 시스템'이나 유료툴인 '블랙키위' 등을 통하여 분석하게 된다면 관련된 더 많은 키워드들을 수집할 수 있습니다.

　그리고 새로운 키워드들을 찾기 위해서는 경험기반의 상상력이 필요합니다. 내가 고객이라면 어떤 키워드를 검색해볼지 수시로 고민해보는 습관이 필요합니다. 그러나 매번 컴퓨터 앞에 앉아서 키워드 검색을 해볼 수는 없는 일입니다. 그럴 때 요긴하

게 사용할 수 있는 툴이 'M-자비스'입니다. 간단하게 카카오톡 채널을 추가하여 특정 키워드 조회수는 물론 검색광고를 했을 때 광고 클릭당 단가(CPC)까지도 조회할 수 있기 때문에 매우 편리합니다. 아래의 이미지와 같이 카카오톡 채팅창에 특정 키워드들을 넣기만 하면 키워드들의 검색량과 입찰가를 알 수 있기 때문에 시간을 두고 개선을 할 때에 사용하기가 매우 편리한 툴입니다.

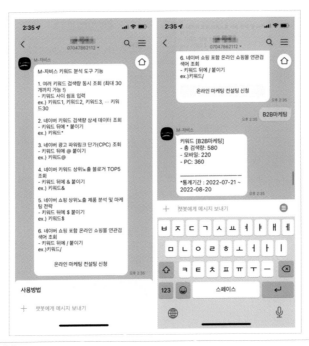

▲ M-자비스 소개자료

키워드의 성향을 분석하여 니즈 별 소재 등록

자사 서비스와 연관된 키워드까지 모두 입찰을 하였다면 우선 큰 맥락에서는 어느 정도 구축이 되었다고 볼 수 있습니다. 그렇지만 검색광고는 한번 셋팅을 해놓으면 꽤 오랜기간 운영하게 되기 때문에 효율을 높일 수 있는 최선의 노력을 해야 합니다. 이후에 진행할 작업은 키워드 별로 니즈를 파악하여 소재를 변경하는 것입니다. 모든 키워드는 검색을 했을 때, 소비자의 검색의도가 포함이 되어 있습니다. 이러한 검색의도와 소재가 매칭되지 않는 경우에는 광고 클릭이 되지 않거나 광고 클릭이 되더라도 니즈와 맞지 않기 때문에 페이지 이탈시간이 짧아져서 결국에는 온라인 마케팅에서 가장 중요한 웹페이지 체류시간도 짧아지는 결과가 발생됩니다.

순위	구분	소재제작 가이드
1	브랜드 키워드 예시) 회사명, 상품명	브랜드를 인지하여 검색을 통해 유입되는 유저들로 제품 특장점(Unique selling point) 이나 포트폴리오(portfolio)를 어필하는 것이 일반적입니다.
2	대표 키워드 예시) ERP시스템	특정 카테고리를 대변할 수 있는 대표 키워드로 특장점이나 포트폴리오는 물론 안정적인 A/S를 강조하는 면도 많이 있습니다.
3	세부 키워드 예시) 제조업ERP	대표 키워드 보다 검색량은 더 적지만 더 많은 전환(구매/상담문의)이 이루어 질 수 있는 키워드들입니다. '제조업 ERP'라는 키워드의 니즈 파악해보면 제조업에 적용할 수 있는 사례나 솔루션 등을 적극 기재해 놓는다면 클릭률이 높아집니다.
4	정보성 키워드 예시) ERP종류	고려상품군을 추려내기 위해 사전에 검토해보는 정보성 키워드입니다. 해당 키워드 이후에 구매가 이루어지는 키워드로 유입되는 경우가 많으므로 'ERP'의 종류에 부합하는 정보성 소재와 함께 그에 맞는 랜딩페이지 링크가 필요합니다.
5	유입성 키워드 예시) 경영관리	폭 넓은 관점에서 우리의 서비스의 주요 타겟이 될 수 있는 CEO 및 의사결정자들을 유입하기 위한 키워드입니다. 회사 경영의 효율성 등을 어필할 수 있는 문구가 필요합니다.
6	시의성 키워드 예시) ERP정부지원	특정 기간 시즌성으로 사용할 수 있는 키워드입니다. 특정 기간 및 특정 이슈들의 관심도가 증가할 때 선택적으로 사용할 수 있고 소재에 뜨고 있는 '시의성'에 대한 이슈를 포함해야 합니다.

대략 키워드의 종류와 함께 소재제작에 대한 가이드를 나열하자면 위의 내용 정도가 될 것 같습니다. 그러나 서비스의 성향이나 시장상황에 따라 효율이 많이 달라질 수 있기 때문에 위의 표를 기준으로 유연하게 대처하시는 것을 추천합니다. 검색광고가 고도화됨에 따라서 관리할 키워드가 매우 많아지는 경우에는 네이버 검색광고의 경우 '대량관리' 기능을 활용하여 효율적으로 관리할 수 있고 구글 검색광고의 경우에는 '구글 애즈 데이터'를 통해서 관리 하실 수 있으니 알고 있으면 추후 효율적으로 관리 하실 수 있을 것 같습니다.

네이버에서 효율이 발생하는 키워드를 구글에 선별적으로 등록

일반적으로는 네이버 먼저 셋팅하고 효율이 나오는 키워드에 대해 구글로 옮겨가는 경우가 일반적이지만 이는 서비스나 상품에 따라 다릅니다. 대표적으로 임상/의료/헬스케어와 같이 서비스의 관여도나 전문성이 매우 높은 하이테크(high-tech) 제품의 경우에는 구글에 더 많은 비중을 두기도 하고, 글로벌 시장을 타겟으로 하는 경우에도 구글에 더 많은 비중을 두는 경우도 많습니다만 일반적인 경우에서는 네이버 검색광고 확장 후 성과가 나오는 키워드들에 대해서 선별적으로 구글에 확장하는 경우가 많습니다.

구분	네이버	구글
광고구좌	고정적	유동적
CPC 단가	약 3~5배 정도 차이가 나고 있음	
광고비중	약70%	약10~30%

같은 검색광고이지만 네이버와 구글은 노출되는 방식이 다릅니다. 네이버는 광고구좌가 딱 정해져 있기 때문에 위치나 들어갈 수 있는 소재가 고정적이나 구글은 키워드에 노출되는 콘텐츠에 따라 어느 위치에 광고가 노출될지 예측할 수 없습니다. 그리고 같은 키워드이지만 네이버보다 구글의 CPC가 조금 더 저렴하게 측정되고 있습니다. 그러나 단순히 CPC 단가로 계산을 할 것이 아니라 총 금액대비 효율로 계산을 하는 것이 더 합리적입니다. 이유는 같은 키워드로 유입이 되더라도 네이버에서 유입되는 10클릭과 구글에서 유입되는 10클릭의 성과가 다르게 발생할 수 있기 때문입니다.

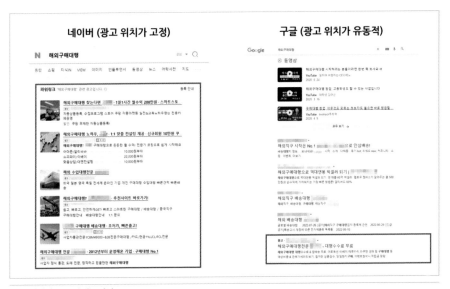

▲ 네이버와 구글의 광고영역

구글 검색광고와 네이버 검색광고의 다른점은 노출되는 위치와 소재 셋팅도 있지만 가장 큰 차이점은 확장검색, 구문검색, 일치검색으로 나누어져 있다는 부분입니다. 광고를 빠르게 최적화해야 하는 경우라면 예산이 많이 소진되더라도 확장검색에서 노출 후 구문검색, 일치검색으로 점진적으로 최적화하는 방법도 있고, 역순으로 일치검색을 통해서 효율을 체크한 후, 타겟 범위를 점진적으로 늘리는 방향도 있습니다.

- **일치검색**: 광고를 집행하는 특정 키워드만 광고 노출
- **구문검색**: 키워드에 있는 구문(문맥)단위로 노출 영역을 최적화
- **확장검색**: 키워드, 랜딩페이지, 유저들의 성향을 분석하여 AI가 다양한 타겟을 확장하고 있음

캠페인	그룹	유형	소구 포인트	효율비교
구글 검색광고 캠페인	브랜드 키워드	확장검색	각 키워드에 맞는 소재	
		구문검색		
		일치검색		
	카테고리 키워드	확장검색		
		구문검색		
		일치검색		
	세부 키워드	확장검색		
		구문검색		
		일치검색		

▲ 키워드의 구분

따라서 구글 검색광고 캠페인 오픈 후 대략 위의 양식을 통해서 확장검색, 구문검색, 일치검색의 각 키워드 효율을 비교해보면서 집행하는 것이 좋습니다. 효율을 비교할 때에는 구글 애즈와 구글 애널리틱스를 연동해서 사용하는 경우가 가장 많습니다.

전환 및 체류시간을 기준으로 키워드의 등급을 분류하여 입찰가 조정

네이버든, 구글이든 노출되고 있는 키워드는 효율분석을 통해서 성과가 좋은 키워드는 더 많이 노출 될 수 있도록 입찰전략이나 CPC 단가를 조정해주는 작업이 필요합니다. 특정 키워드를 통하여 바로 전환(매출/상담문의)가 발생하는 경우도 있지만 그렇지 않은 경우에는 보조 KPI를 활용하여 체류시간을 기준으로 성과를 측정하는 것이

좋습니다. 따라서 전체 키워드의 체류시간을 측정하여 평균값 보다 높게 체류시간이 발생하는 경우에는 CPC를 높이고 반대의 경우에는 줄이는 전략이 필요합니다. 그러나 대부분의 기업에서 검색광고를 집행하기는 하지만 집행 이후 체류시간이나 전환을 분류하여 최적화 하는 작업까지는 고도화되지 못한 경우가 많은 것 같습니다.

미디어에서 제공하는 노출/클릭보다는 광고를 통해 들어온 유저들이 웹페이지 내에 어떻게 반응을 했는지 체크하는 것이 더 정확한 인사이트를 얻을 수 있습니다. 보통 성과측정의 경우에는 회사 상황에 따라 구글 애널리틱스나 에이스카운터를 많이 사용하고 있고 대기업의 경우에는 어도비 애널리틱스를 사용하기도 합니다. 모니터링과 성과측정에 대한 부분은 이번 글에서는 이 정도로 마무리하고 더 자세한 정보는 '마케팅 성과측정 구글 애널리틱스를 활용하기' 편에서 다루었으니 해당 글을 참고해 주시기 바랍니다.

✏️ 돈이 들지 않는 마케팅. 브랜드 블로그 운영하기 ✏️

브랜드 블로그 운영을 통한 SEO(Search Engine Optimization)

최근 한 B2B 비즈니스를 진행하고 있는 클라이언트와 미팅을 하면서 광고 효율에 대해 이야기를 나눈 적이 있습니다. 현재 네이버 검색광고비용을 사용하고 있는데 효율적으로 관리가 되고 있는지 체크가 안된다고 합니다. 그리고 앞으로 마케팅 비용을 어떻게 분배해야할지 조언을 구하는 상황이었습니다. 저는 이러한 상황에 대해 명확한 기준이 있습니다.

우선 B2C 분야의 종합몰의 경우에는 막대한 비용을 검색광고에 투자하는 경우가 많습니다. 제품도 많고 비용도 많다보니 그에 따라 관리하는 키워드들도 상당히 많습니다. 따라서 많은 예산을 관리하기 위해 다양한 성과측정 툴들을 사용하고 있습니다. 대표적으로 구글 애널리틱스(Google Analytics)나 에이스 카운터(Ace Counter)를 사용하기도 하고 더 고도화된 조직에서는 어도비 애널리틱스(Adobe Analytics)를 사용하기도 합니다.

이렇게 다양한 모니터링툴을 사용하는 경우에는 키워드 별로 UTM 파라미터 셋팅을 하여 효율을 비교할 수 있습니다. 본론으로 들어가자면 검색광고를 통해서 웹페이지에 유입된 유저들의 체류시간을 분석해보았을 때 평균 1분 내외의 체류시간이 발생합니다. 그러나 현재에 운영하고 있는 블로그의 체류시간에 대해 문의를 해보았더니 3-4분 정도의 체류시간이 발생한다고 하는 것입니다.

이미 답은 정해져 있습니다. 네이버 검색광고의 키워드 효율을 분석하여 체류시간이 낮은 키워드들은 과감히 입찰순위를 줄이거나 입찰을 제외하여 알맞은 금액의 검색광고 비용을 셋팅한 이후에 나머지 차액의 비용은 브랜드 블로그의 콘텐츠를 생산하는 비용으로 전환해야 합니다. 아니면 애초에 광고를 시작할 때 CPC(Cost Per Click)과 같이 소진 후 소멸되는 광고가 아니라 브랜드 블로그 운영처럼 콘텐츠가 축적되는 형태의 광고를 고안하는 것도 중요합니다.

그러나, 어떤 미디어를 선택하느냐에 따라서 장단점은 존재합니다. 검색광고의 경우 아무런 마케팅 인프라가 없을 때에는 비교적 빠르게 성과를 얻을 수 있습니다. 꾸준히 광고를 집행하게 되면 광고 품질지수가 올라서 일부 CPC가 절감되는 효과는 있겠지만 기본적으로 클릭 후 소진되는 형태의 광고입니다. 그러나 블로그 마케팅의 경우에는 블로그가 성장해서 노출되기까지는 상당한 시간이 걸리지만 어느 정도 성장한 이후에는 광고비 없이도 콘텐츠가 노출되어 유입이 늘어나고 체류시간도 검색광고에 비해 매우 높게 발생되는 현상을 경험하게 됩니다. 따라서 저는 세분화된 시장이면 시장일수록 블로그 마케팅을 통한 콘텐츠 노출을 통해 고객을 유입해야 한다고 생각합니다.

경쟁사 분석하기

브랜드 블로그 시장조사를 하다 보면 재미있는 사실을 발견하게 됩니다. 꼭 블로그 운영의 효과로 단정 지을 수는 없는 부분이겠지만 많은 브랜드들에서 브랜드 검색량과 브랜드 블로그 콘텐츠의 발행량이 어느 정도 상관관계가 있다는 사실을 발견했습니다. 가파르게 성장하고 있는 시장이나 경쟁구도가 명확한 시장에서는 이러한 패턴을 더 선명하게 체크할 수 있습니다. 우선 브랜드 블로그를 운영하기로 결심했다면 시장조사가 충분하게 되어야 합니다. 단순히 경쟁사의 블로그만 검토해볼 것이 아니라 비슷한 카테고리의 콘텐츠를 발행하는 브랜드 블로그들을 모두 찾아서 시장내에서 반응을 얻고 있는 콘텐츠를 체크할 필요가 있습니다.

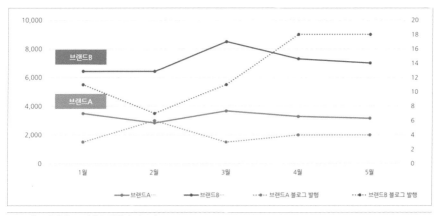

▲ 브랜드 검색량 vs 컨텐츠 발행량 비교자료

블로그 콘텐츠 중 가장 조회수가 많은 콘텐츠는 아래의 이미지와 같이 모바일 접속을 하게 되면 체크할 수 있습니다. 이를 토대로 특정 블로그에서 조회수가 많은 콘텐츠들을 선별할 수 있습니다. 이를 기준으로 경쟁사 조사를 충분히 하는 것이 필요합니다.

▲ 모바일 접속 시 노출되는 블로그 인기게시물 영역

또, 위와 같이 블로그 주소를 모바일에서 검색하게 되면 해당 블로그에서 가장 조회수가 많은 콘텐츠들을 조회할 수 있습니다. 이렇게 다양한 경쟁사들과 콘텐츠들을 분석하여 시장을 분석하고 운영의 큰 방향을 기획할 수 있습니다.

콘셉과 주제잡기

블로그의 콘셉과 주제는 어떤 목적으로 블로그를 운영하느냐에 따라 달라지게 됩니다. 예를 들어 그룹사 본사와 사업부의 브랜드 블로그는 운영의 목적이 다릅니다. 그룹사 본사의 브랜드 블로그는 그룹사가 나아가야할 비전과 목표에 대한 정보들 위주로 운영을 해야하고 대외 투자자들을 위한 IR(Investor Relation)정보나 인사(Human Resources) 부서에서 진행하는 채용이나 기업문화와 관련된 콘텐츠들을 주로 다루게 됩니다. 또 특정 목적없이 사내생활이나 사내 행사등의 일상성 콘텐츠를 업로드하는 것도 크게 도움이 됩니다.

그러나 비즈니스용도로 운영되는 특정사업의 브랜드 블로그는 그 운영 방향이 명확해야 합니다. 브랜드를 인지(Awareness)할 수 있도록 브랜딩이 명확하게 가능하거나 아니면 실질적으로 매출에 도움이 될 수 있도록 유저와 브랜드 간의 연관성(Engagement)을 확실하게 만들어 줄 수 있어야 합니다. 또, 고객과 브랜드 간의 신뢰가 형성되어 있는 상황이라면 핵심 콘텐츠(Killer Contents)를 통하여 결정타를 만들어 줄 수 있는 콘텐츠를 생성해야 합니다.

브랜드 인지(Awareness)를 위한 유입성 콘텐츠

유입성 콘텐츠는 2가지의 목적이 있습니다. 우선 핵심 고객과는 연관성은 떨어지지만 타겟을 확장한다는 면에서 큰 의미가 있고 콘텐츠의 다양성면에서 의미가 있습니다. 핵심 고객들이 검색할 만한 키워드로 꾸준히 콘텐츠의 특장점을 어필한다고 해도 고객들의 마음은 돌아오지 않습니다. 여러 번 제품을 어필해도 구매가 이루어지지 않는 경우에는 B2B 마케팅에서 고객을 분류할 때, 가장 중요하게 생각하는 BANT(Budget, Authority, Needs, Time)가 매칭되지 않는 경우입니다. B2B 거래가 성사되기 위해서는 예산이 있어야 하고, 비즈니스를 결정할 수 있는 권한이 있어야 하고, 비즈니스를 도입할 수 있는 시기가 3-6개월 정도 이르렀을 때 계약이 성사되는데 이 중한 가지만 맞지 않는다고 하더라도 거래는 이루어지지 않습니다.

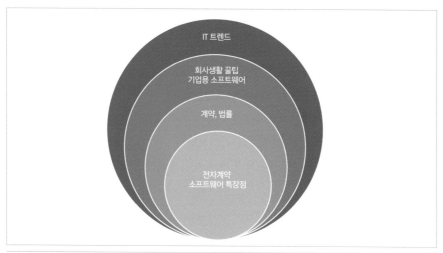

▲ 브랜드 블로그 주제의 범위

    따라서 모든 시장에는 한계효용(Marginal Utility)이라는 것이 존재하기 때문에 특정 타겟에게 특정 콘텐츠를 지속적으로 어필한다고 하더라도 그 반응이 오지 않습니다. 블로그 마케팅의 핵심은 SEO입니다. 어떤 키워드로 어떻게 노출시켜서 어떤 메시지를 줄 수 있느냐가 관건인데 관련된 콘텐츠들이 어느 정도 노출이 되고 있다고 판단되었을 때, 해당 콘텐츠를 지속적으로 노출한다고 해도 성과가 나오지 않습니다. 도리어 중복 키워드나 중복 콘텐츠로 인하여 저품질 블로그로 분류되어 콘텐츠 노출이 제한될 가능성이 있기 때문에 매우 주의해야할 이유 중 하나입니다.

▲ 브랜드 블로그 콘텐츠 요약

위의 콘텐츠들은 국내의 '전자계약 플랫폼' 업체에서 운영하고 있는 브랜드 블로그입니다. 전자계약과 직접적인 연관성은 없는 '엑셀꿀팁'이나 '직장인 사이트 추천' 관련 콘텐츠들도 꾸준히 업데이트 하고 있습니다. 이렇게 서비스와 직접적인 연관성이 없어 보이더라도 이러한 콘텐츠를 업로드 하는 이유는 타겟의 확장과 콘텐츠의 '연결성' 부분 때문입니다. 이론적으로는 아래의 이미지로 설명할 수 있을 것 같습니다.

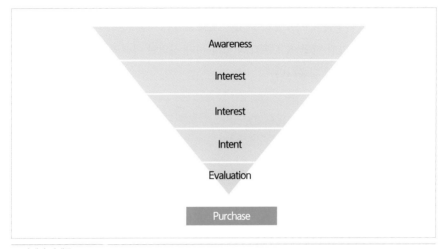

▲ 마케팅 펀넬구조

B2B 마케팅에서 많이 다루는 마케팅 펀넬(Marketing Funnel)에서 이에 대한 해답을 찾을 수 있습니다. 마케팅 펀넬 구조에서 최종 구매(Purchase)를 늘리기 위해서는 구조적으로 2가지의 방법이 있습니다. 다양한 유저 유입을 늘려서 관심(Awareness)을 높일 수 있는 방법, 유입이 같더라도 구매 전환율을 높여서 결과값을 올릴 수 있는 방법이 있습니다. 따라서 블로그 마케팅은 위의 2가지 방법 모두 충족시킬 수 있기 때문에 B2B 마케팅에서 가장 중요하게 생각을 하고 있는 미디어입니다. 콘텐츠의 다양성을 늘린다는 것은 위에서 안내한 사례들 중 다양한 유저 유입을 늘려서 관심(Awareness)을 높일 수 있는 방법에 해당합니다. 그러나 처음 콘텐츠 유입에서는 고객의 관심(Awareness)을 발생시킬 수 있으나 콘텐츠의 흐름을 정교하게 구성하여 관심을 넘어 구매까지 이어질 수 있는 흐름을 만드는 것도 충분히 가능합니다. 브랜드 블로그를 꾸준히 운영해본 분들은 이해하시겠지만 실제로 성과측정을 해보면 예상했던 것보다

블로그를 통해 상담을 받게 되었고 계약까지 하게 되었다는 고객분들을 많이 발견 하실 수 있습니다.

브랜드와의 연관성을 만들기 위한 연관(Engagement) 콘텐츠

인게이지먼트 마케팅의 가장 큰 핵심은 적합성(Relevancy)과 관여도(Involvement)에서 찾을 수 있습니다. 결국 마케팅 캠페인에 어떠한 연관성을 부여할 수 있느냐가 핵심이라고 볼 수 있습니다. 사실 인게이지먼트 마케팅라는 개념 자체가 매우 추상적이기 때문에 이를 직관적으로 설명할 수 있는 자료들을 검색해보니 미디어 광고 쪽으로 많은 인지도를 쌓았던 어윈 에프론(Erwin Ephron)가 정의한 아래의 기준으로 이해하는 것이 가장 직관적일 것 같습니다.

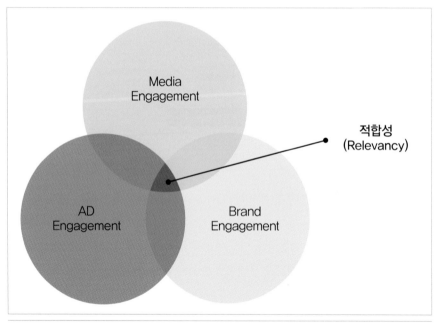

▲ 인게이지먼트의 구조

인게이지먼트의 적합성을 만들기 위해서는 미디어, 크리에이티브, 브랜드 이렇게 3가지의 요소들을 갖추어야 한다고 정의하고 있습니다. 결국 인게이지먼트란 '잠재고객들이 관심 갖고 있는 요소들을 브랜드와 연결시키는 것'이라고 정의할 수 있는 것 같습니다. 이러한 인게이지먼트 전략은 최근 다양한 마케팅 이론에 묻혀서 상기되고 있지 않을 뿐 매우 폭넓게 사용되고 있습니다. 예를 들어 기업에서 도입해야 하는 IT 서비스의 브랜드 블로그 운영을 하게 된다면 아래와 같이 타겟별로 브랜드(Brand)와 적합성을 검토하여 콘텐츠의 주제를 기획해볼 수 있습니다. 대략적인 큰 맥락에서는 인게이지먼트의 개념으로 콘셉이나 주제를 기획하고 이렇게 만들어진 큰 틀에서 시의성 이슈들을 혼합하여 다양한 콘텐츠를 제작할 수 있습니다.

타겟	콘텐츠의 주제
인사담당자	앞서가는 인사 담당자의 5가지 역할
재무담당자	글로벌 경영 성패, CFO에 달렸다
직장인(실무자)	미팅은 화상으로, 계약은 만나서 하시나요?
직장인(관리자)	애자일 팀(Agile Team)운영, 이제 남 얘기가 아닙니다.

확실한 결정타를 위한 핵심 콘텐츠(killer contents)

블로그 운영에서 핵심 콘텐츠는 크게 2가지로 분류할 수 있을 것 같습니다. 첫 번째는 블로그를 통하여 바로 구매유도를 할 수 있는 콜 투 액션(Call To Action)이 녹아져 있는 콘텐츠이고 다른 분류의 콘텐츠는 그 자체만으로도 확실하게 인식이 되는 네이밍과 콘셉으로 무장한 콘텐츠를 말합니다. 그러나, 사실 B2B 분야에서는 후자의 콘텐츠는 만나기가 쉽지 않습니다. 예를 들어서 이름만 들어서도 인지가 될 만한 네이밍과 콘셉이 필요합니다. 예전에 IT 기업의 브랜드 블로그는 '어려운 IT를 쉽게 이야기해주는 여자'라는 콘셉의 잇걸(IT Girl) 블로그를 운영한 사례도 있습니다. IT 분야의 정보들이 다소 어려운 부분이 있다보니 여성분들도 알기 쉽게 풀어서 알려준다는 콘셉으로 운영을 했는데 생각보다 시장 내 반응이 좋았던 사례가 있습니다.

그 외에 구매 유도를 할 수 있는 콘텐츠는 일반적으로 이벤트나 특정 시장에 대한 프로모션인 경우가 대부분입니다. 폭 넓은 콘텐츠 마케팅으로 다양한 타겟에 대한 잠재고객이 유입되는 선순환 구조에서 이러한 핵심 콘텐츠는 성과로 직결될 수 있고 잠재고객(LEAD)이 만들어지거나 구매까지 직결되는 구조도 많이 있습니다. 특히 브랜드 블로그 운영은 유료광고가 아닌 순수한 오가닉 트래픽 유입(Organic Traffic)으로 이루어져 있기 때문에 구매전환에서도 훨씬 높은 추이를 보이고 있습니다. 다만 우려해야할 것은 이러한 마케팅 성과들이 브랜드 블로그 자체에서 100% 성과가 나온다고 판단하기에는 무리가 있습니다. 온/오프라인의 모든 마케팅 활동은 브랜드 검색어를 통해 유입되는 흐름을 보이고 있기 때문에 블로그에서 성과가 나왔다고 하더라도 전체적인 흐름에서 파악하는 것이 중요합니다. 결국 마케팅이란 채널과 채널이 유기적(systematic)으로 연결되어 있기 때문에 다양한 관점에서 분석을 해보는 것이 필요합니다.

검색 노출 키워드 찾기

어떠한 키워드로 노출시킬 것인지 파악하는 방법은 일반적으로 '네이버 검색광고 시스템'이나 모바일로 쉽게 체크가 가능한 'M-자로비스'를 많이 활용하고 있습니다. 그러나 키워드의 성향을 분석해서 조금 더 세부적인 전략을 기획하고 싶다면 키워드 검색량 조회&분석 툴인 '블랙키위'를 활용해보시는 것도 좋습니다. 해당 툴을 이용하면 키워드에 대한 원리와 구조를 쉽게 파악하실 수 있습니다.

따라서 키워드를 찾고 분석하는 것에 어느 정도 숙련된 분들이시라면 '네이버 검색광고 시스템'을 활용하시기 바라고 처음 입문하시는 분들이라면 '블랙키위'라는 유료 모니터링 툴을 통해서 1~2개월 정도 트레이닝을 한 이후에 '네이버 검색광고 시스템'을 활용해보시는 것이 좋습니다.

네이버 키워드 기반의 마케팅 중 가장 하이라이트는 브랜드의 팬네임(Pen Name)을 활용하여 새로운 키워드의 유입을 만드는 것입니다. 제품이나 서비스의 팬네임을 기획하여 해당 키워드에 새로운 고객니즈를 만들어 주는 전략은 오래전부터 B2C 분야에서 진행되어 왔습니다. 유명 연예인 이름이 들어가 있는 ○○○ 화장품, ○○○ 신발 등이 이러한 대표적인 사례일 것입니다. 브랜드의 공식명이 있지만 새로운 팬네임을 통해서 시장내에 새로운 브랜딩을 구축할 수 있는 전략입니다. 이러한 전략의 가장 큰 장점은 이미 형성되어 있는 경쟁이 치열한 키워드로 마케팅을 진행하는 것이 아니기 때문에 비교적 경쟁이 수월하여 쉽게 검색노출을 시킬 수 있습니다. 그리고 아무래도 제품명보다는 팬네임이 더 친숙하기 때문에 브랜딩의 효과측면에서도 훨씬 더 효율적입니다.

콘텐츠의 흐름 만들기

모든 콘텐츠는 초반부에 유저들을 몰입을 시켜야 합니다. 블로그 마케팅은 첫 15초 안에 사람들의 마음을 사로잡을 것에 승패가 달렸다고 하여도 과언이 아닙니다. 유튜브 영상을 제작할 때, 많이 쓰는 전략으로 알려져 있는데 이는 블로그에도 동일하게 적용할 수 있는 사항입니다.

PPP법칙

- Preview: 설명하는 모든 것을 압축하여 요약하기
- Proof: 요약했던 내용들에 대한 디테일한 근거들을 나열하기
- Preview: 콘텐츠에서 다루었던 내용들을 다시 한번 정리하기

위의 내용만 보면 복잡하고 어려운 내용처럼 들리지만, 이미 많이 보편화 되어 있는 내용입니다. 요즘은 블로그든 유튜브든 콘텐츠를 천천히 정독하기 보다는 빠르게 스크롤을 움직여서 소비하는 경우가 많습니다. 따라서 교과서에서 배웠던 수미상관식 구조와 같이 말하고자 하는 내용들을 처음과 끝에 배치하는 전략들을 많이 사용하는 것 같습니다. 따라서 미괄식 글 작성과 같이 말하고자 하는 내용을 본문의 끝에 배치하는 전략보다는 상단에 배치하는 것이 훨씬 더 유리하다고 볼 수 있습니다.

기타 중제목을 사용하거나 네이버 블로그에 있는 다양한 에디터 기능들을 활용하여 글을 더 예쁘고 가독성 있게 작성하는 방법들이 있습니다만, 사용법이나 매뉴얼에 대한 정보들은 검색을 통해 쉽게 접할 수 있으니 책에서는 생략하도록 하겠습니다.

✏ 10년차 블로거가 작성한 브랜드 블로그 운영을 위한 공략집 ✏

모든 마케팅에서 SEO(Search Engine Optimization)는 가장 기본이 되어야 합니다.

저는 이 책에서 여러 번 강조하지만 B2B 마케팅의 가장 큰 기본은 자사 채널 구축을 통해서 웹페이지에 SEO(Search Engine Optimization)를 원활하게 진행하는 것이라고 생각합니다. 따라서 구매의 니즈가 있는 '특정 키워드'를 검색 시 브랜드와 관련된 콘텐츠가 노출되어야 하는데, 이를 가장 효율적으로 해결할 수 있는 방법이 브랜드 블로그를 운영하는 것이고 생각합니다.

그러나 브랜드 블로그를 육성하는 것은 생각보다 많은 공수가 들어갑니다. 많은 브랜드들이 네이버 블로그 콘텐츠 노출 쪽으로 집중을 하다보니 '검색 신뢰도'의 측면을 고려해야 하는 네이버 입장에서는 소비자의 검색의도에 맞게 '광고성 글'이 아닌 '정보성 글'을 노출시켜야 하는 숙제가 생겼습니다. 이러한 이유 때문에 네이버 검색 로직(logic)은 꾸준히 발전되어 왔습니다. 지금은 블로그를 개설 후 글을 바로 작성한다고 하여도 콘텐츠들이 바로 상단에 노출이 되지 않고, 일정기간 양질의 콘텐츠를 통해 꾸준히 콘텐츠를 업데이트 했을 때, 블로그의 최적화 지수가 올라가게 되어 콘텐츠들이 네이버 view탭에 노출이 됩니다.

따라서, 실제로 블로그 마케팅의 효과가 매우 높은 의료서비스, 금융, 보험 등의 고관여 서비스들에서는 경쟁이 과열되어 있다 보니 블로그를 오랜 기간 운영한다고 하여도 콘텐츠이 노출되지 않는 상황이 많이 생기고 있습니다. 그러나 B2B 분야의 경우에는 한정된 고객을 타겟으로 하는 특수한 시장이기 때문에 블로그 마케팅을 통해서 새로운 비즈니스의 기회를 만들 수 있을 것 같아서 블로그를 최적화하기 위한 공략집 내용을 별도로 담아 보았습니다. 또, 시장의 경쟁상황도 B2C에 비해서는 덜하기 때문에 브랜드 블로그 운영을 통해서 새로운 성과를 얻을 수 있다고 생각합니다. 따라서 B2B 마케팅 담당자분들 이라면 브랜드 블로그를 운영해보시는 것도 적극 고려해 보시기 바랍니다.

이번 글에서는 단순히 블로그만 다루는 것이 아니라 블로그의 종류부터, 블로그를 어떻게 시작해야 하고, 네이버 검색엔진은 어떻게 변화하고 있는지 포괄적인 내용을 함께 담을 것이기 때문에 전체적인 큰 맥락에서 이해해주시기 바랍니다. 블로그 마케팅의 분야는 한 분야 만으로도 책 한권 내용이 넘을 정도의 분량을 담을 수 있는 방대한 분야입니다. 따라서, 해당 글을 통하여 블로그 마케팅의 모든 내용을 전달하기에는 현실적으로 불가능한 부분이 있지만, 그럼에도 불구하고 큰 틀에서 책에 담은 내용들 정도만 이해하시더라도 실무에 적용하는데 큰 도움이 되시리라 생각합니다.

블로그의 종류

구분	네이버	다음 (티스토리)	워드프레스
노출	네이버 노출에 유리	다음 노출에 유리	구글 노출에 유리
구축 난이도	하	중	상
참고자료	https://section.blog.naver.com/	https://www.tistory.com/	https://ko.wordpress.org/
비고	"저품질 블로그"의 우려가 있음 (폐쇄적 운영 정책)	저품질 블로그의 위험이 없음	저품질 블로그의 위험이 없음 플러그인 기능으로 다양한 기능접목
광고수익	애드포스트	구글 애드센스	구글 애드센스

▲ 블로그의 종류

네이버 블로그

우선 국내의 경우에는 네이버의 점유율이 높기 때문에 가장 많이 운영을 하는데, 꼭 네이버 블로그만 있는 것이 아닙니다. 다만 국내에는 네이버의 검색점유율이 높고 네이버 블로그의 경우 별도의 제작과정 없이 네이버 계정만 있으면 손쉽게 오픈할 수 있기 때문에 선호도가 높은 것 입니다. 다만, 네이버 블로그의 경우에는 치명적인 단점이 있습니다. 블로그를 최적화하는데 시간이 오래 걸리고, 네이버 검색로직 개편이나 광고성 콘텐츠를 꾸준히 올릴 때에는 블로거들 사이에는 악명이 높은 일명 '저품질 블로그'로 필터링 되어 오랫동안 정성스럽게 운영해온 블로그가 어느날 갑자기 검색노출이 되지 않는 상황이 생길 수 있습니다. 따라서, 네이버 블로그를 운영하려면 전문가 정도의 지식은 아니더라도 어느 정도 네이버 SEO(Search Engine Optimization)에 대한 이해가 있어야 합니다.

티스토리 블로그

티스토리 블로그는 다음에서 제공하는 서비스로 한국형 설치형 블로그 정도로 이해해주시면 될 것 같습니다. 실제로 티스토리에서 제공하는 플랫폼의 기능내에서 어느 정도 자율성 변경해서 사용할 수 있기 때문에 브랜드 블로그를 티스토리로 활용하는 경우도 많이 있습니다. 다만, 네이버 블로그에 비해서는 구축의 난이도가 있는 편이기 때문에 국내에서 사용빈도가 높지는 않습니다. 그러나 저품질 블로그가 될 위험이 적고, 디자인적으로 다양한 기능들을 구현할 수가 있어서 네이버와 워드프레스 블로그 사이에 절충안 정도로 선택하는 경우도 많습니다.

워드프레스

원래 워드프레스는 블로그를 지칭하는 용어가 아닌데 국내에서는 블로그로 인식하는 경우가 많습니다. 사실, 블로그 운영은 물론 다양한 플러그인을 확장해서 사용할 수 있기 때문에 새로운 플러그인만 업데이트 해준다면 거의 무한한 확장이 가능한 플랫폼입니다. 다만, 국내에는 모두, 아임웹, 카페24, 고도몰, WIX 등 다양한 플랫폼들이 많이 있기 때문에 구축의 난이도가 높아서 사용률이 낮은 것 같습니다. 워드프레스에 블로그로 운영할 수 있는 플러그인을 설치하여 사용하면 매거진(magazine)으로 사용해도 손색이 없는 웹페이지를 개설할 수 있습니다. 워드프레스의 경우에는 구글 SEO에 유리하다는 장점이 있습니다.

위에 설명한 바와 같이 블로그는 꼭 네이버만 있는 것이 아닙니다. 그러나 본 단락에서 네이버 위주로 설명을 하려는 이유는 티스토리나, 워드프레스 모두 설치에 많은 공수가 들어가기 때문입니다. 막상, 블로그를 꾸준히 운영을 할 수 있을지 없을지도 예측이 안되는 상황이고, 블로그를 통해서 어떠한 성과를 얻을 수 있을지도 불확실한 상황에서 티스토리나 워드프레스 블로그를 덜컥 개설하는 것은 책에서 꾸준히 강조하고 있는 '린스타트업'의 비즈니스 개발방법과도 상이하기 때문에 네이버 블로그에 대한 내용만 담아보도록 하겠습니다.

제 생각에는 기본기만 잘 지키면서 운영한다면 네이버 블로그만으로도 충분히 성과를 낼 수 있습니다. 저 역시 약 10년에 가까운 시간동안 블로그를 운영했음에도 기본을 잘 지켰기 때문에 저품질 블로그로 인한 누락 없이 블로그를 잘 운영해오고 있습니다. 따라서, 블로그 운영을 고려하신다면 가장 손쉽게 구축 후 운영할 수 있는 네이버 블로그부터 운영해보시는 것을 추천 드립니다.

네이버 블로그의 등급

네이버의 블로그팀에 따르면 공식적으로는 네이버 블로그의 등급이 없다고 하지만, 비공식적으로 네이버의 등급을 활용하는 방법이 있습니다. 바로 엔데브(http://ndev.co.kr/)라고 하는 블로그 지수 체크툴을 사용하는 방법입니다. 이 툴에 따르면 네이버 블로그는 일반 블로그로 시작해서 준최적화 단계가 1부터 6까지 있고 최적화 블로그가 1부터 3까지 있습니다. 가장 처음 생성한 블로그는 일반으로 시작해서 준최적화 2단계 정도까지는 약 게시물 10~20개 정도를 업로드하면 가능합니다. 다만 준최적화 2단계부터는 꽤 오랜기간 양질의 콘텐츠를 꾸준히 올려야 블로그가 성장하고 있습니다.

▲ 네이버 블로그의 비공식적인 등급 (Ndev)

보통 준최적화 4~5단계 정도가 되었을 때, 작성한 포스팅이 어느 정도 네이버 VIEW탭에 노출이 됩니다. 다만 네이버에 블로그는 씨랭크(C-Rank)라고 하는 알고리즘으로 콘텐츠가 노출됩니다. 네이버 인공지능이 작성되는 콘텐츠를 분석하여 특정 블로그가 어떤 분야에 대해 양질의 콘텐츠를 제작하는지 체크하게 되는데, 이 지수가 높을수록 특정분야에 콘텐츠가 노출이 잘 되게 됩니다. 따라서, 특정 취미나 레저 등의 전문분야에 따라 꾸준히 양질의 콘텐츠를 작성하게 되면 해당분야의 키워드 검색시 더 노출이 잘되는 현상이 생기게 됩니다. 네이버 씨랭크 알고리즘 관련해서는 네이버 공식 블로그팀의 게시물을 검색해 보시기 바랍니다.

현실적으로 블로그 포스팅이 노출되기까지 걸리는 시간

블로그 포스팅이 노출될 때, 꼭 씨랭크(C-Rank)로직만 반영되는 것이 아닙니다. 씨랭크 지수가 낮더라도 양질의 콘텐츠의 경우에는 DIA로직에 따라서 노출이 되게 되는데, 이러한 빈도수는 현실적으로 많지 않습니다. 따라서, 일반적으로 콘텐츠가 노출되려면 준최 4단계 이상은 되어야 하는데, 블로그를 처음 개설해서 준최 4단계 이상으로 진입할 때 까지는 적어도 4~5개월 이상, 길면 1년 이상의 시간이 소요가 됩니다. 따라서 단기간에 빠른 성과를 달성해야 한다면 블로그보다는 유료광고로 접근하는 것이 더 합리적입니다. 그러나 많은 공수가 들어가는데도 불구하고 브랜드 블로그를 운영하는 이유는 실질적인 광고비 없이 SEO를 통해서 노출할 수 있고 SEO로 노출된 콘텐츠의 경우에는 고객들이 광고로 인식하지 않고 콘텐츠로 인식하기 때문에 정보로서의 신뢰도가 높다는 부분 때문일 것입니다. 따라서 브랜드 블로그를 운영하기로 결정했다면 적어도 3개월 이상 꾸준히 시간투자를 할 생각으로 접근하는 것이 좋습니다. 아무리 성실하게 콘텐츠를 업데이트 한다고 하여도 현실적으로 소요되어야 하는 물리적인 시간이 있다는 것을 인지하시기 바랍니다.

어떤 계정으로 시작을 해야 할까?

블로그 운영 관련 하여 다양한 테스트를 해보면 블로그 생성년도에 따라 일부 차이가 있는 것으로 보입니다. 이는 공식적인 부분은 아니나 블로그를 꽤 오랜 기간 하시는 분들이라면 대부분 공감하는 내용입니다. 새로 생성해서 운영하는 블로그보다는 2013년 이전에 생성한 블로그 계정들이 조금 더 성장이 빠른 것으로 파악되고 있습니다. 그러나 블로그 생성년도가 꼭 영향을 주는 것은 아닙니다. 새로 생성된 계정들도 양질의 콘텐츠를 꾸준히 포스팅한다면 결국 최적화가 될 수 있으니 하나의 옵션으로만 생각해주시기 바랍니다. 그리고 블로그 계정을 만들 때, 개인계정으로 만드는 경우도 있지만 추후 담당자 퇴사 등의 이슈가 있을 때 난처한 상황이 발생할 수 있습니다. 네이버 블로그는 사업자등록번호를 기입 후 사업자계정으로도 개설할 수가 있으니 이는 기업 상황에 맞게 선택하여 진행하시기 바랍니다.

2010		프로필 카테고리
02.15. 블로그 4주년을 맞이했어요. ×		프로필
2009		블로그 히스토리
02.15. 블로그 3주년을 맞이했어요. ×		이웃들의 소개말

(위 표 형태 보다는 화면 캡처 이미지임)

▲ 네이버 블로그의 생성년도 체크하기

어떤 IP로 시작을 해야 할까?

네이버 공식 블로그팀의 포스팅에 의하면 블로그 작성 시 IP의 영향을 받지 않는다고 합니다. 사실 청정IP에 대한 이슈는 블로그 마케팅이 성행하던 약 10년전에도 많은 이슈가 되었던 사항입니다.

바이럴 마케팅과 블로그 마케팅이 성행하던 시기라 업체에서 1개의 IP에 다양한 블로그들이 포스팅을 했었는데요. 이러한 이유 때문에 저품질 블로그가 되었던 IP에서 다른 블로그 포스팅을 발행하는 경우 해당 블로그까지도 패널티를 받는 현상이 예측되었습니다. 그러나 지금은 예전과 검색로직이 많이 달라졌기 때문에 단순히 IP로만 판단하는 것이 아니라 다양한 요소들을 종합적으로 고려한다고 합니다.

다만, 저품질 블로그의 경우에는 한번 걸리게 되면 살리는 것이 매우 어렵기 때문에 큰 상관이 없다고 하여도 전문적으로 블로그를 하는 분들은 고정IP에서 블로그를 발행하고 1개의 IP로 다양한 블로그들의 포스팅을 발행하는 것보다는 보통 1개의 IP당 1-2개 정도의 포스팅을 발행하는 것을 안전권으로 보고 있습니다.

그러나 모바일 발행의 경우에는 위치에 따라 IP가 달라지기 때문에 큰 영향이 없는 것으로 추측하는 것이 중론인 것 같습니다. 온라인상에 데이터를 찾아보면 IP에 대한 다양한 의견들이 있는데 가장 안전하고 보수적인 방법은 최대한 고정IP를 활용하여 1~2개의 블로그만 운영하는 것입니다. 다만, 여러 IP에서 콘텐츠를 발행해도 크게 문제가 없었다는 블로거 분들도 많이 있기 때문에 다양한 의견을 수렴하시어 결정 해보시기 바랍니다. 네이버 SEO는 정답이 없고 꾸준히 개선되는 영역이기 때문에 절대적인 부분은 없습니다. 다만 확률적으로 유리한 방안을 선택하시는 것이 좋습니다.

정보탐색 구간에 대한 이해

블로그 마케팅이 효과적으로 작용되려면 온라인 정보탐색구간이 발생해야 합니다. 즉, 브랜드를 검색하는 온라인 수요가 있거나, 해당 제품에 대한 정보를 찾기 위한 온라인상의 검색량에 발생되어야 합니다. 따라서, 시장내에 새로 런칭한 서비스의 경우에는 온라인 정보탐색 자체가 발생하지 않기 때문에 브랜드 노출을 위한 프로모션을 진행하는 경우가 더 많습니다.

예를 들어서, 저관여 제품이라 직관적인 구매를 진행하는 칫솔의 경우에는 특별한 경우가 아니라면 블로그 마케팅보다는 마트에서 1+1 판촉행사를 진행하는 편이 더 많습니다. 따라서, 블로그 마케팅을 진행하려 한다면 해당 제품이나, 서비스에 대한 니즈가 온라인에서 발생하는지 가장 먼저 체크해야 합니다.

네이버 검색 로직의 이해

네이버 검색엔진은 2012년부터 지금까지 꾸준히 변화하고 있고, 앞으로도 변화할 것입니다. 네이버가 검색엔진 로직을 업데이트를 하기 위한 목적은 단 한 가지입니다. 네이버 검색 시 노출되는 콘텐츠들이 광고성 콘텐츠가 아닌, 실제 검색하는 키워드의 니즈에 알맞은 양질의 콘텐츠를 노출하는 것입니다.

지금까지 다양한 검색엔진의 업데이트가 있었고 다양한 추측들이 난무하지만 본질만 파악을 한다면 저품질 블로그의 고민 없이 블로그를 운영할 수 있을 것입니다.

기간	검색엔진	설명
2012	리브라	좋은 문서, 나쁜 문서의 알고리즘 (이미지, 글자수 등)
2013	소나	유사문서, 유사 이미지를 제외하고 원본 문서에 가산점 (해비업로더 패널티)
2016	씨랭크	특정 주제에 대한 전문화된 정보와 일관성
2018	다이아 (D.I.A)	개인적인 경험 위주의 후기, 전체적인 글의 맥락
2019	VIEW 검색	현장성, 시의성, 일상성
2020	다이아+ (D.I.A)	사용자의 경험 위주의 후기
2021	에어서치	스마트블록

▲ 네이버 검색엔진의 변화와 흐름

위의 검색엔진의 진화를 보시면 예전부터 지금까지 꾸준히 업데이트가 되어왔습니다. 실제로 2012년도에는 이미지 수량이나 글자수로 상위노출이 되던 시기도 있었습니다. 이 시기에는 제목과 본문에 특정 키워드를 중복해서 삽입을 하거나 심한 경우에는 투명색 컬러를 사용하여 본문내 기재는 했지만 실제 포스팅에는 보이지 않도록 포스팅해도 문맥에 들어가 있는 키워드가 로직에 반영되어 상위노출이 되었던 시기들도 있습니다.

그러나 지금은 그렇지 않습니다. 현재 블로그 상위노출에서 가장 중요한 것은 씨랭크(C-Rank)와 DIA로직이라고 생각합니다. 따라서 특정 분야의 양질의 콘텐츠를 꾸준히 업로드한 블로그에서 특정 콘텐츠가 정보로서 가치가 높을 때, 검색 상위에 노출을 해주고 있습니다.

그 간 축적된 콘텐츠로 인하여 씨랭크 지수가 높아서 일시적으로 상위에 노출이 되었더라도, 콘텐츠의 체류시간이 적거나 이탈이 많은 콘텐츠들은 상위에 유지되는 것이 아니라 순위가 꾸준히 내려오고 있습니다. 블로그 로직에 대해서는 다양한 학습자료들이 있습니다만, 내용들을 모두 다루기에는 내용이 너무 방대하여 대략적인 흐름만 설명을 드리도록 하겠습니다.

블로그 제목을 작성할 때에 유의사항

글쓰기 능력을 향상 시키는 것은 개인차가 너무 크기 때문에 본 단락에서는 다룰 수가 없지만, 블로그의 제목에서는 간단하게 설명을 하고 넘어가도록 하겠습니다. 초보 블로그 분들의 가장 큰 실수는 제목을 너무 복잡하게 작성하거나 의도적으로 특정 키워드를 삽입하여 상위노출을 유도하는 것입니다. 이렇게 한다고 하여도 상위노출이 안되는 것은 물론, 저품질의 위험성만 더 높아지게 됩니다. 특히 특정 키워드들을 반복해서 제목에 넣는 것은 꼭 피해야 합니다. 블로그 제목을 작성할 때에는 가장 간결하게 핵심내용만 넣는 것이 좋으며 확률 상 제목의 맨 앞에 넣은 키워드가 노출이 잘되는 경향이 있으니 이는 단순히 참고해주시기 바랍니다.

키워드를 찾는 방법

처음 블로그를 운영하게 되면 콘텐츠를 업로드 하더라도 노출이 되지 않습니다. 따라서 어느 정도 최적화를 시켜줘야 하는데, 이때 가장 중요하게 작용을 하는 것이 검색노출을 통한 유입과, 체류시간 입니다. 결국 콘텐츠의 URL을 타고 들어오는 유입이 아닌 검색노출을 통해서 유입이 되어야 합니다. 그러나 처음 생성한 블로그들은 최적화 지수가 낮아서 검색노출이 잘 안되기 때문에 지금 상황에 맞는 키워드를 통해서 포스팅을 해야 합니다. 처음부터 유입이 많은 키워드로 상위노출을 한다고 하여도 노출도 안될 뿐더러 금방 지치는 경우가 있기 때문에 낮은 목표를 잡고 꾸준히 달성해 나가는 노력이 필요합니다. 저는 초보 블로그라면 M자비스나 네이버 검색광고시스템을 이용하여 조회수 500미만의 키워드를 중심으로 시작하는 것이 좋다고 생각합니다. 키워드 모니터링 툴인 '블랙키위'에서는 초보 블로그를 위한 키워드 제안을 받을 수 있으니 이 부분도 참고해 주시면 좋을 것 같습니다.

네이버 금칙어에 대한 이해

네이버에서는 금칙어라는 것이 있습니다. 크게 2가지인데 공식적으로 네이버에서 광고를 지원하지 않는 키워드들입니다. 예를 들어 네이버에서는 검색의도와 맞지 않는 무분별한 상위노출을 어떻게 개선할 수 있을지 오랫동안 고민해왔기 때문에 이런 키워드들은 광고를 집행할 수 없습니다. 실제로 네이버 검색광고 시스템에 조회했을 때 아래와 같이 판매 금지 키워드라고 조회되는 키워드들은 사용하시면 패널티를 받게 되는 경우가 많습니다. 반드시 패널티를 받는 것이 아니라, 평균을 보았을 때, 패널티를 받을 확률이 높은 경우입니다.

▲ 네이버 판매 금지 키워드 (네이버 검색광고 시스템)

네이버에서 공지하는 판매 금지 키워드는 아래의 경우를 말합니다.

- **네이버 판매금지 키워드**: 법률적 위험, 검색광고의 평판, 신뢰도를 훼손시킬 염려가 있거나, 검색광고의 품질/효과를 저하시키는 키워드로 광고 등록이 부적합한 키워드
  - **ex)** 청부살인, 여성납치 등의 범죄 키워드, 인물명 키워드, 미풍양속을 저해하는 키워드와 같이 검색광고에 적합하지 않은 키워드 등.

따라서 '네이버 광고성과'와 같은 키워드들도 판매금지 키워드로 분류가 되어있습니다. 문제는 판매 금지 키워드로 분류되어 있지 않지만 패널티를 받을 확률이 높은 키워드들입니다. 이를 금칙어라고 하는데, 대출 관련 키워드나 사행성 키워드들, 의료 시술과 관련 키워드들은 이러한 패널티를 받을 확률이 더 높습니다. 대략적인 네이버 금칙어들은 검색해보아도 쉽게 찾으실 수 있고 가장 좋은 것은 처음에 블로그를 운영할 때에는 '금칙어 검사' 등의 페이지나 툴들을 활용해서 어느 정도 진행해보시는 것이 좋습니다. 왜냐하면 글 작성 중에 금칙어를 의도하지 않았더라도 예상하지 못한 띄어쓰기나 붙여쓰기 등으로 금칙으로 인식되는 경우가 있기 때문입니다.

아마 몇 번 정도 금칙어 검사를 해보시면 대략 어떤 정보들이 금칙어로 인식을 하게 되는지 판단하실 수 있으리라 생각됩니다.

네이버 중복문서 피하는 방법

2013년 소나로직의 가장 핵심은 중복문서에 대한 규제와 필터링입니다. 2013년도는 바이럴 마케팅이 본격적으로 성행하던 시기입니다. 매번 마케팅용도로 새로운 사진을 찍을 수는 없는 것이기 때문에 많은 바이럴 마케팅 업체에서는 이미지의 속성값을 바꾸는 다양한 방법들을 찾아 바이럴 마케팅이나 블로그 마케팅을 진행했었습니다. 그러나 이미지를 인식하는 인공지능도 이후로 꾸준히 개선되면서 이제 그러한 단순한 방법으로는 중복문서를 피할 수 없다는 것이 블로그 마케팅 업계의 중론인 것 같습니다. 그런데 문제는 이미지 중복만이 아니라 텍스트 중복 입니다.

정보성 콘텐츠의 경우에는 특정 분야의 전문가가 아닌 이상 100% 창작으로 작성하기가 쉽지 않습니다. 따라서 다양한 콘텐츠를 발췌, 혼합하여 진행하는 경우가 많은데 이러한 경우 네이버 중복문서로 분류 될 수 있습니다. 또, 정부나 지자체의 정책, 지원금 등에 대한 콘텐츠를 작성하는 경우 원본 문서를 인용하여 작성해야 하기 때문에 중복문서 규제를 받을 확률이 특히 높습니다. 따라서, 정보성 콘텐츠를 작성할 때에는 중복이나, 표절 검사를 할 수 있는 웹페이지나 툴의 도움을 받아서 20~30% 이하로 떨어 질 수 있도록 작성해야 합니다. 일부 페이지에서는 특정 기간이나 수량에 따라 무료로 서비스를 진행하는 경우도 있으니 참고해 주시기 바랍니다.

씨랭크(C-Rank) 키워드에 대한 이해

사실, 씨랭크라는 키워드가 굉장히 모호합니다만, 직관적으로 설명한다면 아래의 내용정도가 될 것 같습니다. 저는 블로그를 10년 정도 운영을 했기 때문에 '엔데브'의 블로그 지수를 조회하더라도 평가가 높고 여러 블로그 등급 체크 페이지에서 조회를 해보아도 약 상위 0.5~1%에 속하는 블로그로 랭크가 되어 있기 때문에 흔히 말하는 '블로그 지수'가 높은 상황입니다.

그런데 블로그의 지수가 높더라도 특정 분야에 전문성을 쌓지 않았다면 상위노출이 되지 않을 수 있습니다. 저는 그 동안 마케팅에 대한 콘텐츠는 꾸준히 발행하였지만 블로그 마케팅에 대한 세부내용은 꾸준히 담지 않았습니다. 따라서 제가 진행한 포스팅의 노출현황을 보게 되면 월 15만명이 검색하는 '블로그'라는 키워드로는 통합

1위에 노출이 되지만 월 2~3천명이 검색하는 '블로그 수익창출' 키워드에는 상단에 노출되지 않았습니다. 또, 반대로 키워드 앞뒤를 바꾸어서 '수익창출 블로그'라고 검색을 하면 역시 상단에 노출되는 현상을 발견했는데요. 이는 '블로그 수익창출'이라는 키워드가 씨랭크 키워드이기 때문입니다. 따라서 블로그나 수익창출에 대해 꾸준히 콘텐츠를 작성하지 않았다면 현재 운영하는 블로그 지수가 높더라도 해당 콘텐츠로 상위노출이 안되는 것입니다.

▲ 키워드 별 검색노출 예시

실제로 해당 키워드들로 노출되어 있는 다른 블로그들을 들어가보면 '블로그'나 '수익 창출'과 관련된 꾸준한 콘텐츠를 업로드 하고 있음을 체크할 수 있었습니다. 저의 경우 종합적인 마케팅에 대한 콘텐츠를 올렸기 때문에 '블로그 상위노출'에 있어서는 씨랭크 로직에 가점을 받을 수 없었던 상황인 것으로 판단이 됩니다. 이렇게 씨랭크는 블로그의 지수가 높더라도 특정 분야의 전문성 있는 콘텐츠를 꾸준히 업로드하지 않았다면 노출되지 않습니다.

다만, 반대로 블로그 지수가 높지 않더라도 특정 분야에 전문성 있는 콘텐츠를 꾸준히 축적한다면 노출이 잘 되는 것입니다. 따라서 씨랭크의 개념은 "맞고 틀리다"의 개념보다는 조금 더 유연성 있는 범주 안에서 추상적인 개념으로 인지를 하시는 것이 좋습니다. 네이버 검색 로직도 꾸준히 변화하기 때문에 그 누구도 모든 것을 100% 예측하거나 맞출 수는 없습니다.

콘텐츠의 체류시간을 높이는 방법

저는 블로그 마케팅을 위한 성공요소를 딱 하나만 뽑으라고 한다면 '체류시간'이라고 생각합니다. 결국 성공적인 블로그 마케팅을 위한 다양한 조언들도 '체류시간'으로 설명할 수 있습니다. 키워드를 노출시켜서 유입을 시키는 것, 그리고 초반부에 가독성을 높이는 것, 몰입력 있는 콘텐츠를 만드는 법, 중간 제목을 활용하여 글의 구조를 탄탄하게 하는 것, 모두 결국에는 블로그 체류시간을 늘리기 위한 노력 중 하나입니다. 네이버 검색로직은 예전부터 지금까지 꾸준히 변화해 왔고, 앞으로도 마찬가지일 것입니다. 그러나 결국에는 양질의 콘텐츠로 인하여 이탈이 적고 체류시간이 긴 콘텐츠들을 꾸준히 선호하고 있습니다. 따라서, 콘텐츠의 품질을 높혀 체류시간이 길게 발생하도록 본질을 충족시킨다면 검색로직의 변화에도 흔들리지 않고 블로그를 운영할 수 있습니다.

▲ 네이버 블로그의 평균 체류시간

따라서 현재 운영하고 있는 블로그의 체류시간과 서비스 전체 평균의 데이터를 주기적으로 활용해보시는 것도 좋은 전략 중 하나라고 생각합니다. 위의 자료는 블로그 관리자페이지의 '블로그 평균 데이터' 행목에서 발췌한 자료이니 참고 해주시면 감사하겠습니다.

홈페이지형 블로그 스킨을 활용한 브랜딩

네이버 블로그의 경우 스킨을 활용하여 웹페이지 형 블로그처럼 운영할 수 있습니다. 여기서 말하는 웹페이지는 워드프레스와 같은 페이지 형식을 말하는 것이 아니라 우리가 일반적으로 알고 있는 블로그와 다르게 아래의 이미지와 같은 형태로 상단 스킨을 변형하여 운영하는 것으로 말합니다.

▲ 홈페이지형 블로그 스킨

    다만 적용할 수 있는 사이즈가 있습니다. 블로그 스킨의 전체 가로사이즈는 일반적으로 2,000픽셀(px) 이내의 사이즈로 진행하는 경우가 많고, 클릭할 수 있는 링크를 지정할 수 있는 영역은 이미지의 중심으로부터 가로 960픽셀(px) 이내의 영역에 지정할 수 있습니다. 비개발자도 학습을 해서 스스로 하는 경우도 있으나, 꾸준히 해당 업무에 대해 학습할 것이 아니라면 개발관련 지식이 있는 프리랜서 쪽으로 의뢰하시는 것이 더 좋은 선택일 것이라고 생각합니다. 블로그에서 시각적인 브랜딩과 함께 다양한 링크들을 구현할 수 있다는 것은 큰 장점입니다. 홈페이지형 블로그 스킨의 경우에는 PC영역에서만 구현 가능하기 때문에 모바일에서는 아래와 같이 간단한 스킨의 영역만 변경할 수 있음을 참고해주시기 바랍니다.

▲ 모바일 블로그 스킨 예시

파워콘텐츠 광고 둘러보기

브랜드 블로그를 운영한다면 '파워콘텐츠' 광고에 대해서는 고려해볼 필요가 있습니다. 아래의 이미지와 같이 블로그 콘텐츠가 노출되어 있는 네이버 VIEW탭에 노출이 되지만 아래와 같이 광고라고 표시가 되어 있습니다. 해당 광고는 블로그를 통하여 광고가 가능하고, '네이버 파워 컨텐츠' 웹페이지에는 광고가 가능한 키워드들을 조회할 수 있습니다. 해당 광고 구좌의 장점이라고 한다면 같은 키워드이지만 검색광고 '파워링크' 영역의 클릭당 단가보다는 훨씬 저렴한 가격에 광고를 할 수 있고, 또 VIEW탭에 콘텐츠가 노출되다 보니 광고보다는 콘텐츠로 인식하게 되는 경우가 많아서 내용의 전달력이 일반 광고에 비해 더 높게 나타나고 있습니다.

▲ 파워콘텐츠 광고 노출예시

무료 이미지를 활용할 수 있는 웹페이지

맛집이나 일상 콘텐츠들을 자주 포스팅 한다면 100% 직접 찍은 이미지를 활용하여 포스팅을 할 수 있겠지만 그렇지 않은 경우에는 아래의 페이지 중 저작권의 문제없이 상업적 이용적으로 사용할 수 있는 이미지들을 선별해서 블로그에 사용할 수 있습니다. 가장 좋은 것은 기업내에서 많이 사용하는 '클립아트'와 같은 이미지 라이선스 서비스와 함께 병행하면서 원하는 콘텐츠의 느낌에 맞는 이미지를 선별하여 사용하는 것입니다.

1. 픽사베이(https://pixabay.com/)

픽사베이는 저작권 무료 이미지로 가장 많이 사용하는 페이지가 아닐까 싶습니다. 아래의 이미지에서 검색되는 이미지들은 무료로 사용할 수 있어 많은 블로거들은 물론 디자이너 분들도 많이 사용하시는 것 같습니다.

2. 프리픽(www.freepik.com)

픽사베이 다음으로 많이 사용하는 프리픽입니다. 필터에서 free로 검색하면 무료 이미지를 검색하실 수 있습니다. 디자이너 분들은 다양한 무료 이미지 웹페이지를 즐겨찾기를 하여 적절하게 이미지를 믹스해서 사용하시는 것 같습니다. 한 곳의 웹페이지만 사용하면 비슷한 느낌의 이미지 때문에 디자인의 변화를 주기 어렵기 때문입니다.

3. Flickr(www.flickr.com/)

아래의 페이지에서 이미지를 검색할 수 있습니다. 그러나 필터 시 모든 라이센스가 아닌 '상업적 이용 허용'으로 분류된 이미지만 사용 하실 수 있습니다.

4. Unsplash(https://unsplash.com/)

Unsplash에서도 기본적으로 올라오는 이미지들은 저작권 없이 사용할 수 있습니다. 이곳 이미지들은 이미지 퀄리티가 좋아서 다양한 웹페이지의 이미지를 찾아보다가 이곳의 이미지를 최종 사용했던 경우도 많습니다. 그러나 중대한 수정 없이 사진을 그대로 판매하는 경우나 어떤 형태로든 유사한 경쟁사의 서비스에 사용되는 경우에는 규정 위반이라고 합니다. 아마 창작적인 디자인에 사용되는 소스로 활용하는 경우는 가능하나 단순 상업적 이용은 제약이 있는 것 같습니다. 영문으로 되어 있지만 혹시 모를 상황을 대비할 수 있도록 관련 규정은 꼼꼼히 검토 해보시는 것이 좋을 것 같습니다.

블로그 운영을 할 때 알고 있으면 좋은 웹사이트

아래의 페이지들은 블로그 운영하면서 한 번씩은 접해보게 되는 페이지들입니다. 무료인 서비스도 있고 유료인 서비스들도 있으나 한 번씩은 참고해 보시면 블로그를 운영하는데 도움이 되시리라 생각합니다.

1. 블로그차트(https://insight.blogchart.co.kr/)

블로그 운영하시는 분들이 많이 사용하는 블로그 차트. 블로그 분석 및 키워드 분석 등 다양한 기능이 있어서 많이들 사용하시는 것 같습니다. 이런 비슷한 유형의 페이지들이 많이 있는데 본인의 성향에 맞게 비교해보시고 사용해보시면 될 것 같습니다.

2. 블로그헬퍼(https://bloghelper.co.kr/)

블로그 게시물 노출 현황에 대해 체크할 수 있는 블로그 헬퍼입니다. 이 웹 페이지도 많은 블로거분들이 많이 사용하시는 것 같습니다. 업데이트 한 게시물의 노출현황을 체크할 수 있습니다.

3. 블랙키위(https://blackkiwi.net/)

키워드 분석에서 가장 많이 사용하는 웹페이지로 전체적인 키워드 조회수나 경쟁키워드, 연관키워드 그리고 키워드 트렌드까지 다양한 인사이트를 한번에 얻을 수 있기 때문에 많은 분들이 사용하시는 것 같습니다. 저의 경우에는 '네이버 검색광고 시스템'과 '블랙키위'를 번갈아 가면서 사용하고 있습니다.

4. NDEVBLOGTOOLS(http://ndev.co.kr/)

유료로 운영되는 페이지이긴 하지만 블로그 등급 조회나 키워드분석, 포스팅 분석 등 심플하게 핵심적인 기능들을 잘 구현해놓아서 유료임에도 많이 사용하고 있습니다. 블로그를 전문으로 하거나 직업으로 하시는 분들이 유료 결제하시어 많이 사용 하시는 것 같습니다.

블로그를 성장시켜 준다는 프로그램을 믿지 마세요.

블로그를 운영하다 보면 블로그와 관련된 다양한 프로그램들을 발견하게 됩니다. 대표적으로 방문자수 늘리기 프로그램이나, 공감 혹은 서로이웃 추가 프로그램, 체류시간 늘리기 프로그램 등이 있습니다. 그러나 이러한 프로그램을 통해서 일시적인 성과를 볼 수는 있지만 장기적으로는 매우 위험합니다. 그동안 블로그를 운영하시면서 아무런 이유없이 저품질 블로그의 불이익을 받으신 분들도 있었지만 대부분의 분들은 홍보성 콘텐츠를 지나치게 발행하거나 아니면 이러한 프로그램 등을 활용하는 경우였습니다. 따라서 블로그를 운영하기로 결정하셨다면 콘텐츠의 품질에 투자하시는 것이 장기적으로 훨씬 유익한 방안이기 때문에 이러한 프로그램의 유혹에 현혹되지 않으시기를 바랍니다.

블로그 최적화에 다양한 질문들

아래의 내용은 제가 10년간 블로그를 운영을 해오면서 블로그 최적화에 대해 정리한 내용입니다. 블로그와 관련된 내용을 정리하는 의미에서 쭉 한번 검토해보시면 좋을 것 같아서 정리해 보았습니다.

1. 블로그는 콘텐츠가 노출이 되려면 어느 정도가 걸리나요?

DIA로직에 따라 정말 양질의 콘텐츠를 생산한 경우 생성한지 얼마 안된 블로그도 상위에 노출이 되는 경우가 있으나 이는 매우 적은 경우입니다. 보통 앤데브툴로 조회를 했을 때, 준최적화 4~5단계 정도가 되어야 콘텐츠가 잘 노출됩니다. 준최적화 4~5단계를 달성하기 위해서는 일반인의 경우에 최소 3~6개월 이상의 시간이 필요합니다. 따라서 블로그 마케팅의 경우에는 시간의 여유를 길게 잡고 진행하시는 것이 좋습니다.

2. 블로그 지수가 높으면 꼭 상위에 노출이 되요?

네이버 검색 로직도 완벽하지는 않습니다. 이 때 가장 중요한 것은 특정 키워드를 검색했을 때 노출이 되어 있는 콘텐츠의 현황입니다. 블로그 지수가 높은 콘텐츠들이 점거하고 있으면 현실적으로 상위노출을 하기가 힘듭니다. 따라서 블로그를 오래 운영하신 분들은 콘텐츠의 경쟁현황을 파악하고 현실적으로 노출의 확률이 높은 키워드를 기준으로 콘텐츠를 작성하는 경우가 많습니다. 간단하게 이를 체크하기 위해서는 '앤데브'라는 툴을 활용하여 조회할 수도 있습니다.

3. 블로그 제목을 정할 때에 가장 좋은 방법은 어떤 것이 있을까요?

우선 진행하고자 하는 키워드로 검색해서 어떤 콘텐츠들이 노출되었는지 살펴보시는 것이 좋습니다. 아직 초보 블로그라면 원하는 키워드를 검색 했을 때, 1, 2, 3위에 노출되어 있는 콘텐츠의 제목과 콘텐츠의 패턴을 분석하여 작성하면 도움이 됩니다. 현실적으로 상위에 노출되어 있는 블로그보다 지수도 낮은데 콘텐츠 품질도 낮다면 노출되어 있는 콘텐츠보다 상단에 노출되기란 현실적으로 쉽지 않습니다.

4. 글을 올리는 주제와 블로그의 연관성(C-RANK)은?

씨랭크 라는 것이 블로거 분들 사이에서 큰 화두가 되고 있는 것이 사실입니다만, 이는 개념적인 부분으로 접근하는 것이 좋습니다. 특정 분야의 전문성 있는 콘텐츠를 꾸준히 발행했다면 확실히 메리트가 있는 것은 맞는 것 같습니다만, 그렇다고 전문성 없는 분야의 콘텐츠를 작성 했을 때, 항상 후순위로만 노출되는 것이 아닙니다. 저도 약 10년 가까이 블로그를 운영하면서 처음에는 여행이나 일상, 맛집으로 블로그를 운영하다가 요즘은 비즈니스나 마케팅 관련 정보들을 업데이트하고 있습니다. 그러나 초창기 주제와 지금 주제가 다르지만 콘텐츠들은 비교적 잘 노출이 되고 있습니다.

5. 게시물 스크랩은 상위노출에 도움이 되나요?

게시물 스크랩의 경우에는 일부 도움이 되는 것 같습니다. 그러나 게시물 스크랩이 이루어졌다고 해서 블로그 지수가 올라가는 1차원적인 접근은 아닌 것 같습니다. 당연히 양질의 콘텐츠를 생산한다면 이를 보관하고 싶은 유저들이 생기기 때문에 게시물 스크랩은 자연적으로 발생하게 되어 있습니다. 따라서, 게시물 스크랩을 인위적으로 늘리는 것보다는 자연스럽게 콘텐츠의 품질에 투자하시는 것이 좋습니다.

6. 블로그의 사진수량이 상위노출에 도움이 되나요?

사진 수량이 꼭 절대적으로 반영되는 것은 아닌 것 같습니다. 물론, 콘텐츠를 풍성하기 위해 다양한 사례와 사진을 넣는 것은 도움이 되지만, 그렇다고 사진이 적다고 해서 노출이 안되지는 않는 것 같습니다. 그러나 확실히 사진을 전혀 넣지 않는 경우에는 잘 노출이 안되고 있는 것을 보았을 때, 우선은 콘텐츠의 내용을 충실하게 만드는 것이 가장 중요하고, 사진의 경우에는 안 넣는 것보다는 넣는 것이 유리하지만 사진의 수량이 절대적으로 반영되는 것 같지는 않습니다.

7. 공감 및 덧글 반응은 도움이 되나요?

공감이나 덧글 반응은 도움이 되는 것 같습니다. 그러나 인위적인 공감이나 덧글 반응은 큰 의미가 없는 것 같습니다. 왜냐하면 가장 중요한 것은 체류시간과 연관이 되어 있기 때문입니다. 결국 콘텐츠에 유입해서 상당시간 콘텐츠에 체류 후 덧글이나 공감으로 이어지는 경우에는 도움이 되는 것 같습니다만, 단순한 덧글이나 공감만으로는 큰 도움이 안되는 것 같습니다. 또, 인위적으로 공감 등을 나눔하는 경우도 많이 보았으나 이러한 것들이 과할 경우 패널티를 받는 경우도 간혹 보았습니다.

결국 블로그를 운영할 때에는 '중용'이 정말 중요한 것 같습니다. 일시적인 효과를 위해서 인위적인 행동을 하기보다는 콘텐츠의 품질에 신경을 쓰면서 묵묵히 이어가는 것이 훨씬 더 좋은 효과를 얻게 되는 것 같습니다. 방문자수의 경우에도 특정 콘텐츠가 상위에 노출되어 일시적으로 확 늘어나는 것 보다는 꾸준히 안정적으로 유입되는 것이 더 좋습니다.

블로그를 통한 다양한 어뷰징들을 활용하다 보니 일시적인 방문자수 증가의 경우에도 어뷰징으로 의심을 하는 경우도 있는 것 같습니다. 결국, 어뷰징이나 일명 '편법'들을 사용하던 블로그들은 지금 거의 남아있지 않은 것이 현실입니다.

✎ B2B 비즈니스라 괜찮다고요?
더 늦기 전에 '인플루언서 마케팅'을 시작하세요. ✎

블로그 인플루언서를 활용한 SEO(Search Engine Optimization)

SEO(Search Engine Optimization)는 검색노출 최적화를 말합니다. 원래 SEO의 의미는 검색엔진에서 특정 웹페이지나 콘텐츠가 상위노출되기 위한 다양한 최적화 작업을 통틀어 지칭하는 용어인데, 국내 시장의 특성상 네이버의 검색 점유율이 높다보니 단순히 네이버 VIEW탭에 상위노출로 인식하고 있는 경우가 많은 것 같습니다.

그리고 SEO의 경우에는 네이버에서만 가능한 것이 아닙니다. 구글 영역에서도 SEO가 가능합니다. 다만 네이버 콘텐츠의 경우에는 콘텐츠 업로드 후 1-2일 이내에 최적화되어 상단에 업데이트가 되지만 구글의 경우에는 콘텐츠를 업로드하여도 1개월 이상 소요가 되는 경우가 많습니다. 또, 네이버의 경우에는 검색노출이 되더라도 콘텐츠의 경쟁환경이 변화하게 되면 노출 순위가 금방 바뀌는 반면에 구글의 경우에는 검색노출을 최적화 시키기는 매우 어렵지만 한번 노출이 되게 되면 일정시간 꾸준히 노출되는 현상을 보이고 있습니다. 네이버 검색노출이 유리할지 구글 검색노출이 유리할지는 서비스마다 다릅니다. 국내에 유저가 많고 비교적 타겟이 넓게 분포되어 있는 비즈니스의 경우에는 네이버가 유리하고 타겟이 매우 좁은 하이테크의 영역에서는 구글에서 더 높은 추이를 보이고 있습니다. 대표적으로 의료/임상이나 글로벌 마켓을 대상으로 하는 '핀테크 보안' 등의 서비스는 네이버보다는 구글 SEO의 성과가 더 높게 집계되고 있습니다.

네이버 SEO는 2010년도부터 붐이었습니다. 그 당시 많은 B2C 기업들은 특정 키워드로 네이버 블로그탭에 상위노출을 시키기만 해도 빠른 성과가 발생하는 것을 경험했습니다. 지금은 네이버 검색로직이 바뀌면서 VIEW탭으로 통합되었습니다.

그러나 지금은 상위노출을 진행하기 위한 로직도 많이 복잡해졌고 또 상위노출을 한다고 해도 예전처럼 효과가 크지도 않습니다. 요즘의 블로그 마케팅은 뭔가 특출난 성과가 있어서 진행하는 것이 아니라 최소한 기본적인 콘텐츠(Base Contents)가 있어야 하기 때문에 진행하거나 아니면 경쟁사가 진행하기 때문에 팽팽한 온라인 경쟁에서 살바싸움을 놓치지 않기 위해서 진행하는 경우가 많습니다. 따라서 요즘의 블로그마케팅의 성패는 단순히 노출이 된다고 해서 성과가 나는 것이 아니라 콘텐츠의 품질이 매우 중요해 졌습니다.

그러나 B2B 마케팅의 경우에는 다릅니다. 2010년대 중반이 넘어서야 디지털 마케팅을 조금씩 활용하기 시작했으며 일부 오프라인 인프라가 튼튼한 기업들은 온라인을 적극적으로 활용하지 않은 기업들도 많았습니다. 그 당시 많은 B2B의 기업들의 목표는 디지털 마케팅의 성과를 개선하는 것이 아니라 디지털 마케팅 인프라를 새로 구축하는 것이 관건이었습니다. 그러나 지금은 많이 상황이 다릅니다. 2020년대 들어서 디지털 전환(Digital Transformation)이 가속화되기는 했으나 여전히 세미나나 컨퍼런스와 같은 오프라인 캠페인에 대한 투자가 더 활발했습니다. 그러나 코로나 펜데믹 이후에는 상황이 달라졌습니다. 이전까지는 B2B 비즈니스 중에서도 도달 타겟이 비교적 넓은 전자계약이나 협업툴 등의 플랫폼에서 IT 블로거 인플루언서를 활용한 마케팅을 진행하였으나, 이후에는 대기업의 IT 인프라를 구축하거나 매우 복잡하고 전문화된 전사적자원관리시스템(ERP/Enterprise Resource Planning)의 컨설팅이나 유지보수를 하는 기업에서도 블로그 인플루언서를 활용한 마케팅을 진행하는 것을 쉽게 볼 수 있습니다. 그러한 마케팅의 캠페인을 보면 블로그 마케팅의 초창기를 보는 것 같습니다. 블로그 포스팅에 넓고 방대한 비즈니스 내용을 모두 담을 수는 없지만 브랜드나 서비스를 알리는데 블로그 마케팅을 활용하고 있다는 점에서 매우 큰 변화가 있었다고 볼 수 있습니다. 그 간, 마케팅 업계에서는 B2C와 B2C 마케팅의 구분이 점점 없어지고 있다고 말하는 이가 많았지만 그래도 정통적인 엔터프라이즈급 B2B 마케팅에서는 그 경계가 존재했습니다. 그러나 이제는 정말로 B2B와 B2C 마케팅의 경계가 없어졌다고 볼 수 있을 것 같습니다.

최근 병원마케팅을 진행하고 있는 한 마케터와 이야기를 나눈 적이 있는데, 조회수가 100도 나오지 않는 콘텐츠를 제작하기 위해 꽤 많은 공수를 들이는 것을 보고 성과가 어떠냐고 물었더니, 해당 영상은 조회수를 늘리기 위한 영상이 아니라 상담을 하기 위해 병원에 방문을 했던 환자들을 위한 영상이라고 했던 말이 기억납니다. 영상에서 조회수 100명은 실제로 병원에 방문했던 고객들이라 해당 영상을 보고 병원을 결정하는 이가 정말 많다고 말했습니다.

B2B 마케팅에서 블로그 콘텐츠의 경우에도 어쩌면 같은 맥락이라고 볼 수도 있습니다. 해당 콘텐츠는 조회수가 중요하지 않습니다. 이메일 구독을 신청해서 주기적으로 받는 이메일에서 취득하는 정보보다 블로그 영역에서 취득하는 정보는 더 거부감이 없고 친숙하기 때문에 정보의 전달력에 있어서 훨씬 더 효과적인 미디어라고 볼 수 있습니다. 해당 글의 조회수는 작지만 해당 글을 열람하는 유저들은 실제로 브랜드를 인지했거나 경험했던 고객이기 때문에 계약으로 전환될 수 있는 확률이 훨씬 더 높다고 볼 수 있습니다. 따라서 정통적인 B2B 비즈니스를 하는 기업들에서도 네이버 SEO의 영역을 활용하기 위해 블로그 마케팅을 적극적으로 고려해볼 필요가 있습니다.

B2B 비즈니스에서 효과적으로 블로그 인플루언서를 활용하는 방법

1. 블로그 모집방법

우선 진행하고 있는 비즈니스와 연관성이 있는 인플루언서를 모집하는 것이 가장 중요합니다. 아래와 같이 블로그 체험단이나 마케팅을 진행할 수 있는 다양한 플랫폼들이 있습니다만 저는 직접 블로그와 컨택하는 것을 추천드립니다. 왜냐하면 아래의 플랫폼들은 대부분 B2C에 포커스가 되어 있기 때문에 B2C 비즈니스와 결이 맞지 않는 부분이 많이 있습니다. 이유는 플랫폼에서 진행하는 블로그 마케팅은 크게 3가지 형식입니다. 직접 방문하는 방문형 체험단과 배송 받은 제품을 리뷰하는 배송형 체험단, 그리고 작성한 원고를 올려주는 원고형 체험단인데요. 대부분의 B2B 제품이나 서비스들은 단순하게 체험 후 후기를 작성할 수 있는 분야가 아니기 때문에 해당 콘텐츠를 작성할 수 있는 블로거를 찾기가 쉽지 않습니다. 따라서, 경쟁사 키워드나 아니면 우리의 산업군이 속해 있는 키워드를 검색하여 진행하고 있는 비즈니스와 매칭이 되는 인플루언서를 개별 컨택하는 것이 가장 좋은 방법 입니다.

블로그 체험단 플랫폼	페이지 URL
레뷰	https://biz.revu.net/product/
모두의블로그	https://www.modublog.co.kr/
리뷰쉐어	https://reviewshare.io/

2. 블로그 선정기준

블로그 선정 기준에서는 크게 수치로 표현할 수 있는 정량평가와 수치 외의 기준으로 평가해야 하는 정성평가를 함께 진행하는 것이 좋습니다.

아래와 같이 항목 별 평가표를 제작하여 평가하면 좋습니다. 가장 중요한 것은 해당 블로그가 어떠한 콘텐츠를 작성할 수 있는지 그 간 작성한 콘텐츠들을 정독해보는 것이 좋습니다. 일방문자수의 경우에는 일반 일상 블로거처럼 1천명 이상의 높은 방문자수가 필요하지 않습니다. 왜냐하면 B2B 서비스는 불특정 다수가 아닌 특정 다수의 대상의 콘텐츠를 발행하기 때문에 일 방문자수가 약 500명만 넘어가도 꽤 괜찮은 추이라고 보실 수 있습니다. 그리고 해당 블로그의 최적화 지수가 어느 정도 되는지 체크할 수 있는 모니터링 툴도 있는데 해당 툴은 별첨에 상세하게 기재할 내용이니 해당 부분을 참고해 주시기 바랍니다.

NO.	카테고리	직업	연령	URL	일 방문자	30일 이내 게시물 수량	콘텐츠 퀄리티	최종 적합여부
1	IT 정보	IT 개발자 (유추)	약 30대		상 (일 500명)	상 (월 20개)	상	적합

3. 블로그 가이드 작성

블로그 가이드 관련해서는 신중하게 판단을 해야 합니다. 일반적인 소비재 영역에서는 콘텐츠의 자율성을 고려하여 별도의 가이드를 전달하지 않는 추이로 운영되고 있습니다. 그러나 B2B 비즈니스에서는 다른 방식으로 접근해야 합니다. 다양한 사례를 경험해본 결과 공통된 가이드라인을 전달하면 획일적인 콘텐츠가 생산될 우려가 많기 때문에 콘텐츠나 타겟의 유형을 분류해서 2-3개의 가이드라인을 별도로 배포하는 것이 가장 합리적인 선택이 될 수 있을 것 같습니다. 그러나 포스팅 가이드는 매우 심플해야 합니다. 1장이 넘지 않도록 간단한 흐름이나 포인트 부분만 언급해주고 포스팅을 뒷받침할 수 있는 다양한 참고자료들을 풍부하게 업데이트 해주는 것이 더 좋은 방법이라고 생각합니다.

4. 콘텐츠 검수

사실, 콘텐츠의 가이드 부분을 전달했으면 '공'은 이미 인플루언서 쪽으로 넘어갔다고 보는 편이 옳습니다. 콘텐츠에 대한 원고가 오더라도 될 수 있으면 10-20%정도로만 바꿔야 합니다. 이 부분에서 불필요하게 많은 피드백이 오간다고 해서 콘텐츠의 퀄리티가 기대 이상 올라가지는 않는 것 같습니다. 도리어 지속된 수정요청과 추가자료 때문에 인플루언서와 관계만 더 안 좋아져서 결국에 콘텐츠에도 영향을 주는 경우도 많이 있습니다. 따라서 가이드를 전달 후 원하는 방식의 콘텐츠가 나오지 않더라도 현실적으로 콘텐츠를 추가하고 보강해서 가는 것 보다는 핵심내용 정도만 보강하거나 브랜드에 리스크가 되는 내용 정도만 제외하는 정도로 운영을 하는 것이 좋고 간혹 품질이 낮은 콘텐츠가 발생하더라도 큰 틀에서 콘텐츠 마케팅을 진행하기 위한 리스크 비용으로 판단하여 과감하게 다음 콘텐츠를 준비하는 것이 좋습니다.

5. 리워드 프로그램

리워드 프로그램 운영은 조직적으로 운영되는 '서포터즈' 형태에서 많이 도입이 되고 있습니다. 블로그 개개인들은 모두 자기만의 SEO노하우를 숙지하고 있는 창작자들입니다. 따라서 노출하고 싶은 키워드가 있을 시 리워드를 부여하여 콘텐츠 노출을 위하여 창작자가 자발적으로 고민해보고 시도하는 구조를 형성했다는 점에서 매우 좋은 마케팅입니다. 그러나 최근 추이로는 콘텐츠 노출도 중요하지만 그보다 콘텐츠 품질에 더 중점을 두고 있기 때문에 단순히 노출적인 부분만 고려할 것이 아니라 콘텐츠 품질의 정성평가를 진행하여 리워드를 주는 방법도 고려해볼 필요가 있습니다.

✎ B2B 마케팅을 타겟팅할 수 있는 강력한 채널 '링크드인' 활용하기 ✎

링크드인(Linedin)의 경우 B2B 마케팅에서는 빼놓을 수 없는 미디어입니다. 링크드인은 개인적으로 운영하고 있는 SNS와는 달리 유저들이 실제 이력서에 가까운 이력들과 보유기술들을 기재하고 네트워킹을 진행하기 때문에 다른 SNS에 비해서 신뢰도가 월등히 높은 미디어입니다. 따라서 온라인상에서 익명성이 보장되는 것이 아니라 각자 현재 회사와 직급 그리고 담당하고 있는 업무를 기재하고 활동합니다. 개개인의 신뢰를 기반으로 운영이 되는 미디어이기 때문에 정보의 신뢰도가 매우 높습니다.

링크드인(Linked IN) 한국 유저요약

국내에도 이미 많은 링크드인 유저가 활동하고 있습니다.

의사결정을 할 수 있는 CEO 및 고 직급자를 산업군 별로 타겟팅할 수 있다는 것이 큰 장점입니다.

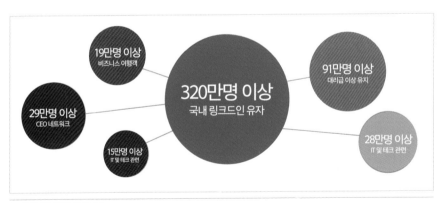

▲ 국내 링크드인 유저분포

링크드인에 알고 있으면 좋은 정보

1. 2016년 6월 13일 기준으로 262억 달러(31조원)에 Microsoft에 인수합병. 이러한 이유 때문에 마이크로소프트 Office 365와 연동이 가능.
2. 2021년 기준 약 7억 명의 회원을 보유 중.
3. 2021년 10월까지 중국에서 허용되는 유일한 미국 SNS였으나 LinkedIn 측에서 중국에서 서비스를 종료하고 철수한다고 발표했다. 따라서 중국대상의 마케팅은 진행이 불가능하고 다만, 중국 본토가 아닌 홍콩, 마카오 지역 타겟의 캠페인은 진행가능.
4. 링크드인은 2002년도 출시를 하였고 페이스북은 2004년도에 서비스를 출시하였습니다. 따라서 서비스를 런칭한 것은 더 널리 알려져 있는 페이스북보다 링크드인이 먼저 런칭하였습니다.

BANT에 대한 이해

링크드인이 B2B 마케팅에서 각광받는 이유는 B2B 마케팅에서 가장 핵심적으로 필요한 BANT를 충족시킬 수 있기 때문입니다. BANT는 B2B 마케팅에서 잠재고객(LEAD)의 점수를 부여하는 '리드 스코어링' 단계에서 매우 중요한 역할을 합니다. 그럼, BANT의 다양한 항목들에 대해 알아보도록 하겠습니다.

▲ 링크드인 활용하기

위에 보시는 것처럼 B2B 마케팅에서 새로운 리드(LEAD)중에서 영업의 기회를 높은 순으로 체크할 때 반영하는 요소들은 위와 같습니다. B2B 마케팅에서 가장 중요한 위의 요소들을 기준으로 타겟팅할 수 있는 미디어가 바로 링크드인입니다.

블로그 체험단 플랫폼	페이지 URL
Budget(예산)	특정 기업에서 사용할 수 있는 예산의 규모
Authority(권한)	B2B 비즈니스에 대한 의사결정에 관여할 수 있는 직급
Needs(필요성)	해당 서비스에 대한 도입니즈
Time(도입시기)	일반적으로 3~6개 이내의 고객을 LEAD(잠재고객)로 판단함.

위의 자료와 같이 B2B 마케팅에서 가장 중요한 요소인 BANT에 포함되는 다양한 내용들을 링크드인을 통해서 타겟팅할 수 있습니다. 직급을 타겟팅할 수 있기 때문에 의사결정을 할 수 있는 관리자급을 대상으로 타겟팅할 수 있게 되는 것이고 회사 매출이나 임직원수를 타겟팅할 수 있기 때문에 예산의 크기를 짐작하여 우리의 서비스를 도입할 수 있는 규모의 기업들에게 타겟팅을 할 수 있는 것입니다. 그리고 업종이나, 전공 등을 타겟팅할 수 있기 때문에 해당 서비스에 대한 니즈가 있는 담당자들에게 정보를 노출할 수 있습니다. 이러한 이유 때문에 링크드인은 B2B 마케팅에서 가장 많이 사용하는 미디어로 자리 잡게 되었습니다. 그러나 꼭 좋은 점만 있는 것은 아닙니다.

링크드인 광고 VS 페이스북 인스타그램 광고비교

미디어	구분	업계 평균
페이스북, 인스타그램	CPM(1,000회 노출당 금액)	5,000원
	CTR(클릭률)	1% 미만
	CPC(Cost Per Click)	750 (원)
링크드인	CPM(1,000회 노출당 금액)	50,000 (원)
	CTR(클릭률)	1% 미만
	CPC(Cost Per Click)	6,000 (원)

* 위의 수치는 이해를 돕기 위하여 대략적으로 추산한 금액으로 시기, 타겟팅, 소재에 따라 차이가 있을 수 있음을 안내 드립니다.

위에 표를 보시는 것처럼 노출 단가를 기준으로 추산해보게 되면 클릭 당 단가가 5배에서 많으면 8배까지 차이가 나게 됩니다. 위의 가격정도의 단가라면 거의 네이버 검색광고에 버금가는 정도의 단가이기 때문에 광고비가 매우 비싼 편입니다. 그러나 검색광고의 경우에는 특정 키워드를 검색할 때에 서비스에 대한 니즈를 포함하고 있기 때문에 일반적으로 전환(LEAD 확보)의 확률이 높은 편인데 이에 비해 링크드인의 경우에는 아웃-바운드(Out-bound) 형태의 게시물광고이기 때문에 일반적으로 검색광고보다 효율이 떨어지는 것이 일반적입니다. 따라서 캠페인을 시작할 때에 어떤 형태의 마케팅을 집행할 것인지 면밀한 검토가 필요합니다.

링크드인의 네트워킹 방법

링크드인의 경우 관심사 기반이나 업종을 중심으로 다양한 유저분들과 정보를 교류할 수 있습니다. 링크드인을 통하여 네트워킹을 할 수 있는 방법은 총 4가지입니다. 사실, 큰 맥락에서 보면 소식을 공유하고 새로운 인맥을 형성한다는 부분에서 일반적인 소셜미디어와 큰 차이점은 없습니다만, 페이스북 인스타그램의 경우 일상, 취미 등 개인적인 이용목적이 큰 반면 링크드인은 특정 비즈니스나 기술 위주로 정보교류가 이루어진다고 보시면 좋을 것 같습니다.

1. 일촌 신청

링크드인의 경우 일촌신청이 중요합니다. 일반적으로 다른 유저들이 올린 게시물에 덧글과 공감을 할 수는 있지만 개별적으로 메시지를 보내는 것은 불가능합니다. 따라서 일촌신청 후 메시지를 보내는 등의 네트워킹을 진행할 수 있습니다. 다만, 의미 없는 일촌신청은 상대방에게 크게 의미가 없기 때문에 어떤 목적으로 일촌신청을 하게 되었는지 자기소개와 목적을 명확히 표현하는 것이 좋습니다.

2. 메시지 보내기

일촌관계가 형성이 되었다면 메시지를 보낼 수 있습니다. 그러나 개인의 프로필이 노출되어 있는 만큼 메시지를 남발하는 것보다는 꼭 필요한 내용만 선별해서 보내는 것이 좋습니다. 링크드인 내에서는 개인의 프로필을 공개하고 활동하는 소셜미디어 플랫폼인 만큼 개개인의 신뢰를 기반으로 운영하는 것이 원칙입니다.

3. 좋아요, 덧글 등 게시물 공감

특정 헤시태그나 관심사와 관련된 글들을 피드에서 발견했다면 좋아요, 덧글 등을 남길 수 있습니다. 꾸준한 공감이나 덧글은 유저들과 네트워킹을 하는데 도움이 됩니다.

4. Cold e-mail (콜드 이메일) 보내기

콜드 이메일은 말 그대로 차갑다(Cold)라는 뜻을 갖고 있습니다. 아직 연결고리가 없는 다양한분들에게 이메일을 보내는 것이 모두 콜드 이메일에 해당한다고 볼 수 있습니다. 다만, 링크드인에서 콜드 이메일은 매우 제한적으로 보낼 수 있습니다. '세일즈네비게이터 (Sales Navigator)'라는 링크드인 유료 서비스를 이용하여 원하는 고객을 찾아 콜드 이메일을 발송할 수 있습니다. 그러나 콜드 이메일도 무제한으로 보낼 수 있는 것이 아니라 '세일즈 네비게이터' 유료서비스를 결제했을 때, 50건의 메시지를 발송할 수 있습니다. 이는 유저 간의 신뢰를 중요하게 생각하는 '링크드인'의 운영정책과 방향을 엿볼 수 있는 부분입니다.

▲ 링크드인 InMail 보내기 화면예시

링크드인의 게시물은 코드 삽입 후 웹사이트에 붙여넣기를 하시게 되면 HTML 문서로 만들 수 있습니다. 따라서 다양한 웹페이지와 연동을 해서 사용하실 수 있습니다.

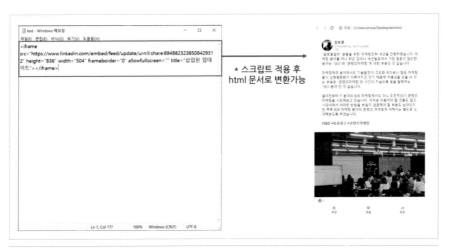

▲ 링크드인 게시물의 활용

링크드인 광고는 일반적인 SNS와 흡사한 구조로 운영이 됩니다. 소셜 미디어에서 일반적으로 진행하는 게시물 광고, 이메일 광고, 우측배너 등이 있습니다. 다만, 링크드인만의 차이점이 있다면 메시지 광고가 있습니다. 메시지 광고는 광고로 메시지를 보낼 수 있는 것으로 일반적인 쪽지광고와 비슷하다고 보시면 될 것 같습니다.

네이티브 광고	스폰서 InMail	다이내믹 광고	텍스트 광고
네이티브 광고 형식으로 게시물 피드에 노출되며 인지도 제고, 고객 유지 목적으로 사용하는 광고 서비스 • 이미지 및 슬라이드 광고 가능	특정 조건에 해당하는 링크드인 유저에게 이메일을 보내는 광고서비스로 백서 다운로드 등의 캠페인에 적합한 광고 서비스	링크드인 프로필 정보를 바탕으로 생성되는 맞춤형 광고로 팔로워 증대를 목적으로 사용하는 광고 서비스	헤드라인과 짧은 문구로 생성하는 가장 간단한 광고 형태로 웹사이트 방문 유도에 주로 사용하는 광고 서비스 • 이미지 추가 가능

▲ 링크드인 광고의 종류

메시지 광고는 아래와 같이 메시지함에 노출되는 광고입니다. 텍스트로 노출되기는 하지만 별도로 타겟팅을 할 수 있고 특정 랜딩페이지로 링크할 수 있기 때문에 링크드인에서 요긴하게 사용할 수 있는 광고 중 하나입니다.

▲ 링크드인 활용하기

실제로 약 2015년정도부터 SNS 마케팅이 활성화되기 시작하면서 '카드뉴스'형 콘텐츠의 강세가 이어졌는데 요즘은 카드뉴스형 콘텐츠보다는 핵심내용을 직관적으로 어필하는 '단장 이미지' 혹은 담담하게 진정성을 어필하고 있는 장문의 텍스트형 메시지가 더 몰입력이 높은 것 같습니다.

실제로 링크드인에서는 카드뉴스라고 불리우는 '케러셀 이미지'형 콘텐츠보다는 '단장 이미지' 혹은 '텍스트형' 콘텐츠의 강세가 이어지고 있는 것 같습니다. 링크드인에서는 개인의 프로필을 기준으로 한 어느 정도 정제된 형태의 콘텐츠가 유통되고 있기 때문에 유저들을 후 킹(hooking)하는 요소보다는 콘텐츠로서의 가치와 정보를 제공하는 사람의 신뢰도를 기반 으로 콘텐츠 교류가 이어졌다고 볼 수 있습니다.

따라서 링크드인은 고전에서 이야기하는 설득의 3요소가 비교적 균등하게 반영되는 미디어라고 볼 수 있습니다.

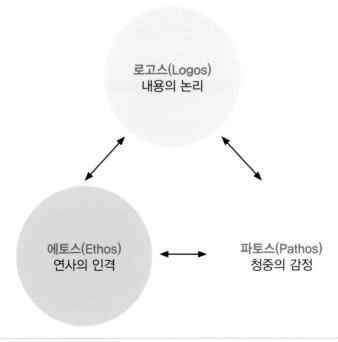

▲ 아리스토텔레스의 설득의 3요소

SNS나 유튜브는 일부 유저들의 관심을 과하게 이끌어내는 어그로(aggro)성 콘텐츠들이 많고 네이버 SEO의 경우에는 클릭해서 콘텐츠에 들어가보기 전까지는 실제로 어떤 정보인지 사전에 알 수 없기 때문에 콘텐츠의 품질도 중요하지만 '특정 키워드'가 노출되었을 때, 해당 키워드의 검색 량에 편승하여 유입되는 구조를 갖고 있습니다. 따라서, 막상 노출된 콘텐츠를 클릭했다가 바로 이탈하는 경우도 많이 있는데 링크드인의 경우에는 애초에 특정 유저와의 '비즈니스 연관성' 혹은 '인지도'를 기준으로 네트워킹이 발생되고 있다 보니 상당히 유기적인 관계가 유지가 되는 것 같습니다.

이러한 이유 때문에 저도 인스타그램과 같은 소셜미디어보다는 '링크드인' 채널을 더 많이 활용하고 있는 편입니다. 그리고 비즈니스를 기반으로 정보가 유통되는 채널이지만 생각보다 다양한 덧글과 공감반응들도 다른 소셜미디어 못지않게 발생되고 있는 편입니다.

링크드인의 강력한 기능 '세일즈네비게이터'

링크드인은 '광고솔루션' 외에 '세일즈네비게이터'라는 솔루션을 제공합니다. 링크드인에서 활동하는 유저들의 프로필을 기반으로 인구학적 통계나, 관심사, 출신학교, 특정기술 등을 중심으로 필터링을 할 수 있습니다.

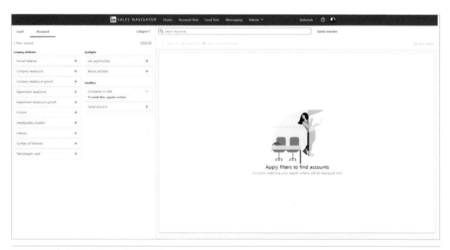

▲ 링크드인 '세일즈 네비게이터' 활용하기

이러한 기능들을 활용하게 된다면 국내/국외 다양한 분들과 네트워킹을 형성할 수 있습니다. 또, 세일즈네비게이터 솔루션을 이용하게 되면 특정 유저들에게 콜드 메일

(Cold e-mail)을 보낼 수 있는 크레딧이 50개가 충전되기 때문에 영업의 기회가 있는 다양한 분들에게 컨택을 시도할 수도 있습니다.

실제로 세일즈 네비게이터는 '코로나 팬데믹' 시기에 특히 많은 B2B 마케터들과 B2B 영업사원들이 사용했고 지금도 B2B 관련 업무에 배정되면 '세일즈네비게이터' 솔루션을 사용하여 다양한 영업활동을 이어나가고 있습니다.

현재 마케팅 교육시장 내에 '링크드인' 교육과 관련된 콘텐츠는 매우 적은 편입니다.

불특정 다수가 이용하는 미디어가 아니기 때문에 시장이 좁은 부분도 있겠지만 국내 링크드인 유저의 네트워킹은 채용(Recruit)쪽으로 더 활성화되어 있기 때문입니다. 그럼에도 불구하고 최근의 이용추이를 보게 되면 B2B 업계 종사자는 물론 B2C 관련 종사자들의 활동도 많아지기 때문에 앞으로 성장 가능성이 매우 큰 미디어입니다.

✏️ 중요한 것은 미디어가 아니라. 정보입니다. 페이스북과 인스타그램을 활용하세요. ✏️

소셜미디어 광고 (페이스북, 인스타그램)

B2B 비즈니스에서 소셜미디어를 어떻게 사용할지는 상황에 따라 다릅니다. 기준을 정할 때에는 소셜미디어에서 우리의 최종고객(end user)을 타겟팅할 수 있느냐가 관건입니다. SNS를 통해서 우리의 고객을 타겟팅할 수 있다면 해당 미디어를 활용해볼만 하고 그렇지 않을 경우에는 리마케팅이나 브랜딩 성격의 캠페인으로 소폭 활용하는 것이 좋습니다. 따라서 페이스북, 인스타그램을 해보기로 결정했다면 가장 먼저 체크해봐야할 부분이 페이스북 라이브러리(https://business.facebook.com/ads/library/) 페이스북 라이브러리에서 특정 키워드로 검색을 해보게 된다면 특정 키워드를 중심으로 현재 광고를 진행하거나 과거에 광고를 진행했던 히스토리들을 찾아볼 수 있습니다. 따라서 경쟁사의 채널운영 현황 파악 이후에는 유료광고를 집행했던 내역들을 검토해보는 작업이 필요합니다. 만약, 우리의 경쟁사의 광고이력이 없다면 비슷한 동종업계의 광고 이력을 검색해보는 것이 필요합니다.

▲ 페이스북 라이브러리 화면

그러나 경쟁사가 광고를 한다고 해서 반드시 광고를 해야할 필요는 없습니다. 왜냐하면 제품도 다르고 상황도 다르고 타겟도 다르기 때문에 모니터링으로 항상 경쟁사를 주시하여 대응하는 것 보다는 넓은 맥락에서 경쟁사를 포함한 해당 업종 전체적인 트렌드를 파악하여 복합적으로 판단하는 것이 좋습니다.

연령	타겟 분류			도달 가능 범위
20~50	인구 통계학적 특성	직장(업종)	IT 및 기술 서비스	14,000
			경영	29,000
			관리/운영 서비스	28,000
			비즈니스 및 금융	10,000
	관심사	비즈니스 및 산업	경영	3,400,000
			기업가 정신	3,600,000
			비즈니스	6,500,000
			소규모기업	2,500,000
		테크놀로지	무료 소프트웨어	2,100,000
			소프트웨어	5,300,000
			컴퓨터 서버	990,000
		기타 관심사	앱 소프트웨어	4,900,000
			소프트웨어 엔지니어링	220,000
			소프트웨어 개발자	390,000
			소프트웨어 개발	270,000
			소프트웨어 개발 키트	4,500
			소프트웨어 테스트	8,100
			협업 소프트웨어	22,000
			악성 소프트웨어	5,200
			전사적 소프트웨어	28,000
			인터넷 보안	18,000
			네트워크, 브라우저, 애플리케이션 보안	15,000
			정보 보안	110,000
			보안 관리 서비스	1,000
			인터넷 서비스 제공자	52,000
			인공지능	1,900,000
	행동	디지털 활동	기술 얼리어답터	770,000
			소규모 업체 운영자	36,000
		사용 운영 체제	Facebook 액세스(OS) : Mac OS X	11,000
			Facebook 액세스(OS) : Mac Sierra	23,000
			Facebook 액세스(OS) : Windows 10	6,200
			Facebook 액세스(OS) : Windows 8	10,000
			Facebook 액세스(OS) : Windows 7	56,000
			Facebook 액세스(OS) : Windows Vista	1,000
			Facebook 액세스(OS) : Windows XP	1,000
		사용하는 인터넷 브라우저	Facebook 액세스(브라우저) : Chrome	1,000,000
			Facebook 액세스(브라우저) : Firefox	6,900
			Facebook 액세스(브라우저) : Internet Explorer	47,000
			Facebook 액세스(브라우저) : Microsoft Edge	170,000
			Facebook 액세스(브라우저) : Opera	1,300
			Facebook 액세스(브라우저) : Safari	400,000
		모바일 기기 사용자	소유 기기 : ISO 기기	1,800,000
			소유 기기 : Android 기기	1,800,000

▲ 페이스북 타겟팅의 구분

위의 타겟팅은 IT 서비스 B2B 분야에 대한 타겟팅을 정리한 자료입니다. 페이스북, 인스타그램 광고 타겟팅이라는 것이 결국에는 페이스북, 인스타그램이라는 위치한 거대한 콘텐츠의 흐름을 기준으로 특정 콘텐츠에 관심을 보인 유저들을 기준으로 분류해 놓은 것으로 큰 맥락에서는 인공지능의 기계학습(Machine Learning)을 기준으로 운영됩니다. 따라서 페이스북 광고관리자 계정을 생성하여 우리의 비즈니스와 연관되는 관심사가 있는지 체크하는 것들이 중요합니다. 대표적으로 클라우드나 보안, 그리고 전사적자원관리(ERP) 시스템과 같은 경우에는 SNS에서도 타겟팅이 가능합니다. 따라서 페이스북 라이브러리를 통해 시장동향을 체크한 후 우리의 비즈니스와 매칭이 되는 타겟팅을 검토한 이후에 광고 집행 여부를 결정하는 것이 좋습니다.

최근 B2C의 분야에서는 아무런 타겟팅을 설정하지 않은채 고도화된 머신러닝을 기반으로만 광고 최적화를 진행하는 일명 '열린 타겟팅'을 진행하는 경우도 있습니다. 다만, 이런 경우에는 광고를 통하여 전달하려는 핵심내용이 명확히 소재에 담겨야 광고최적화에 유리합니다. 그러나 시장이 매우 세분화되어 있는 B2B 비즈니스를 기반으로 하기에는 아직은 시기상조라고 생각되지만 전체적인 광고기술(AD Tech) 분야가 인공지능 쪽으로 흘러가는 경향을 보이기 때문에 최근 유행하고 있는 타겟팅에 대해 짧게 설명해보았습니다.

페이스북과 인스타그램에서는 다양한 광고구좌를 제공하지만 가장 효율이 좋은 구좌는 대부분 '단일이미지'인 것 같습니다. 유저들의 콘텐츠 선호도가 '카드뉴스'에서 '단일이미지'와 같이 더 직관적으로 변했기 때문입니다. 그리고 동영상의 경우에 10초 내외의 임팩트 있는 영상들은 여전히 많은 효과를 얻고 있습니다. 콘텐츠들이 가장 보수적으로 변화하는 금융권에서도 숏폼 영상을 활용하고 있는 추이로 보았을 때, 곧 머지않아 B2B 분야에서도 지금과 같은 영상보다는 훨씬 더 친근한 영상들이 많이 쏟아져 나올 것으로 예상하고 있으며 이미 스타트업과 같이 트렌디한 분야에서는 릴스 영상들까지 대거 활용되고 있는 추이입니다.

▲ 금융권에서 활용하고 있는 숏폼영상 / [자료출처] KB금융 유튜브 채널

B2B 기업의 인스타그램에서 활용하고 있는 릴스 영상

▲ B2B 기업의 소셜미디어에서 활용하고 있는 릴스영상   [자료출처] 싱크트리 인스타그램

　최근 B2B 마케팅에서의 흐름이 많이 바뀌고 있습니다. 예전처럼 웅장하고 무게감 있는 콘텐츠를 제작하는 경우도 있지만 고객들에게 더 친근하게 다가갈 수 있는 콘텐츠들을 꾸준히 개발하고 있습니다. B2B 마케팅 담당자들과 콘텐츠에 대해 이야기를 나누어 생각보다 가볍고 트렌디한 콘텐츠들에 대해 관심이 많습니다. 따라서 마케팅의 영역에서도 B2B와 B2C 분야를 굳이 분리하지 않는 흐름에 맞게 콘텐츠의 구분에서도 경계가 허물어질 것으로 생각됩니다. 요즘은 특정 채널을 선호하는 것보다는 고객들에게 '정보의 가치'가 충분한 '의미'있는 콘텐츠라면 어느 채널이든 고객들이 찾게 된다는 인식이 많이 자리 잡혔기 때문에 B2B 기업에서 많이 사용하지 않던 인스타그램 등의 미디어도 적극적으로 활용하고 있습니다.

페이스북 광고는 시장 내에서 제품의 포지셔닝이 명확하고 해당 분야가 뜨고 있는 특수한 상황이 아니라면 처음부터 성과가 나오기보다는 다양한 소재 개선이 이루어지면서 성과가 발생하고 있습니다. 따라서 소재 테스트라고 불리는 A/B 테스트가 가장 관건으로 볼 수 있습니다. 따라서 위와 같이 소재/타겟 별 성과측정을 진행하여 효율이 나지 않는 콘텐츠는 예산을 줄이거나 과감하게 광고집행을 중지하고 광고의 효율이 높은 소재들을 꾸준히 개선해 나가는 작업이 필요합니다. 광고를 최적화할 때에는 클릭률, 광고 클릭 당 단가, 그리고 광고 소재를 통하여 웹페이지로 링크되는 경우에는 웹페이지 내 체류시간을 종합적으로 분석하여 어떤 소재를 개선해 나갈지 판단해야 합니다.

소재	타겟팅	랜딩페이지	노출	클릭	클릭률	CPC (광고 클릭당 단가)	체류시간	목표	목표 도달단가
A	지역	랜딩페이지A	1,000	10	1%				
	관심사A	랜딩페이지B	1,000	10	1%				
	관심사B	랜딩페이지B	1,000	10	1%				
B	지역	랜딩페이지A	1,000	10	1%				
	관심사A	랜딩페이지B	1,000	10	1%				
	관심사B	랜딩페이지B	1,000	10	1%				
C	지역	랜딩페이지A	1,000	10	1%				
	관심사A	랜딩페이지B	1,000	10	1%				
	관심사B	랜딩페이지B	1,000	10	1%				

▲ 소셜미디어 광고의 효율측정

아래의 내용은 일반적으로 페이스북, 인스타그램 광고를 최적화하는 순서에 대해 나열하였으니 SNS 마케팅을 진행할 때에 참고하여 진행해주시면 좋을 것 같습니다.

1. 소재 3개 정도를 신중하게 만들고 동일한 조건에서 광고를 집행해본다.
2. 3개의 소재 중에 효율이 높은 콘텐츠 2개를 선정하여 소재를 개선한다.
3. 나머지 1개의 소재는 과감하게 광고를 종료하고 다른 소재를 기획한다.
4. 위의 과정을 반복적으로 진행하여 CPC가 낮고, 체류시간이 높은 콘텐츠를 선별해나간다.
5. 페이스북 광고는 약 7일 내외로 최적화가 이루어지고 있습니다.

6. 그 기준은 전환(클릭, 구매, 장바구니 등)이 7일 이내 50건 이상이 이루어지면 최적화가 종료되고,

7. 그러나 역으로 50건 이상이 발생하지 않을 시 반복적인 머신러닝 진행됩니다.

페이스북, 인스타그램 광고에서 소재 테스트가 가장 중요하다고 말씀드리는 이유는 이러한 맥락 때문입니다. 결국, 페이스북 소재에 명확한 메시지를 담지 못하면 원하는 타겟을 찾지 못하기 때문에 머신러닝만 최적화되면서 불필요한 광고비만 소진되는 것입니다. 따라서 소재에 가장 많은 투자를 해야 하고 미디어 분배에 있어서도 1~2건의 콘텐츠로 성과가 나오기를 기대하기보다는 최대한 소재 제작 건수를 늘려서 다양하게 테스트를 해보는 것이 더 효율적입니다. 1~2건의 소재를 제작해서 바로 광고를 운영해도 성과가 나올 것으로 예상하는 경우가 많은데 막상 실제로 광고를 집행해보면 그런 경우보다는 다양한 소재 테스트 이후에 광고성과가 높아지고 있음을 참고 해주시기 바랍니다.

인스타그램 프로페셔널 계정과 일반계정의 차이점

아래와 같이 보시는 것처럼 처음 계정을 오픈했을 때 바로 비즈니스 계정이 필요한 것은 아닙니다. 광고를 집행하거나 쇼핑 태그 등의 부가 기능을 사용할 예정이라면 바로 프로페셔널 계정으로 전환이 필요하지만 콘텐츠를 통한 #해시태그 노출이나 자연검색노출을 원하시는 상황이라면 관리자 계정보다는 개인계정이 노출에 유리합니다. 그러나 노출이 유리하다고 해서 생성되어 있는 비즈니스 계정을 다시 개인계정으로 바꾸거나 그럴 필요는 없습니다. 큰 틀에서 다양한 계정을 분석해보았을 때 개인계정에서 인기 게시물 노출이 더 잘되고 있을뿐 그렇다고 프로페셔널 계정이 노출이 안되는 것은 아니기 때문입니다. 아무래도 프로페셔널 계정은 광고하기 기능을 통해서 노출을 시킬 수 있는 방법이 있기 때문인 것으로 판단이 됩니다.

구분	인스타그램 개인계정	인스타그램 프로페셔널
특징	인기게시물 노출이 비교적 잘되는 편	• 광고 관리자 페이지를 통한 광고 가능 • 쇼핑 태그 등 부가 기능 사용가능

따라서 인스타그램 마케팅을 시작하실 때, 당장 광고를 활용할 계획이 없으시다면 개인계정으로 시작해서 천천히 채널을 성장시켜 보시는 것이 더 합리적으로 보입니다. 그러나 이는 절대적인 부분은 아니니 각자의 비즈니스 상황에 맞게 유연하게 진행해 보시기를 추천 드립니다.

'픽셀' 기능을 활용하면 페이스북의 더 다양한 기능을 활용할 수 있습니다. 페이스북 픽셀은 진행하고 있는 웹페이지 내에 추적코드를 삽입하여 다양한 정보들을 분석하고 수집할 수 있는 기능입니다. 페이스북 광고를 통하여 클릭 등의 결과값이 발생한 경우 클릭값이 발생한 유저들의 패턴을 분석 후 '유사잠재고객' 기능을 활용하여 타겟을 확장할 수 있고 아래와 같이 맞춤 타겟을 지정하여 콘텐츠를 열람했거나 웹페이지내에 방문했던 유저 타겟의 리마케팅도 운영할 수 있습니다.

구분	전환 캠페인	성과 모니터링	리마케팅 모수
설명	클릭 등의 전환 데이터를 기준으로 광고 캠페인 최적화 가능	사이트 내 데이터 분석 및 성과측정 가능	맞춤타겟을 통한 리마케팅 캠페인 운영가능

페이스북 '픽셀'을 삽입하는 방법은 직접 스크립트를 설치하는 방법도 있으나 웹페이지 내에 스크립트가 서로 충돌이 될 우려가 있기 때문에 '구글 태그매니저'를 활용하여 삽입하는 것이 더 효율적입니다. 구글 태그매니저는 갈수록 더 사용범위가 넓어지고 있기 때문에 다른 단락에서 자세하게 다룰 수 있도록 하겠습니다.

✏ 확실한 것이 아니라면 승부를 걸지말라, 배너광고는 리마케팅부터! ✏

배너광고 (구글GDN, 카카오모먼트)

B2B 마케팅에서 배너광고는 가장 후순위로 진행해야할 영역입니다. 생필품이나 저가형제품들의 경우에도 단순한 배너광고만으로는 큰 효율을 기대하기가 어렵습니다. 이러한 구조임에도 불구하고 관여도가 크게 작용하고 구매결정까지의 기간이 긴 B2B 비즈니스에서 배너광고를 바로 진행한다는 것은 무모한 일입니다.

배너광고의 경우에는 SNS와 같이 웹페이지 방문자 리마케팅 형태로 운영하는 것이 가장 합리적입니다. 리마케팅은 처음에는 전체 방문자 대상으로 광고를 진행하지만 유저들의 패턴을 분석하여 더 다양하게 셋팅을 할 수 있어야 합니다. 리마케팅을 셋팅하는 경우에는 일반적으로 구글 마케팅 플랫폼 기반인 GDN을 가장 많이 사용하고 모바일 접근성을 넓히기 위해 카카오톡 비즈보드 영역에 대한 광고를 많이 집행합니다. 그 외에 특정분야에 정보만 취급하는 매거진이나, 뉴스, 그리고 커뮤니티의 특정 구좌 배너광고를 진행할 수 있지만 해당 미디어는 형식은 배너 광고이지만 특성은 'Vertical Media'에 더 가깝기 때문에 본 단락에서는 다루지 않도록 하겠습니다.

구글 GDN 리마케팅

네이버 검색광고와 더불어 실무에서 가장 많이 사용하는 마케팅 플랫폼은 구글 GDN(Google Display Networs)입니다. 또, 구글 애널리틱스와 연동을 해서 사용할 수 있기 때문에 실제로 알고 있는 것보다 더 다양한 기능들을 활용할 수 있습니다. 우선 기본적으로 리마케팅의 구조는 아래와 같습니다.

▲ 리마케팅의 작동구조

직접유입과 유료광고를 통해서 웹페이지에 방문한 고객들이 이탈을 하게 되면 브랜드 입장에서는 현실적으로 할 수 있는 다른 방안이 없습니다. 다행이 브랜딩이 잘되어 있어서 짧은 시간 내에 고객들에게 강한 인상을 줄 수 요소나 프로모션이 있다면 문제가 다르겠지만 그런 경우는 많지 않습니다. 이러한 상황에서 이탈한 고객들을 위해 브랜드가 할 수 있는 일은 또 다시 유료광고를 투자하여 고객들이 유입되는 것을 기다리는 것입니다.

그러나 리마케팅은 또 마케팅의 새로운 구조를 만들어줍니다. 직접 유입이든 유료광고를 통한 유입이든 서비스에 대한 니즈가 있어서 웹페이지에 방문했다면 이탈 이후에도 다시 해당 브랜드의 광고 배너를 발견했을 때, 제품을 구매할 확률이 더 높아질 것입니다. 이를 개선할 수 있는 구조가 리마케팅입니다. 리마케팅은 웹페이지에 방문했을 때 수집한 쿠키(Cookie)값을 활용하여 진행할 수 있습니다. 리마케팅을 진행할 때에는 퍼스트 파티(First Party)쿠키 수집을 통해서 진행됩니다. 따라서 조금 어려운 내용이기는 하지만 쿠키의 종류에 대한 설명을 짚고 넘어가도록 하겠습니다.

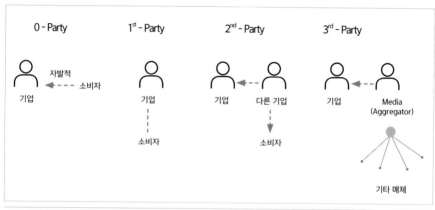

▲ 데이터 수집의 주체에 따른 분류

구분	설명
퍼스트 파티 (First Party) 쿠키란?	퍼스트 파티 쿠키는 유저가 방문한 웹사이트의 소유자가 직접 생성하는 쿠키입니다. 수집된 데이터는 웹사이트의 서비스 운영과 CRM 마케팅을 위해 사용됩니다. 일반적으로 브랜드 웹사이트에서 진행되는 리마케팅은 퍼스트 쿠키 파티를 통해서 진행되는 경우가 대부분입니다.
세컨드 파티 (Second Party) 쿠키란?	세컨드 파티 쿠키는 타 웹사이트에서 수집한 데이터를 구매하여 사용하는 경우입니다. 따라서 A사에서 수집한 고객 쿠키값의 데이터를 B사에서 사용했을 때 해당 데이터가 세컨드 파티가 되는 것입니다. 현재 다양한 애드테크 기업에서 세컨드 파티 데이터를 통한 마케팅 서비스를 제공하고 있습니다.
서드 파티 (Third Party) 쿠키란?	서드 파티 쿠키는 제 3자가 발행한 쿠키입니다. 특정 애드테크 기업 A사가 식품 브랜드 B사의 웹사이트에 스크립트를 통해 분석 했을 때, 식품 구매 목적으로 접속한 방문자는 웹사이트에서 다양한 행동 데이터를 남깁니다. 또, B사를 방문했던 고객이 다른 식품 브랜드 C, D사에 접속한다면, 서드 파티 쿠키를 통해 이 고객의 공통 관심사는 '식품'이라는 사실을 알 수 있습니다. 대표적으로 네트워크 배너(Network Display AD) 플랫폼들이 제휴되어 있는 다수의 웹페이지 쿠키값을 통해 특정 관심사에 대한 타겟팅을 제공하고 있습니다.

문제는 서드 파티(Third Party) 쿠키 부분입니다. 구글은 2023년부터 "크롬 브라우저의 서드 파티 쿠키의 사용을 제한한다"는 정책을 발표했습니다. 애플 또한 iOS 14.5 업데이트부터 앱 추적 정책을 변경했습니다. 따라서 앞으로는 서드 파티(Third Party) 쿠키를 활용한 마케팅이 점차 줄어들 것으로 보이지만 2022년도인 현재까지는 실무에서도 많이 사용하고 있습니다.

따라서 전 세계적으로 서드 파티(Third Party) 쿠키를 활용한 마케팅은 점차적으로 줄어들 예정이기 때문에 앞으로도 퍼스트 파티(First Party)의 중요성은 더욱 더 커질 전망으로 보입니다. 결국 마케팅을 위해 제3자에 의존하는 것보다는 독자적인 마케팅 프로세스를 구축하는데 주력해야 함을 다시 한 번 상기시키는 대목이라고 볼 수 있습니다.

서드 파티 쿠키 제한의 대안으로 하기의 방법들이 고려되고 있습니다.

1. **문맥 타겟팅**: 누구에게나 공개되어 있는 온라인상의 데이터(Public Data)에 노출되어 있는 텍스트나 문맥을 통한 마케팅 방법
2. **코호트 분석**: 우리는 태어난 시대나, 특정한 역사적 시기에 대학에 입학, 군 입대 시기 등 개인의 특정 행동패턴을 마케팅에 적용하는 방법
3. **어드레서블(Addressable Advertising)**: 특정 미디어를 시청하는 유저의 특성과 관심사에 따라 별도의 광고를 셋팅 하는 맞춤형 광고

니즈 별 리마케팅 캠페인 설계하기

쿠키 값에 대한 설명을 마쳤으니 이제는 본격적으로 리마케팅에 대해 설명 하도록 하겠습니다. 리마케팅을 처음 진행할 때에는 1차원적으로 전체 방문자에 대한 리마케팅을 진행하게 됩니다. 그러나 유입자가 더 많아지면서 더 높은 광고효율을 내기 위해서는 아래와 같이 리마케팅의 대상도 니즈별, 목적별로 분류해서 셋팅을 해야 합니다. 그러나 각 니즈별로 리마케팅 모수를 분류할 수 있는 충분한 데이터가 축적되기 전이라면 최대한 심플한 구조의 마케팅 캠페인을 진행하는 것이 좋습니다. 1단계는 가장 먼저 셋팅하는 것이 좋고 2단계와 3단계는 적용 순서로 나열한 것은 아니기 때문에 현재 상황에 따라 우선순위를 분석해서 적용하는 유연함이 필요합니다.

단계	리마케팅 구분	목적
1단계	전체 방문객 대상의 리마케팅	이탈 고객에 대한 재인지
2단계	체류시간 1분 이하	포괄적인 특장점에 대한 어필
	체류시간 1분 이상	디테일한 특장점에 대한 어필
3단계	특정 페이지 체류(상담문의 페이지)	상담문의에 대한 프로모션 공지
	특정 페이지 체류(특정 서비스 페이지)	체류했던 특정 페이지에 대한 특장점

위와 같이 리마케팅 캠페인의 효율을 높이기 위해서는 단순하게 전체 방문자에 대한 리마케팅을 진행하는 것이 아니라 유저들의 행동 패턴을 분석하여 각 니즈에 맞는 리마케팅 소재를 각각 셋팅해야 합니다. 결국 마케팅의 핵심은 타겟을 세분화해서 각 타겟의 니즈를 충족시킬 수 있는 마케팅 전략을 설계하는 것이라고 볼 수 있습니다.

이렇듯 리마케팅 캠페인을 구축하더라도 다양한 고객의 니즈를 파악하여 상상력을 더해야 합니다. 퍼포먼스 마케팅의 경우에는 결국에는 숫자 싸움입니다. 유입, 클릭, 메인 페이지 열람, 세부페이지 열람 등 각 단계별로 수치를 분석하여 전환율을 높이는 것이 핵심이라고 볼 수 있습니다.

아직은 B2B 영역에서는 많이 사용하지 않지만 꼭 소개해야할 광고가 있어서 짚고 넘어가겠습니다. 마케팅의 대상이 서비스가 아닌 제품을 판매하는 쇼핑몰의 경우에는 '구글애즈'와 '구글 머천다이즈센터'를 연동하여 특정 상품을 대상으로 동적 리마케팅을 운영할 수 있습니다. 셋팅의 난이도가 높아서 아직까지 B2C 쇼핑몰에서도 적용을 하기에 어려운 부분이 있지만 머지않아 곧 B2B 분야에서도 많이 적용되는 업체들이 있을 것으로 판단되어 간단한 개념정도는 설명하고 넘어갈 수 있도록 하겠습니다.

고객의 행동 기반으로,
각 개인별로 맞춤형 광고가 동적으로 생성됩니다.

▲ 동적 리마케팅의 구조 / [자료출처] 크리테오 웹페이지

위의 이미지와 같이 동적 리마케팅은 고객의 행동 패턴을 기반으로 운영이 됩니다. 웹페이지 내에서 특정 페이지나 제품을 열람 후 이탈하게 된다면 각 제품별로 삽입되어 있던 쿠키가 해당 로그를 수집하여 고객의 니즈에 맞는 상품을 노출하게 되는 것입니다. 따라서 제가 제안 드렸던 위의 단계별 설계 전략의 자동화 버전이 동적 리마케팅이라고 생각하시면 좋을 것 같습니다. 요즘은 대부분의 마케팅 플랫폼들이 자동화가 되어가는 것이 트렌드인 것 같습니다. 그러나 자동화에 대한 성과를 얻으려면 두 가지의 조건이 성립해야 합니다. 우선 인공지능은 빅데이터 기반으로 운영이 되기 때문에 수집되는 표본 데이터가 많을수록 유리하고, 정보의 수집기간이 길면 길수록 좋습니다. 그러나 저관여 제품의 쇼핑몰 유입자와 B2B 서비스 웹페이지의 유입자는 양적인 측면에서 매우 차이가 발생합니다. 따라서 이러한 맥락 때문에 동적 리마케팅을 바로 활용하는 것 보다는 우선은 매뉴얼 셋팅으로 다양한 캠페인을 운영해보는 것을 더 추천합니다.

카카오모먼트 비즈보드

　리마케팅의 경우에는 모바일 접근성을 높이기 위해 하기와 같이 카카오모먼트 비즈보드를 활용하기도 합니다. 카카오톡 이용자수가 많다보니 접근성이 꽤 높은 구좌이면서 리마케팅을 통해서 웹페이지에 방문했던 유저들에게만 광고를 노출하기 때문에 매우 매력적인 구좌입니다. 카카오톡 비즈보드 리마케팅을 활용하기 위해서는 웹페이지에 카카오톡 픽셀 스크립트를 설치하여 유저들의 쿠키값 수집이 필요합니다. 실제 실무에서는 구글 리마케팅만 활용하는 경우도 있지만 가장 이상적인 구조는 구글 리마케팅과 함께 카카오톡 비즈보드 리마케팅도 활용하는 것입니다.

▲ 카카오모먼트 비즈보드 영역 / [자료출처] 카카오모먼트

B2B 마케팅의 꽃 커뮤니티(네이버 카페) 마케팅

커뮤니티 마케팅은 B2B 마케팅의 꽃이라고 부를 수 있을 것 같습니다. 브랜드에서 특정 유저들이 모여 있는 그룹을 운영하는 것 자체가 로열티를 줄 수 있으면서 유저들에 의한 자발적인 홍보가 이루어지기 때문입니다. 더구나 네이버 카페의 경우에는 VIEW에 블로그와 같이 노출되기 때문에 유저들이 자발적으로 작성하는 콘텐츠들은 네이버에 SEO까지 가능하기 때문에 매우 매력적입니다. 어디 그 뿐일까요? 이메일 광고를 하기 위해서는 전수로 진행을 하거나 어떠한 형태로라도 CRM(Customer Relationship Management) 프로세스를 만들어야 하는데 네이버 카페는 그러한 구조 없이도 회원관리나 단체쪽지 및 이메일링을 아주 간편하게 할 수 있습니다.

이러한 장점 때문에 아직도 네이버 카페에서는 IT, 유통, 제조, 임상, 의료, 스타트업, 1인 창업, 소상공인 등 규모와 업종을 불문하고 다양한 분야의 카페가 존재하는 것 같습니다.

당근이의 AVR 갖구 놀기
당근이의 하드웨어(AVR) 관련 까페입니다.
주제 컴퓨터/통신 > 하드웨어 멤버수 203,688
랭킹 열매3단계　　　　　새글/전체글 19/272,793
카페프로필 >

자바/Java/C/C++ 개발자모임 [Code人/코드인]
반갑습니다. 이곳은 프로그래밍 개발자들의 모임입니다...
주제 컴퓨터/통신 > 프로그래밍언어 멤버수 71,065
랭킹 새싹4단계　　　　　새글/전체글 1/88,552
카페프로필 >

유니티 허브 (Unity Hub) - 개발자 커뮤니티
유니티 공식 개발자 커뮤니티입니다.
주제 게임 > 게임일반　　　멤버수 69,296
랭킹 가지5단계　　　　　새글/전체글 13/111,035
카페프로필 >

안드로이드개발 카페 [개발자 커뮤니티]
안드로이드개발 위한 개발자 및 사용자 커뮤니티입니다.
주제 컴퓨터/통신 > 프로그래밍언어 멤버수 64,105
랭킹 잎새4단계　　　　　새글/전체글 1/71,120
카페프로필 >

[아이티리치] IT로 연봉 1억별기-IT/코딩교육/IT자격증/IT창업
아이티리치/IT/코딩교육/IT자격증/IT창업/IT취업/IT스타...
주제 컴퓨터/통신 > 프로그래밍언어 멤버수 56,520
랭킹 새싹1단계　　　　　새글/전체글 0/7,843
카페프로필 >

인잇(inIT) - 디자이너, 개발자로 가장 빠르게 성장하기
IT/IT취업/IT창업/IT교육/디자이너/개발자/프리랜서/스타...
주제 교육 > 평생교육　　　멤버수 45,323
랭킹 가지2단계　　　　　새글/전체글 6/63,430
지역 서울특별시 > 강남구　카페프로필 >

▲ 개발자 관련 네이버 카페 커뮤니티

실제로 40~50대의 경우 일상생활과 관련된 정보공유 목적의 커뮤니티는 네이버 밴드로 이동을 했고 20~30대의 경우 단체 커뮤니티 활동보다는 더 개인적인 카카오톡 단체 채팅방이나 익명이 보장되는 블라인드 등의 커뮤니티를 사용하는 것이 일반적이지만 비즈니스분야에서 아직도 네이버 카페의 입지는 굳건합니다. 네이버 카페에 특정 산업과 관련된 키워드를 검색하기만 해도 다양한 카페들이 나옵니다. 대기업을 대상으로 하는 대형 비즈니스(Enterprise)급 비즈니스에서는 많이 활용하지 않지만 중소기업(Small Medium Business)의 비즈니스 규모에서는 네이버 카페와 같은 커뮤니티 마케팅의 경우에는 오히려 더 많은 활성화가 되어 있는 것 같습니다. 최근 2-3년 정도의 트렌드를 보게 되면 많은 기업들에서 대기업 대상의 비즈니스에서 새로운 영업의 기회를 개발하기보다는 중소기업과 스타트업, 혹은 더 나아가 1인 기업까지도 시장의 범위 확장하고 있는 추이를 보았을 때, 차후 적어도 몇 년 정도까지 카페 마케팅은 군건하게 자리를 지킬 것으로 보입니다.

네이버 카페 마케팅의 장점

1. 시스템 구축비용이 없다.

네이버에서 제공하는 카페 플랫폼은 별도의 비용없이 구축이 가능합니다. 게시판 기능은 물론 채팅기능 그리고 사진 및 동영상 업데이트 기능, 회원등급 관리기능, 이메일 및 쪽지 발송기능까지 웬만한 CRM에서 활용할 수 있는 대부분의 기능들을 활용할 수 있기 때문에 또 다른 의미의 CRM 플랫폼으로 보는 것도 적합하다고 봅니다.

2. 콘텐츠 자연검색노출 가능(SEO)

국내 마케팅 시장의 SEO(Search Engine Optimization)는 너무 네이버 위주로 편향되어 있고 네이버 중에서도 BLOG영역에 대해서만 집중을 하는 것 같습니다. 이미 오래전부터 B2C의 브랜드에서는 VIEW의 블로그 영역 외에도 카페탭에 대한 꾸준한 관리를 하고 있는데 B2B 비즈니스에서는 몇 년 전부터 네이버 VIEW탭 정도를 관리하는 정도에 정체되어 있는 것 같습니다. 경쟁이 치열한 블로그탭도 좋지만 네이버 카페 쪽으로 SEO를 한다면 새로운 마케팅 확장을 할 수 있고, 더 나아가 구글영역의 SEO도 관리를 해야 하지만 그 단계까지 진입하기에는 아직은 시간이 더 걸릴 것으로 판단됩니다. 구글 SEO까지는 아니더라도 카페 마케팅을 통해서 네이버 VIEW탭에 카페 콘텐츠들이 노출된다면 마케팅적으로 큰 효과를 누릴 수 있는 틈새 시장이 될 것이라 생각합니다. 검색엔진에 검색하는 모든 키워드는 그 나름의 '검색니즈'를 포함하고 있으니 특정 콘텐츠가 노출될 때 블로그로 노출이 되던 카페로 노출이 되던 효율은 다르지 않을 것이라고 생각합니다. 그런 의미에서 커뮤니티 마케팅은 앞으로도 확장 가능성이 큰 마케팅 채널이 될 것으로 보입니다.

▲ 네이버 카페 게시물의 SEO 예시

소멸되는 마케팅이 아니라 축적되는 마케팅의 끝판왕.

B2B 비즈니스의 다양한 활동들은 결국 '브랜드 키워드'로 유입되는 패턴을 보이고 있습니다. 이는 B2C 비즈니스도 마찬가지 패턴을 보이고 있습니다. 이러한 이유 때문에 웹페이지의 로그분석을 해보아도 '자사 키워드' 유입의 웹페이지 내 체류시간이 압도적으로 높은 추이를 보이고 있습니다. 그런데 문제는 이러한 소중한 유입(Organic Traffic)들이 체류 후 이탈을 하게 되면 브랜드 입장에서 대응할 방법이 없다는 것입니다. 회원가입을 했거나 뉴스레터를 구독했다면 이메일 마케팅이라도 하겠지만 그렇지도 않은 경우라면 현실적으로 쿠키 값을 활용한 리타겟팅(Re-Marketing)외에는 별도로 관리할 수 있는 방안이 없는 것이 현실입니다.

저는 백서나 비즈니스 소개서를 전달할 때에도 고객접점(Contact Point)에서 포지셔닝이 달라져야 한다고 생각합니다. 시장내의 모든 니즈들은 수요와 공급법칙에 적용을 받기 때문에 누구나 열람할 수 있는 정보는 희소성이 없게 됩니다. 그렇다고 또 너무 높은 허들을 두기에는 진입장벽이 높아 성과가 저조할 수 있기 때문에 부담스러운 것도 사실입니다. 이럴때에는 정보의 비대칭을 통하여 고객들에게 조금 더 높은 포지션에서 정보를 전달할 수 있습니다. 이를 활용할 수 있는 방안이 카페 마케팅이라고 생각합니다.

대한민국 사람이라면 특정 정보를 얻기 위해 카페를 가입했던 적이 한번쯤은 있지 않나요? 귀찮기는 하지만 그래도 웹페이지 회원가입에 비해서는 간단하기 때문에 한번쯤 수고를 감수할 수 있는 정도의 난이도가 딱 카페 정도의 난이도라고 생각합니다.

따라서 단순하게 누구에게나 배포하는 콘텐츠가 아닌, 꼭 보고싶은 콘텐츠로 포장해서 간단한 허들을 부여한 유저들에게 정보를 오픈하는 카페 마케팅은 앞으로도 확장 가능성이 충분합니다.

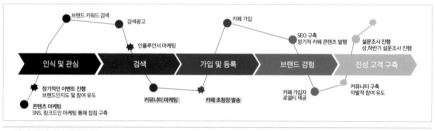

▲ 카페 마케팅의 진행흐름

카페 마케팅의 진행 흐름은 대략 위와 같은 흐름으로 볼 수 있습니다. 보통의 B2B 마케팅에서 유입 후 DB를 남기지 않고 이탈했을 때의 대응방향이 없는데 뉴스레터 구독이나 홈페이지 회원가입보다는 훨씬 더 간편한 카페 회원가입 절차를 통하여 고객들을 관리할 수 있는 또 다른 시스템을 구축할 수 있습니다. 커뮤니티 마케팅을 고려하고 있다면 네이버 카페 마케팅을 고민해볼 필요가 있습니다.

카페 회원가입이 잘 이루어지지 않는다면? 더 간단한 절차를 만들 필요가 있습니다. 카페가입을 유도하기 전에 1페이지에 전체적인 카페를 소개할 수 있는 마이크로 페이지를 제작하는 것입니다. 해당 랜딩페이지에서 간단한 이름, 전화번호, 가입 이유를 작성하게 되면 해당 연락처로 e-book이나 회원들의 성공 사례등을 담은 콘텐츠들을 주기적으로 발송하는 것입니다. 일각에서는 최종 목표까지의 도달과정을 늘리는 것이기 때문에 성과에 저해가 되지 않을까 우려하시는 분들도 있는데 실제로는 그렇지 않습니다. 마케터들이 생각하는 것보다 고객들은 빠르고 민첩하게 행동합니다. 해당 랜딩페이지에 남긴 유저들은 카페에 바로 가입하는 방법을 몰라서 가입한 것이 아닙니다. 다만 카페에 바로 가입하기 전에 망설여지는 고객들이기 때문에 이러한 간단한 절차가 없었더라면 바로 이탈했을 고객들이라고 볼 수 있습니다. 따라서 간단한 마이크로페이지를 통해서 콘텐츠 마케팅 진행을 하는 것은 최종 목표를 달성하는 데에 도움이 될 수 있는 방법입니다.

커뮤니티의 핵심은 활력! 카페에 생동감을 불어넣어라.

네이버 카페에 검색하다보면 다양한 카페들을 만나게 됩니다. 어떤 카페를 회원들은 많지만 활동이 거의 없거나 광고가 올라오는 카페가 있는 반면에 어떠한 카페들은 유저분들은 적은데 철저한 회원관리를 통해 활력이 넘치는 카페가 있습니다. 이는 콘텐츠의 비대층으로 해결할 수 있습니다. 정보의 가치는 희소성에서 찾을 수 있습니다. 누구나 열람할 수 있는 정보는 희소성이 떨어지기 때문에 정보로서 가치가 낮습니다. 따라서 회원 등급별 열람할 수 있는 게시판 등급을 나누는 것과 활동이 저조한 회원들의 등급을 관리하는 것은 매우 중요합니다. 카페 마케팅에 있어서는 양적인 성장도 중요하지만 구성원들이 자발적으로 생성하는 게시글이나 덧글과 더불어 MAU(Monthly Active Users)와 같은 지표들이 매우 중요하다고 볼 수 있습니다.

✏ 온라인을 통해 해외시장의 니즈를 알아보기 ✏

1. 해외 시장의 니즈를 파악하기 전에 아이템의 본질을 파악하자.

해외시장은 넓고도 넓습니다. 글로벌 타겟으로 서비스를 출시하는 '게임어플'과 같은 서비스가 아니라면 B2B 비즈니스를 글로벌 대상으로 광고를 한다는 것은 매우 무모한 일입니다. 아마 우리나라 속담에 비유한다면 '서울에서 김서방찾기' 보다도 더 무모한 일일 것이라고 생각됩니다. 다양한 B2B 비즈니스를 컨설팅하다보니 수많은 B2B 시장을 100% 이해하기란 거의 불가능에 가깝습니다. 그러나 이러한 사례들이 축적되다 보니 새로운 기술이나 서비스를 접하게 되더라도 나름의 노하우를 통해서 분석하게 되었습니다. 제가 새로운 아이템에 대한 해외 시장의 니즈를 파악하는데 활용하는 방법을 소개해드릴 수 있도록 하겠습니다.

본 글에서 소개할 내용은 실제로 '연료전지' 시장의 해외 타겟을 분석했던 사례를 기준으로 설명 드릴 수 있도록 하겠습니다.

우선 핵심 키워드가 무엇인지 분리를 하고 시장 내에서 어떠한 가치가 있는지 분석이 필요합니다. 아직 아이템을 분석하는 단계이기 때문에 'Value chain map'이나 '5-Force' 분석 등 난이도 있는 방법을 선택하지 마시고 누구나 알 수 있는 기본적인 정보와 키워드를 정리해 보시기 바랍니다. 핵심은 키워드입니다. 키워드만 있으면 글로벌상의 온라인에서의 수요를 파악할 수 있습니다.

화석연료 VS 수소연료 비교자료

- 수소 연료전지는 화석연료이 비해 에너지 효율이 40~60% 정도로 높게 측정(미국 에너지부)
- 연소 엔진으로 인한 소음을 낮추어 안정적인 환경 구축
- 유해 가스등의 독성 배출이 없어 환경 및 건강에 대한 사회적 비용을 낮추는데 기여

제품 별 정리자료

핵심 키워드(한글)	핵심 키워드(영문)	비고
연료전지	Fuel cell	지속적으로 연료와 산소의 공급을 받아서 화학반응을 통해 지속적으로 전기를 공급
공랭식 연료전지	Air Cooled Fuel Cell	• 소형 청소 차량, 전동카트 • 무인항공기(Unmanned Aerial Vehicle) • 자율이동로봇(Uutonomous Mobile Robot) • 이동형 전기차 충전기 전원장치
수냉식 연료전지	Water Cooled Fuel Cell	중대형 모빌리티, 특수목적용 건설기계, 비상발전, 발전용 연로전지, 선박용 연료전지

2. 구글 트렌드에 핵심 키워드를 검색해서 수요가 많은 지역을 체크하자.

1	중국	100
2	싱가포르	83
3	네덜란드	69
4	미국	67
5	대한민국	63

▲ 구글 트렌드 차트 'Fuel cell(연료전지)' 검색결과 – 2022. 09

　위와 같이 구글 트렌드 차트에 핵심 키워드인 'Fuel cell'이라고 검색을 하게 되면 수요가 많은 국가들을 알 수 있습니다. 해당 키워드로 검색량이 많은 국가이기 때문에 이를 기준으로 넓은 기준에서 주요 타겟 국가를 정해야 합니다. 중국의 수요가 가장 많은데 중국은 국가에서 실시하는 자국민 정보 검열 정책(금순공정,金盾工程)으로 인하여 구글과 페이스북 등의 글로벌 미디어 등으로 광고를 할 수 없으니 해외마케팅 대상에서 제외해야 합니다. 단 중국 본토가 아닌 홍콩, 마카오는 일부 타겟팅이 가능합니다.

　위의 자료를 보고 타겟팅을 진행할 때, 1차적으로 언어를 기준으로 타겟팅하는 것이 좋습니다. 따라서 영어권 국가인 미국, 영국, 호주, 뉴질랜드, 싱가포르, 인도를 1차 타겟으로 잡을 수 있습니다. 싱가포르는 AP(Asia-Pacific)라고 불리는 아시아 태평양의 비즈니스의 지사가 위치해 있기 때문에 글로벌 타겟팅에서 빠지지 않는 지역입니다. 추가로 인도의 경우에도 IT나 하이테크의 산업의 경우 수요가 많이 있습니다. 이유는 수학 등 기초과학에 대한 투자가 많은 국가이면서 낮은 임금, 그리고 인도 내에서는 영어 또한 국가 공용어의 지위를 인정받았기 때문에 신흥 공업국으로 매우 빠르게 성장하고 있는 국가입니다.

▲ 구글 트렌드차트 '자율이동로봇(Autonomous Mobile Robot)' 검색결과 – 2022. 09

실제로 인도의 경우 자율이동로봇(Autonomous Mobile Robot)에 대한 니즈를 파악해 보면 미국보다 더 많은 수요를 체크할 수 있습니다.

▲ 구글 트렌드차트 '무인항공기(Unmanned Aerial Vehicle)' 검색결과

그러나 주의해야할 것이 있습니다. 연관성이 없는 국가가 검색된다면 해당 키워드가 실제 구매자의 수요인지 체크를 해봐야 합니다. 보통 시의성 이슈로 검색량이 많아진 경우와 주식 혹은 투자 관련된 유입이 많아진 경우에는 유입이 늘어났더라도 해당 기술이나 서비스의 실구매자라고 보기는 어렵기 때문에 이를 필터링할 수 있어야

합니다. 위와 같이 아르메니아라는 국가가 감지되어 해당 이슈에 대해 조금 더 파악을 해보았더니 아래와 같이 '시의성 이슈'로 인한 검색이기 때문에 타겟 국가에서 제외를 하였습니다.

▲ 무인항공기(Unmanned Aerial Vehicle)가 아르메니아에서 검색되는 이유

무인항공기에서 아르메니아가 검색되는 이유는 실수요보다는 전쟁에 사용된 무인항공기로 인하여 국제사회의 이슈가 되었기 때문인 것으로 파악이 됩니다.

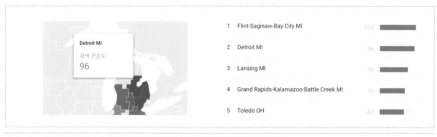

▲ Fuel cell(연료전지) 가장 많은 수요가 감지되고 있는 미시건주의 디트로이트

B2B 마케팅의 핵심은 타겟팅을 최대한 좁혀 나가는 것입니다. 미국 내에서도 니즈가 있는 구체적인 지역을 찾기 위해 검색해본 결과 아래와 같이 미시간주의 디트로이트 지역에서 많은 수요가 감지됨을 체크할 수 있었습니다. 따라서 광고를 진행하더라도 디트로이트 지역만 매우 좁게 타겟팅하는 것이 효과적일 것이라고 판단됩니다.

타겟 국가 및 & 타겟 언어

미국	영국	캐나다	호주	싱가포르	인도

따라서 본 글에서 소개한 방법을 통하여 위와 같은 국가의 국가를 기준으로 1순위 타겟팅을 진행하기로 했습니다. 미주 내 주요 타겟팅 지역은 자동차산업이 몰려 있는 디트로이트와 실리콘밸리로 결정했습니다. 위의 6개의 국가를 묶어서 진행하는 이유는 2가지입니다.

이유 1. 연료 전지에 대한 수요가 많이 감지되는 국가이다.
이유 2. 같은 언어를 공유해서 동일 소재로 테스트해볼 수 있는 국가이다.

위의 소개한 방법으로 시장분석을 진행해본다면 '연료전지' 시장에 대해 모르는 상황이더라도 핵심 키워드를 분석하여 어느 지역 내에서 수요가 많은지 국가단위, 주단위, 도시단위로 분석을 해볼 수 있고, 마케팅을 시작할 때에 가장 먼저 타겟팅을 해야 할 국가의 순위를 지정할 수 있습니다.

이후의 작업은 위의 분석결과를 기반으로 어떠한 미디어를 어떻게 활용할지를 기획하면 대략적인 기획이 완료가 됩니다.

구글애즈를 활용하여 해외마케팅 기초 구축하기

아무래도 해외 마케팅의 경우에는 국경이라는 물리적 장벽이 있기 때문에 해외 전시와 같이 오프라인 접점을 통한 마케팅이 성과가 높은 것 같습니다. 그러나 해외 전시를 참여하거나 국내에서 해외로 이메일 마케팅을 진행하더라도 온라인상에서 기본적인 마케팅이 서포트가 된다면 더 좋은 성과를 얻을 수 있을 것입니다. 오늘은 해외 마케팅 기초편이라 해외 진출을 고려하고 있는 대부분의 기업 담당자분들께 도움이 될 것 같습니다.

원하는 타겟 국가에 따라 접근할 수 있는 미디어가 달라집니다.

해외 광고를 준비하고 있다면 가장 먼저 타겟 국가를 정해야 합니다. 보통 타겟을 나눌 때 대륙단위로 구분합니다. 미주(북미, 중미, 남미), 아시아, 유럽, 아프리카 등으로 대략적인 타겟을 정하고 세부적인 국가를 정하는 것이 일반적입니다. 이 부분이 중요한 이유는 국가에 따라 사용하는 미디어가 다르고 또 일부 국가에서는 특정 미디어의 접근이 차단되어 있을 수 있기 때문입니다. 대표적으로 중국을 타겟으로 광고할 때에는 구글과 페이스북보다는 바이두, 웨이보, 웨이신과 같은 현지미디어를 사용하는 것이 더 효과적입니다. 이번 포스팅은 기초 과정에 대한 포스팅이기 때문에 해당 프로세스로 다양한 분야에 적용시킬 수 있을 것 같습니다. 본 포스팅은 구글 애즈를 통하여 IT분야의 비즈니스를 미국 타겟으로 설계할 때를 기준으로 포스팅을 하였으니 참고 해주시기 바랍니다.

특정 검색어의 패턴을 읽을 수 있는 구글 트렌드 차트를 활용하라!

우선 '브랜드 키워드'와 특정 '카테고리 키워드'를 알아야 합니다. 해외 전시에 참석했더라도 구글에 '자사 브랜드명'으로 검색 시 상단에 노출된다면 부스에서 어필 하지 못했던 세부내용들을 온라인을 통해서 어필할 수 있을 것입니다. 이러한 키워드의 흐름을 조회할 수 있는 것이 구글 트렌드 차트입니다. 예를 들어 백앤드 관련된 IT 솔루션 제품을 해외에 광고한다고 했을 때 영문으로 'backend development'라는 핵심 키워드를 검색해보는 것입니다.

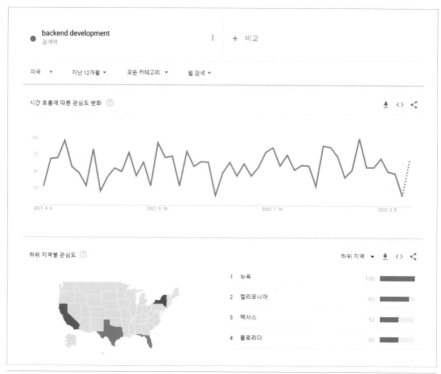

▲ 구글 트렌드차트 "backend development" 검색결과

　해당 카테고리 키워드는 위의 지도와 같이 뉴욕, 캘리포니아, 텍사스, 플로리다주에서 검색량이 가장 많음을 확인했습니다. 위의 방법을 활용하여 면적이 큰 미대륙 중에서도 '백앤드 개발'에 니즈가 많은 4개주를 선별할 수 있습니다.

　세부적으로 들여다보면 뉴욕은 다양한 산업들이 모두 몰려있고 플로리다와 텍사스는 해안가와 내륙에 위치한 산업단지 때문일 것입니다. 그리고 캘리포니아는 아시다시피 IT기업들이 밀집되어 있는 '실리콘밸리'가 있기 때문에 수요가 많은 것으로 예상됩니다.

　오늘은 위의 타겟 중 실리콘 밸리가 있는 캘리포니아에 집중해보려고 합니다.

실리콘밸리는 아래와 같이 형성되어 있습니다. 구글, 페이스북 등 다양한 IT기업과 첨단산업이 몰려있기 때문에 '백앤드' 개발의 니즈가 높을 수밖에 없습니다. 미국을 타겟으로 광고를 한다고 해도 미국 전 지역을 타겟으로 광고를 하는 것은 무모하기 때문에 위와 같이 지역을 좁혀서 광고 셋팅을 해나가야 합니다.

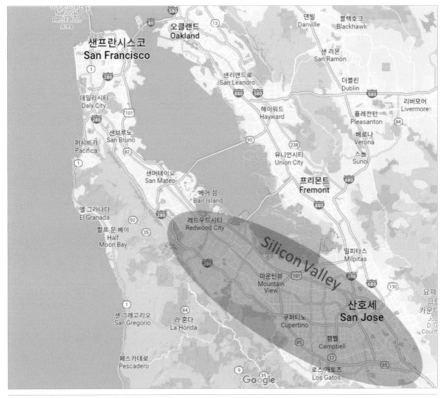

▲ 실리콘 벨리 위치 소개 / [자료출처] 구글지도

따라서 구글 트렌드 차트를 통해서 우리의 비즈니스의 수요가 많은 지역을 체크하여 해당 지역 내에서만 집중적으로 광고를 하는 것입니다. 해외 전시를 참석할 예정이라면 해당 지역과 기간 내에서 브랜드 키워드나 핵심 키워드만 한정적으로 광고를 해보는 것도 큰 도움이 됩니다.

실제로 위와 같이 캘리포니아 '산호세'를 도시로 지정해보면 도달 범위가 나옵니다만, 도달범위가 넓더라도 크게 걱정하지 않으셔도 됩니다. 왜냐하면 실제 노출이 될 때에는 위의 지역 내에서 특정 키워드를 검색한 소수에게만 노출되기 때문에, 자사 서비스나 제품에 대해 니즈가 있는 고객에게만 광고 노출이 되게 됩니다.

일치	도달범위 ⑦			
산호세, 캘리포니아, 미국 도시	4,640,000	타겟	제외	주변
산호세, 산호세, 코스타리카 도시	3,390,000			
산호세 델 카보, 바하칼리포르니아수르 주, 멕시코 도시	267,000			
산호세, 코스타리카 도	3,630,000			
산호세, 우루과이 부서	193,000			
산호세데오코아 주, 도미니카 공화국 도	21,000			
산호세, 미마로파 지방, 필리핀 도시	47,000			
포함할 위치: 산호세, 캘리포니아, 미국				
샌타클래라 군, 캘리포니아, 미국 군	12,600,000			
샌프란시스코 베이 에어리어, 캘리포니아, 미국 지역	22,200,000			
San Francisco-Oakland-San Jose CA, ... Nielsen® DMA® 수신지역	23,400,000			
캘리포니아, 미국 주	60,500,000			
미국 국가	310,000,000			

▲ 구글애즈 – 캘리포니아 "산호세" 선택 시 도달범위

구글에서 브랜드 검색 시 '자사의 콘텐츠'가 노출이 된다면?

해외 마케팅을 고려하신다면 저는 특정 지역 내에서 '브랜드 키워드' 검색 시 자사의 콘텐츠가 노출되는 것이 가장 중요하다고 봅니다.

어차피 B2B 비즈니스의 경우에는 불특정 다수를 대상으로 하는 메스미디어 형태의 광고가 아니기 때문에 원하는 고객들에게 원하는 정보만 알맞게 보여주는 것이 가장 중요하다고 봅니다. 그런 면에서 보았을 때에는 검색광고는 아주 좋은 마케팅 수단이 될 수 있습니다. 배너광고를 집행하지 않고 검색광고를 오픈하는 것은 배너광고는 미디어의 형태로 보면 '아웃바운드' 형태이기 때문에 정보를 어필하더라도 고객과 TOP(시간, 상황, 장소)가 맞아야 합니다. 그러나 검색광고의 경우에는 특정 키워드를 검색 했을 때, 해당 키워드에 대한 니즈를 이미 포함하고 있기 때문에 당연히 1순위 입니다. 따라서 처음에는 브랜드 키워드 검색 시 상단에 노출될 수 있는 '자사

키워드' 중심의 광고를 우선 셋팅하고, 어느 정도 안정화된 단계에서는 자사의 서비스를 포함하고 있는 핵심 카테고리 키워드(예를 들어 '백앤드개발')를 확장해 나가야 합니다. 위와 같이 셋팅을 하시면 특정 위치에서 특정 키워드를 검색해야 광고가 노출이 되는 조건으로 셋팅을 했기 때문에 니즈가 있는 일부 유저에게만 정보가 노출되고, 따라서 광고비용 또한 상당히 저렴합니다.

✒ B2B 앱(App)은 일반적인 앱 설치 광고로는 효과를 볼 수 없습니다. ✒

> **옷이 당신한테 어울리는지 고민하기 전에,**
> **당신이 그 옷에 어울리는 사람인지 먼저 고민하라.**
>
> – 칼 라거펠트(Karl Lagerfeld)

위의 명언은 앱과 B2B비즈니스의 관계를 잘 설명할 수 있는 명언인 것 같습니다. 일반적으로 B2B 마케팅에서 앱이 필요한 경우보다는 필요하지 않은 경우가 더 많습니다. 앱을 활용한 마케팅이 대세이기 때문에 앱을 활용하는 것이 아니라 어플을 활용한 마케팅이 우리 사업에 어울리는지 반드시 검토하고 넘어갈 필요가 있습니다. 따라서 앱 마케팅의 명확한 목적과 명분이 있을 때 앱을 활용해야 합니다.

제가 그 동안 다양한 사례를 보았을 때, B2B 비즈니스에서 앱을 마케팅에 활용하는 경우는 크게 2가지입니다. 가장 대표적인 경우는 비즈니스 모델 자체가 앱을 통한 플랫폼 형태로 운영되는 경우이고 두 번째의 경우는 연간 진행되는 대규모 세미나 혹은 컨퍼런스에서 앱을 통하여 행사 내용을 공지하고 추후 고객들에게 비즈니스 정보를 제공하려는 CRM 목적으로 활용하기도 합니다.

안드로이드 기반의 어플이나, IOS 기반의 어플 활용이 점차적으로 늘어가고 있다보니, 사업 분야를 막론하고 앱의 사용범위는 꾸준히 늘어나고 있습니다만, 앱의 경우에는 꼭 필요한 경우에만 적절하게 사용하는 것이 좋습니다. 본론으로 들어가기에 앞서 앱의 종류에 대해서도 간단하게 언급이 필요할 것 같아서 자료를 정리해보았습니다.

APP의 종류

구분	설명	비고
네이티브 앱 (Native App)	안드로이드, iOS를 각각 개발하는 방식 **장점)** 운영체제가 허용하는 모든 기능을 활용할 수 있어서 개발의 제약사항이 없음. **단점)** 각 운영체제 별로 따로 제작 후 출시를 해야 하기 때문에 제작 시간도 오래 걸리고 유지보수에도 많은 비용이 들어감.	복잡하고 정교하게 제작되어야 하는 어플에서 많이 활용되고 있음. **EX)** 내장형 어플 혹은 게임 어플
하이브리드 앱 (Hybrid App)	일부는 앱, 일부는 웹의 형식으로 구동되는 형태의 앱. 네이티브 앱의 큰 형태 안에서 웹 뷰(Web view)를 불러오는 방식으로 작동 **장점)** 웹 상의 업데이트가 자동 반영되고 앱의 용량이 비교적 가벼움. **단점)** 하이브리드 방식이더라도 네이티브 앱 개발의 지식이 일부 필요하고 앱의 성능은 네이티브보다 떨어짐.	쉬운 유지보수나 쉬운 업데이트가 필요한 서비스에서 많이 사용(내용이 자주 바뀌기 때문에 매번 업데이트하기가 어려운 플랫폼) **EX)** 쇼핑 앱(11번가, 쿠팡 등)
웹 앱 (Web App)	웹 표준 기술을 기반으로 개발하여 웹 서버(Web server)에 저장해 두고 웹 브라우저(Web browser)가 설치된 단말기에서 다운로드하여 실행되는 앱(App) **장점)** 개발과 유지보수가 간편하고 개발비용이 저렴. **단점)** 브라우저에서 공통으로 제공 가능한 범위 까지만 제작가능.	웹 표준 기술을 활용하여 웹 브라우저만 설치되어 있으면 특정 OS에 상관없이 작동(HTML5 기반) **EX)** 크롬에서 접근한 네이버나 인스타그램

위와 같이 앱은 크게 3가지 종류로 분류가 되는데 웹 앱 (Web App) 경우에는 별도로 설치하는 것이 아니라 브라우저로 접근했을 때에 작동되는 방식이기 때문에 구글 플레이스토어나 앱 스토어처럼 앱을 다운로드 받아 설치하는 형식이 아닙니다. 웹 앱 (Web App) 형식의 경우 가장 많이 사용되는 분야가 브라우저에서도 쉽게 실행 가능한 HTML5를 기반의 모바일 게임입니다.

B2B 분야에서는 정교한 기능이 포함되어야 하는 경우에 네이티브 앱을 사용하지만 특정의 기간 내에 진행되는 행사에서 사용할 예정이거나 고객들에게 정보제공용으로 사용하는 경우에는 하이브리드 앱의 형식을 가장 많이 사용하고 있습니다.

문제는 누구나 다운로드 받을 수 있는 앱이지만 누구나 B2B 서비스가 필요하지는 않다는 것입니다. 앱의 특징은 글로벌 마켓을 대상으로 판매를 할 수 있다는 것입니다. 그러다 보니 앱 마케팅은 불특정 다수에게 필요한 일반 고객 대상의 플랫폼이나 전 세계를 대상으로 판매를 할 수 있는 게임 등에서 많이 활용합니다. 불특정 다수가 사용하는 게임 등의 앱은 마케팅 전략이 명확합니다. 정해지지 않은 다수를 대상으로 정보를 노출하는 대중매체(Mass Media) 형식의 마케팅이 진행되기 때문에 노출만 많아도 앱 사용의 확률이 높아지게 되는 구조입니다. 따라서, 노출을 가장 최대화할 수 있는 마케팅이 활용됩니다.

이러한 이유 때문에 구글애즈의 앱 설치 광고의 구조를 보게 되면 별도로 특정 타겟팅을 지정하는 것이 아니라 인공지능이 소비자와 서비스의 연관성을 분석하여 자동으로 노출을 시켜주는 방식으로 구동이 되기 때문에 앱 설치 광고를 통해 유입이 늘어날 수는 있지만 실제로 회원가입이 발생하거나 상담 문의가 발생하는 등의 수치로 이어지지 않을 수도 있습니다.

B2B 서비스에서 앱 광고를 해야 하는 경우에는 브랜드에 대한 관여도가 높은 오가닉 트래픽(Organic Traffic)을 활용해야 합니다. 설치 수만 늘어나는 양적 성장은 전혀 필요하지 않습니다. 방문하는 유저들이 소수더라도 아래와 같이 재방문이 늘어날 수 있는 유저들을 꾸준히 모으는 것이 '앱 마케팅'의 핵심이라고 볼 수 있습니다.

- DAU (Daily Active User): 일간 활성 사용자 수
- WAU (Weekly Active User): 주간 활성 사용자 수
- MAU (Monthly Active User): 월간 활성 사용자 수

따라서 불필요한 유입은 모두 걸어내고 정말 앱이 필요한 사람들에게만 앱 설치를 독려할 수 있는 마케팅은 크게 2가지로 보실 수 있습니다.

CRM (Customer Relationship Management)을 통한 어플 설치 독려

결국 본질적으로 CRM 위주의 마케팅 캠페인이 정답입니다. 홈페이지 회원가입자 대상의 이메일 뉴스레터를 발송하거나 문자메시지로 어플 설치를 독려하는 등의 마케팅이 가장 효과적이라고 볼 수 있습니다. 그 외에 이번 글에서 언급한 구글 애즈 기반의 앱 설치 광고는 B2B 비즈니스에서는 큰 효과를 볼 수 없습니다. 따라서 현재 고

객DB가 없다면 무리하게 구글 앱 설치 광고를 진행하지 마시고 기본 마케팅의 구조를 구축하는 것에 집중하시기 바랍니다.

그 외에 페이스북, 인스타그램이나 카카오모먼트 등 다양한 미디어에서도 앱 설치 형태의 광고가 있습니다만 앞서 말씀드린 바와 같이 일반적인 타겟팅으로는 B2B 관련 유저들을 찾기도 어려울 뿐더러 앱스토어나 플레이스토어를 방문하여 어플 설치를 해야 하는 별도의 허들(hurdle)이 존재하기 때문에 바로 앱 설치를 권유한다고 하더라도 성과가 나지 않는다는 것을 기억해야 합니다.

오가닉(Organic Traffic) 유입을 통한 앱 설치 유도

결국에는 앱 설치 광고의 경우에도 본질에 집중을 해야 합니다. 홈페이지나 브랜드 블로그에 자사의 앱과 관련된 정보를 업데이트 하거나 앱이 필요한 상황을 구체적으로 언급하는 #씬(Scene) 전략을 활용한 콘텐츠들이 필요합니다. 또, 브랜드를 인지하고 있거나 브랜드의 기존 고객들에게 노출되는 브랜드 검색광고를 통해 해당 내용을 어필하거나 웹페이지 내에 관련정보를 기재해야 합니다.

막대한 예산이 할당되어 있는 경우가 아니라면 위의 방법 외에는 사실상 앱(App) 마케팅에서는 효과적인 방법이 없다고 봐도 무방합니다. 따라서 B2B 관련 앱 서비스를 출시한 기업에서는 디지털 마케팅을 통해서 양적인 노출을 진행하는 것 보다는 실제로 고객을 대면할 수 있는 세미나나 특정 전시의 부스운영에서 서비스를 홍보하기도 합니다. B2B 비즈니스 앱의 경우에는 유입만 늘릴 것이 아니라 본질에 더 다가갈 수 있는 콘텐츠 쪽으로 더 집중하는 것을 추천드립니다. 다양한 광고 플랫폼을 통한 단순한 앱 설치 광고로는 성과를 얻기가 매우 힘들다는 것을 다시 한 번 기억해 주시기 바랍니다.

온라인 보도자료(Press Release)를 요즘 트렌드에 맞게 활용하는 방법

> ### 누군가가 변화를 해줄 것이라고 기다리고,
> ### 혹은 때를 기다려서는 바뀔 수 없습니다.
>
> – 버락 오바마

보도자료를 통한 마케팅은 예나 지금이나 많이 활용되고 있습니다. 흔히 업계에서 4대 매체라고 일컫는 ATL(Above The Line)미디어가 강세이던 시기에는 TV, 라디오, 잡지와 더불어 신문광고의 파급력도 매우 컸지만 지금은 많은 부분의 마케팅이 온라인 영역으로 넘어오게 되었는데, 그럼에도 불구하고 온라인 보도자료는 아직도 신뢰도 있는 미디어로서 위치를 지키고 있습니다. 그러나 온라인 보도자료를 효과적으로 사용하려면 보도자료를 전통적인 미디어(Legacy Media)로 접근할 것이 아니라 현 트렌드에 맞는 관점에서 접근을 해야 합니다.

신문광고는 2가지로 분류가 됩니다. 첫 번째는 특정 **지면에 노출되는 광고의 형태**이고, 두 번째는 **애드버토리얼(Adbertorial)**의 형식의 기사형 광고입니다. 애드버토리얼(Advertorial)은 광고(Advertisement)와 논설(Editorial)의 합성어로, 논설식 광고로 불리어지고 있습니다. 요즘은 형식의 경계가 매우 모호하여 신문·잡지 등에 기사 형태로 실리는 PR광고부터 일반 대중에 관계있는 부분에서부터 어떤 기업의 주장이나 식견 등을 소개하는 등 범위가 매우 다양합니다.

전통적인 PR 에이전시에서는 기업의 보도자료(Press Release)를 관리할 수 있도록 평소 해당 업종과 관련된 전문성 있는 기자분들과 꾸준히 관계를 이어가고 있고, 기업의 소식이 정보로서 가치가 있을 때, 해당 정보를 언론사 미디어를 통해서 배포합니다. 대표적으로 이런 형식의 기사를 기획성 기사로 분류하고 있습니다. 그러나, 온라인 뉴스의 경우 아직까지는 신뢰도를 유지하고 있지만 소셜미디어나 유튜브 등의 다양한 미디어에 비해 파급력이 줄어든 것은 사실입니다. 따라서 기획기사의 형태보다는 정보의 소개 형태의 기사를 배포하기도 합니다.

이런 경우에는 굳이 전문 기자(journalist)를 통해서 기사를 배포하지 않고 언론사에서 제공하는 유료광고의 형태를 사용하기도 합니다. 최근 PR에이전시의 오랜 경험이 있는 마케터분과 이야기를 나누어 본 결과 기획형으로 다루어져야할 콘텐츠들은 정식으로 기자분들을 거쳐 배포(Release)가 되지만 그렇지 않은 경우에는 기획형 기사와 함께 미디어사에서 유료로 제공하는 보도자료 서비스를 혼합하여 사용하는 경우도 많이 있는 것 같습니다.

저는 보도자료도 SEO(Search Engine Optimization)의 관점에서 바라보아야 한다고 생각합니다. 그 이유는 보도자료를 접하게 되는 접점이 어떻게 되느냐를 기준으로 판단해야 한다고 생각합니다. 요즘은 예전과 같이 특정 미디어의 파급력만으로 보도자료를 접하는 시대가 아닙니다. 보도자료를 온라인에서 소비하는 경우가 대부분이고 포털 뉴스 지면에서 상위에 노출되는 경우를 제외하고는 보통 검색노출을 통해서 노출이 됩니다. 따라서 보도자료를 작성할 때에 다양한 검색유입의 상황을 고려하여 제목과 본문에는 브랜드명과 함께 서비스명, 그리고 노출되었으면 하는 다양한 키워드들을 넣어야 한다고 생각합니다.

따라서, 보도자료 그 자체로써 독자적인 활동을 하기보다는 특정 키워드 검색 시 광고영역과, VIEW영역, 그리고 뉴스영역에 노출되는 SEO의 한 영역으로 관리하는 것이 좋습니다. 이는 오래전부터 B2C 영역에서는 많이 활용되었던 방법입니다만, B2B 분야에서는 아직도 브랜드명으로 노출되는 보도자료만 관리를 하고 있는 것 같습니다. 따라서 온라인 보도자료도 블로그 마케팅과 같이 특정 키워드의 미디어 노출 점유율(Share of Voice)을 기준으로 관리하는 방안도 고려해보시면 좋을 것 같아서 소개합니다.

✏ 새롭게 뜨고 있는 웨비나(Webinar)부터 하이브리드 이벤트까지 ✏

코로나가 끝나도 비대면 서비스에 대한 니즈는 꾸준할 것이다.

웨비나(Webinar)에 대한 니즈는 갑작스럽게 생겨났습니다. 코로나 방역지침으로 인하여 오프라인 행사인원의 규제가 생기자 오프라인 행사를 진행할 수 없는 상황에 있는 기업들은 비대면 세미나인 '웨비나'로 관심을 돌렸습니다. 따라서 웨비나에 대한 수요는 코로나의 방역지침에 따라 변동이 있었고 앞으로의 상황을 예측할 수 없던 상황이다 보니 많은 기업에서는 온/오프라인 행사를 병행하는 하이브리드 형태의 행사도 많이 진행했습니다. 설명 그대로 오프라인에서는 가능한 최소 인원으로 진행하고 이를 온라인에서 생중계하는 방식입니다. 그리고 상황에 따라 미리 세션 영상을 녹화해서 재생하는 경우도 있었는데, 미리 영상을 녹화했을 때의 장점이라면 미리 준비한 영상을 재생하기 때문에 발표 세션(session)을 안정적으로 운영할 수 있습니다.

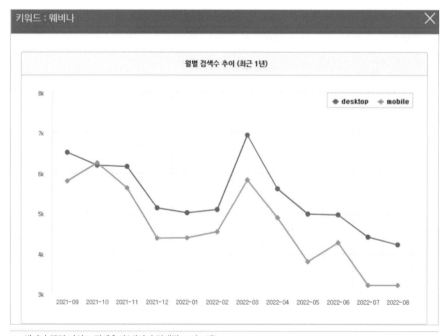

▲ 웨비나 관련 키워드 검색추이(네이버 검색광고 시스템)

웨비나는 오프라인 행사를 온라인에서 구현했을 뿐, 구조는 동일합니다.

웨비나는 오프라인에서 진행되는 세미나나 컨퍼런스를 온라인상으로 옮겨왔을 뿐, 기존의 구조를 동일하게 구현하기 위해서 다양한 노력을 해왔습니다. 참여를 높이기 위한 '럭키 드로우(Lucky Draw)'나 기프트 발송, 그리고 기업 세미나에서 볼 수 있는 다양한 파트너 전시부스의 경우에도 온라인에서 구현을 하였고, 또 세션 진행중에 실시간으로 질문을 주고 받을 수 있는 기능들도 활용하여 최대한 행사의 생동감을 높일 수 있도록 하였습니다. 현실적으로 오프라인의 느낌을 그대로 구현할 수는 없었지만 국내 비즈니스 상황 상 비대면 행사에 대한 경험이 없었음에도 불구하고 빠른 비대면 비즈니스 환경을 구축했습니다.

▲ 가상으로 구현한 오프라인 공간 / [자료출처] Seoul Tourism Organization

웨비나는 오프라인에서 진행되던 행사가 온라인으로 바뀌었을 뿐, 그 본질과 구조는 바뀌지 않았기 때문에 구조 또한 예전의 오프라인과 같은 형식을 유지하고 있습니다.

웨비나의 종류

구분	설명
자사에서 주최하는 웨비나	대부분의 회사에서 많이 진행하고 있는 세미나 형식입니다. 특정 제품이나 서비스의 본사에서 자사고객(end user) 및 파트너(협력업체)를 대상으로 진행하는 세미나로 1년에 1번 정도 연간 행사로 진행되었던 오프라인 세미나를 온라인에서 구현했습니다. 구조는 오프라인 세미나와 동일하지만 구현되는 장소를 온라인으로 옮겼기 때문에 온라인 전시부스 등 다양한 콘텐츠를 담았습니다.
파트너사에서 진행하는 웨비나	파트너사라고 하면 제조사 입장에서는 총판(distributor) 및 유통사(reseller)를 대상으로 진행하는 웨비나입니다. 따라서 비즈니스 파트너와 파트너십을 강화하고 최신 트렌드를 전달하는 목적으로 진행합니다.
특정 분야의 협회에서 주최하는 웨비나	특정 분야의 협회(association)나 학회(academy) 등에서 진행하는 세미나로 세분화 되어 있는 업계 기술이나 트렌드와 관련된 가장 빠른 정보를 습득할 수 있기 때문에 관련된 기업에서 많이 참석하고 있습니다. 보통 세미나의 한 발표 세션(session)에 참석을 하거나 온라인 부스를 운영하는 경우가 많습니다.
온디멘드 웨비나 (On-Demand)	고객사에 직접 찾아가는 형태로 진행하던 오프라인 온사이트 세미나의 수요를 반영한 웨비나 형식으로 온라인상에서 미리 참가신청을 받아 수요를 예측하여 주기적으로 진행하는 웨비나의 형태입니다. 비교적 다른 웨비나에 비해 준비시간이나 일정 등을 유연하게 대처할 수 있기 때문에 코로나 방역지침으로 인하여 행사 진행이 불투명하던 시기에 다양한 온디멘드 세미나가 진행되었습니다.

웨비나를 진행하는 방법은 여러 가지가 있습니다만, 보통 실무에서는 3가지 방법을 많이 사용합니다. 각각 장점과 단점이 존재하기 때문에 현재의 상황에 맞게 유연하게 사용해보시는 것을 추천 드립니다.

1. 자체제작

주최사에서 웨비나 자체 웹페이지를 제작하는 방법입니다. 웹과 관리자 페이지 등을 자유롭게 제작할 수 있는 전문 웹디자이너와 프로그래머가 있는 경우에 해당하고, 그렇지 않은 경우에는 전문적인 대행사(Agency)와 업무를 진행하는 경우에 해당 방식으로 진행합니다. 이러한 이유 때문에 대부분 꽤 규모가 있는 대기업이나 글로벌 기업에서 진행하는 행사에서 자체 제작의 형태로 진행하고 있습니다. 꽤 오랜 기간 브랜딩을 해온 기업들의 경우에는 디테일한 디자인의 구현이나 기능들까지도 세세하게 관리하기 때문에 한정적인 플랫폼에서 제공되는 기능으로는 그 수요를 충족할 수 없기 때문입니다. 단발성으로 사용하는 웨비나 혹은 웹페이지에 많은 비용을 투자하는 것에 대해 이해가 되지 않으시는 분들도 있을 수 있으나, 이미 오프라인 세미나 혹은 전시 참여에도 1-2일의 행사를 하기 위해 많은 비용들을 투자하고 있었던 상황이기 때문에 온라인이라고 해도 달라질 것이 없는 것입니다.

2. 웨비나 전문 플랫폼이나 커뮤니티 활용

코로나 팬데믹 이후로 '웨비나'가 유행하면서 특정 커뮤니티 내에서도 웨비나를 진행할 수 있는 서비스들을 제공하고 있습니다. 이번에 소개하려는 미디어는 토크IT라는 플랫폼입니다. 해당 플랫폼에서는 웨비나 진행은 물론 웨비나를 진행할 때 가장 어려운 부분인 모객까지 함께 진행할 수 있어서 IT 분야의 다양한 마케터 분들이 활용하고 있습니다. 보통의 경우에는 미디어에서는 모객을 위한 유료광고만 제공하고 세미나는 주최사에서 별도로 구성해야 하는 경우가 많은데 해당 커뮤니티에서는 모객부터 실행까지 한 번에 진행할 수 있기 때문에 가성비 면에서 활용도가 높습니다.

3. 플랫폼을 활용한 웨비나 구현 (웹엑스 웨비나)

웨비나의 경우 코로나 이전에는 국내의 수요가 많지 않았습니다. 그러나 코로나 이후로 급부상하게 되었는데요.

코로나 이후에 국내에서도 다양한 웨비나 플랫폼들이 생겨나기 시작했지만 플랫폼의 시초에 대해 알 필요가 있습니다. 전통적으로 화상회의나 웨비나 문화는 국토 면적이 매우 높은 미국에서 시작하게 되었기 때문에 미국에 있는 IT 기업들이 가장 기술력이 높다고 할 수 있습니다. 또한 미국 실리콘벨리는 IT와 같은 신기술이나 플랫폼이 가장 빠르게 변화하는 곳이기 때문에 글로벌 트렌드에 민감하게 반응합니다. 따라서 국내의 스타트업이나 새로운 플랫폼들은 글로벌에서 유행하고 있는 플랫폼을 모티브로 시작하는 경우도 많이 있습니다.

동종 플랫폼의 글로벌 vs 국내 비교자료

구분	글로벌	한국
검색엔진	구글(https://www.google.co.kr/) 1998년 창업	네이버(www.naver.com) 1999년 창업
이커머스	아마존닷컴(https://www.amazon.com) 1995년 온라인 서점으로 창업	쿠팡(www.coupang.com) 2010년 창업
프리렌서 마켓	Fiverr(https://www.fiverr.com/) 2010년 창업	크몽(https://kmong.com/) 2012년 창업
강의 플랫폼 (LMS)	Udemy(https://www.udemy.com/) 2010년 창업	클래스101(https://class101.net/) 2015년 창업

위의 자료만 보더라도 국내의 플랫폼이나 솔루션들은 이미 글로벌에서 성공한 비즈니스 모델이 한국화되어 안착하는 경우가 많습니다. 현재 다양한 웨비나와 관련된 다양한 플랫폼들이 생겨나고 있지만 저는 화상 회의 솔루션 분야에서 가장 오래된 기술력과 안정성을 지니고 있는 회사는 미국에 본사를 두고 있는 시스코(Cisco)사 라고 생각합니다.

시스코는 전 세계 인터넷 기술 발전을 선도하는 기업으로 1984년 스탠포드 대학교의 컴퓨터 공학 연구원이었던 렌 보삭(Len Bosack)과 샌디 러너(Sandy Lerner) 부부에 의해 미국 샌프란시스코에 설립된 IT회사입니다. 시스코는 일명 'Networking Giant'라 불리며 네트워크 및 통신 분야의 탄탄한 기술력과 노하우를 바탕으로 협업 솔루션 웹엑스(Webex)도 함께 제공하고 있는데요.

최근 코로나 팬데믹 이후 전 세계적으로 증가하고 있는 온라인 이벤트(웨비나)와 앞으로 새로운 트렌드가 될 하이브리드 이벤트를 웹엑스 플랫폼에서 지원하기 위해 소시오 랩스(Socio Labs)라는 회사를 2021년에 인수하여 대대적인 비즈니스 확장을 진행하고 있습니다. 따라서 저는 화상회의나 웨비나 플랫폼의 기술력과 안정성면에서 시스코사의 웹엑스(Webex)가 기술적으로 선두에 있다고 생각합니다.

특히, 코로나 팬데믹 시기에는 비대면 웨비나가 화두였지만 코로나가 끝나도 비대면 비즈니스에 대한 수요는 꾸준히 이어질 것으로 보입니다. 이러한 이유 때문에 이벤트 업계에서는 오프라인과 온라인의 유저들을 모두 수용할 수 있는 하이브리드 이벤트가 가장 큰 화두인데, 이벤트 매니지먼트 플랫폼인 웹엑스 이벤트(구 소시오)를 Webex와 결합하여 완벽한 하이브리드 이벤트를 진행할 수 있도록 환경을 구성하였습니다.

실제로 지난 Cisco WebexOne 2021년 행사는 하이브리드 이벤트 솔루션인 '웹엑스 이벤트'로 진행을 했었는데 해당 행사는 'EX AWARDS'의 'Best B2B Conference' 분야에서 위너로 선정되기도 하였습니다. 업계에서는 코로나 펜데믹의 긴급 상황에서 하이브리드 이벤트를 빠르게 안착시켰던 이유 중 한 가지를 '웹엑스 이벤트' 솔루션의 안정성과 편의성으로 분석하기도 합니다.

▲ Ex Awards Winners "Best B-TO-B Conference or Event"

따라서 이번 단락에서는 중소기업에서 편리하게 사용할 수 있는 웹엑스 웨비나와 대형 행사를 온/오프라인 병행하여 운영할 수 있는 웹엑스 이벤트에 대한 자료들을 준비해 보았습니다.

웹엑스 웨비나의 경우에는 중소기업에서도 매우 효율적으로 사용할 수 있는 솔루션 입니다만, 웹엑스 이벤트의 경우에는 대규모 이벤트를 진행할 때 유용하게 사용하기 때문에 현실적으로 중소기업에서 사용할 일은 드물 것 같습니다.

그럼에도 불구하고 웨비나와 하이브리드 이벤트는 앞으로도 꾸준한 수요가 있을 것으로 예측되는 분야이기 때문에 이벤트 분야의 가장 선진화된 솔루션을 인지하는 것 만으로도 B2B 마케팅의 큰 흐름을 이해하는데 도움이 되시리라 생각됩니다.

웹엑스 웨비나(Webex Webinars)

웨비나는 생각보다 공수가 많이 들어가는 작업입니다. 간단한 화상미팅의 경우에는 링크 배포 이후의 화상미팅 진행 후 세부적인 피드백을 주고받게 되는데, 웨비나의 경우는 총 3단계의 업무가 효율적으로 진행이 되어야 합니다.

1. 행사 전 업무사항

행사 전에는 행사를 알릴 수 있는 등록 페이지 구성과 함께 홍보가 필요합니다. 또, 행사 일정이나 내용이 일부 변경되는 경우가 있으면 이를 주기적으로 업데이트를 해줘야 하며, 등록 현황을 체크하여 더 많은 참석이 진행될 수 있도록 실시간 대응을 해야 합니다.

웹엑스 웨비나는 웨비나 사전 세팅 시 등록관련 다양한 옵션을 제공합니다. 등록 과정이 필요없이 웨비나 링크를 생성할 수도 있고 원하는 문항을 커스터마이즈해 등록폼을 생성할 수도 있습니다. 또한 고객이 등록 시 자동으로 등록 완료 처리할 것인지, 등록 후 웨비나 호스트의 승인 후 등록 완료를 처리할 것인지 등 기획하는 행사의 성격과 타겟군에 따라 다양하게 설정할 수 있습니다.

* 제공기능
- 웨비나 세팅(웨비나 세부 세팅 및 웨비나 패널(토론자) 지정 및 웨비나 운영할 공동 호스트 지정)
- 등록 페이지 편집
- 등록자 대상 리마인더 메일 생성 및 자동 발송 예약
- 웨비나 패널(토론자) 지정 및 웨비나 운영할 공동 호스트 지정
- 사전 리허설(실습 세션)
- 발표자료 사전 공유 기능

2. 행사 진행 중 업무사항

행사 중 가장 중요한 것은 안정성입니다. 영상이 송출되는 비주얼이 안정적으로 참석자분들에게 전달이 되어야 합니다. 또, 정보를 효과적으로 전달할 수 있도록 발표 중 화이트보드나 영상 등의 콘텐츠 활용이 필요하기도 하고, 라이브 채팅 및 참석자와의 Q&A도 실시간으로 운영이 되어야 합니다.

* 제공기능
라이브 채팅 및 Q&A(웹엑스 웨비나 자체 기능 및 웹엑스 내 Slido 활용 가능)
- 발표자 및 발표자료 레이아웃 조정 및 참석자 뷰 동기화
- 배경 소음 제거 기능 및 내 목소리 최적화 기능으로 패널의 안정적인 발표 음성 제공
- 세부 세션(분임 토의)

3. 행사 종료 후 업무사항

오프라인 이벤트의 가장 큰 단점은 고객 행동의 데이터화에 한계가 있다는 부분이었습니다. 그러나 웹엑스 솔루션에서는 어떤 유저들이 등록을 했고, 등록자 중 얼마의 유저들이 참석을 했는지, 그리고 얼마동안 참석을 했는지 등의 데이터들을 체크할 수 있는 레포트를 제공합니다.

따라서 참석자 정보와 데이터를 기준으로 CRM(고객 관계 관리)을 진행할 수 있다는 것도 솔루션 활용의 장점이 될 수 있습니다.

* 제공기능
- 웨비나 종료 후 추가 자료 및 오퍼링 제공

또, 웹엑스 솔루션을 활용한다면 이벤트가 끝난 이후 이벤트 녹화 링크를 참석자들에게 전송할 수 있기 때문에 위에서 행사 후 피드백은 물론 위에서 언급한 3단계의 업무를 모두 한 번에 진행할 수 있어 시간적으로도 경제적으로도 매우 효율적입니다.

기타 그 외에도 웹엑스 웨비나(Webex Webinars)에는 다양한 기능들이 있는데요.
실무에서 효율적으로 사용할 수 있는 기능들에 대해서 추가로 설명해 보도록 하겠습니다.

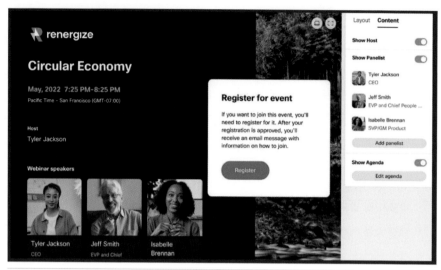

▲ Webex webinar 사용화면

4. 등록 및 랜딩 페이지 맞춤 설정

웨비나를 위한 랜딩 페이지를 비즈니스의 상황에 맞게 만들 수 있습니다. 세부 옵션으로 로고, 배경, 색상 테마 등을 브랜드에 맞게 선택할 수 있고 사진과 약력을 추가하여 이벤트 발표자를 하이라이트할 수도 있습니다.

* **제공기능**

- 토론자 리허설(실습 세션)중 참석자 대기 화면 및 음악 설정

▲ Webex webinar 사용화면

5. 발표 중 실감나는 효과구현

플랫폼에서 제공하는 다양한 기능들을 활용하여 몰입감 있는 프레젠테이션을 진행할 수 있습니다.

▲ Webex webinar 사용화면

또, PPT 슬라이드 등의 다양한 콘텐츠 공유 도중에도, 화면 내 발표자의 노출위치 혹은 노출되는 콘텐츠의 영역의 크기나 위치 등을 변경할 수 있기 때문에, 훨씬 더 다채로운 시각적인 효과를 줄 수 있고, 참여자 응답, 실시간 투표 등의 부가기능을 통해 청중과 쌍방향 소통을 진행할 수 있습니다.

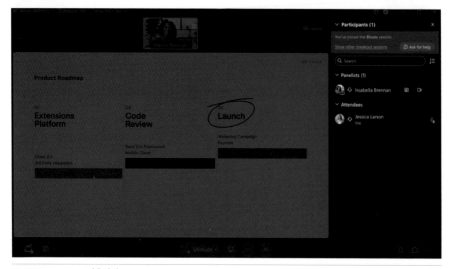

▲ Webex webinar 사용화면

6. 소규모 그룹 토론 열기

정규 발표 세션에서 부족한 부분은 위와 같이 소규모 세션을 운영하여 내용을 보강할 수도 있습니다. 이는, 오프라인 세미나 이후에 그룹별로 진행이 되었던 비즈니스 미팅을 보완하는 역할이기도 합니다.

기타 세부적으로 '라이브채팅'이나 '단일인증(SSO, Single Sign-On)'을 통한 보안 등의 추가적인 장점도 있으나 눈에 띄는 핵심 기능들에 대해서만 위와 같이 간략하게 요약해 보았습니다.

웹엑스 이벤트(Webex Events)

웹엑스 웨비나가 중소기업 규모의 행사에서 사용할 수 있는 솔루션이라면 '웹엑스 이벤트'는 대규모 이벤트를 효과적으로 운영할 수 있는 확장판 개념으로 보시면 될 것 같습니다. 따라서, 큰 맥락에서는 비슷하지만 디테일하게 보게 되면 더 정교한 기능들을 선보이고 있는데요.

▲ Webex Event 사용화면

등록페이지를 제작할 때에도 조금 더 고급스러운 레이아웃을 제공하고 특별 프로모션 또는 액세스 코드 기능도 활용할 수 있기 때문에 전문화된 이벤트에 더 최적화되어 있습니다. 또, 최근에는 유료강의나 혹은 유료로 진행되는 웨비나들도 점차적으로 늘어나고 있는 추이이기 때문에 해당 기능은 앞으로도 활용범위가 더욱 더 넓어질 것으로 예상됩니다.

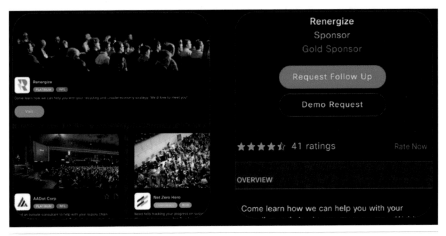

▲ Webex Event 사용화면

또, 대형 이벤트에 걸맞게 다양한 스폰서 업체가 있을 경우 배너 광고 및 프로필 및 푸시 알림으로 스폰서가 앱에서 노출되는 빈도를 높일 수 있습니다. 특히 푸시 기능은 앱(App)에서만 활용할 수 있는 기능이라 활용도가 매우 높은 전달 방법입니다.

아래의 이미지와 같이 오프라인에서 진행되고 있는 이벤트를 온라인으로 생중계하고, 또 온라인의 참석자들이 오프라인으로 다양한 질문할 수 있는 하이브리드 형태의 이벤트를 구현할 수 있는 솔루션이 '웹엑스 이벤트'라고 보시면 될 것 같습니다. 코로나 이후에도 하이브리드 이벤트에 대한 수요는 꾸준할 것으로 예측되는 상황이라 이러한 웨비나 전문 플랫폼의 흐름에 대해서 파악하고 있다면 다양한 상황에 유연하게 대응하실 수 있을 것이라 생각합니다.

▲ 하이브리드 이벤트 진행예시

마지막으로 웹엑스 웨비나(Webex Webinars)를 실무에 적용했을 때, 기대되는 효과들을 각 상황에 따라 정리해 보았으니 참고해주시기 바랍니다. 저는 앞으로 늘어나고 있는 하이브리드 이벤트에 대한 수요를 웹엑스 웨비나(Webex Webinars)를 통해 준비해보는 것도 매우 합리적인 선택이라고 생각됩니다.

사용자	기대효과
인하우스 마케터 (In House Marketer)	인하우스 B2B 마케터는 보통 CRM부터, 뉴스레터, 유료광고 관리, 소셜미디어 관리, 전시 및 세미나 등 혼자서 여러 가지의 업무를 병행하고 있는 경우가 많습니다. 따라서, 해당 솔루션을 사용한다면 웨비나 진행 시 초청부터 진행, 그리고 종료 후 사후 피드백까지 플랫폼을 통하여 원라인(ONE-LINE)으로 진행이 가능하기 때문에 매우 효율적으로 업무를 수행할 수 있습니다. 특히, 행사 전 초청장부터, 리마인드 메일, 그리고 행사 후 감사 이메일 등 웨비나를 진행해보면 생각보다 단계별로 진행해야할 업무가 많은데, 그러한 다양한 업무들을 플랫폼 내에서 간단하게 해결할 수 있으며, 또 행사 이후에 수집하게 되는 설문정보도 플랫폼 내에서 관리할 수 있기 때문에 개인정보 관리에 대한 규제가 갈수록 강화되고 있는 지금 같은 시기에는 고객DB 수집을 위한 외부 페이지를 별도로 개설하는 것보다 훨씬 더 안정적입니다.
B2B 영업담당자	많은 중소기업(SMB)의 B2B 영업담당자들은 영업은 물론 일부 마케팅의 업무도 병행하고 있는 경우가 많습니다. 고객들과 소통을 위해 주기적으로 웨비나를 진행하고 싶어도 마케팅 및 기술지원 인력이 부족하여 진행하지 못했던 사례도 많이 있는데, 해당 플랫폼을 활용한다면 혼자서도 간단한 형태의 웨비나를 편리하게 진행할 수 있습니다.
에이전시 이벤트 담당자	코로나로 인하여 하이브리드 형태의 세미나들이 확산되면서 이벤트에이전시 업계에서는 비즈니스 수익률이 큰 이슈가 되고 있습니다. 기존에는 오프라인 세미나만 진행을 했지만 이제는 웨비나까지 병행해야 하는 상황이 생긴 것인데요. 업무가 2배로 늘어났다고 해서 현실적으로 비용을 2배로 더 청구할 수도 없는 상황이기 때문에, 업무에 투입되는 공수대비 수익이 좋지 않아 고민하는 경우가 많습니다. 따라서 전문 에이전시의 경우에도 플랫폼을 통하여 웨비나를 진행한다면 기존에는 전수작업으로 진행되던 많은 과정들이 상당히 간소화 되기 때문에 하이브리드 이벤트를 더 효율적으로 운영할 수 있습니다.

/ 새로운 고객경험을 만들 수 있는 '메타버스 마케팅' /

이번 글에서는 웨비나와 하이브리드 이벤트를 넘어 '메타버스'를 통한 마케팅에 대해 소개해볼까 합니다. 전시나 세미나를 진행하는 것은 결국 고객경험을 만들어 주기 위한 도구라고 생각합니다. 현재 급부상하고 있는 '메타버스 마케팅'은 2022년 지금, 이미 전 세계적으로 빠르게 확산되고 있으며, 앞으로의 마케팅에서 '메타버스' 가 차지하는 비중은 갈수록 높아질 것으로 전망하고 있습니다. 또, 아직은 생소하지만 이미 글로벌에서는 메타버스 마케팅의 범위가 넓어지고 있습니다.

> "이미 전세계적으로 기업용 메타버스 마케팅 사례가 하루에
> 200건 이상씩 증가하고 있습니다."

전 세계적으로 잘 알려져 있는 메타버스 플랫폼은 디센트럴랜드(Decentraland), 더 샌드박스(The Sandbox), 로블록스(Roblox), 미보(Mibo), 게더타운(Gathertown), 제페토 (Zepeto), 이프랜드(ifland)가 있습니다.

이 시장에서 마케팅 목적의 기업용 이벤트는 하루에 최소 200건 이상이 개설되고 있으며, 비공식적인 이벤트까지 포함하면 최소 500개 개설을 넘어갈 것으로 추정하고 있습니다.

기업이 메타버스를 통해 달성하고자 하는 것은 크게 3가지입니다.

1. Z세대 이용자를 대상의 브랜드 노출(Brand awareness)
2. 참여형 콘텐츠 제공을 통한 브랜딩(Branding)
3. 메타버스 공간 내에서의 가상아이템 판매를 통한 수익창출(Profit)

그러나, 아직 국내에서는 '메타버스'를 통한 마케팅이 초기 단계이기 때문에 브랜드 노출(Brand awareness) 차원의 캠페인들이 대부분이지만, 이미 시장의 다양한 니즈들이 꾸준히 발생하고 있기 때문에 앞으로 '메타버스 마케팅'의 범위는 갈수록 더 넓

어질 것으로 전망하고 있습니다.

"국내에도 메타버스 기반의 팝업스토어 개설플랫폼 서비스를 제공하는 기업이 있습니다."

오늘 소개하려는 플리카(Plika)는 2021년에 설립된 대한민국 스타트업으로서, 3차원 모델링과 웹 그래픽스 기술을 기반으로 3차원 웹 인터페이스 플랫폼을 제공합니다. 플리카에서 제공하는 '플리카랜드'는 기본적으로 '팝업 스토어' 개설 플랫폼이지만, 다양한 고객경험을 제공하기 때문에 메타버스 공간에서 이루어지는 전시나 세미나 등의 이벤트의 수요도 점차적으로 많아질 것으로 예상하고 있습니다.

'플리카랜드'란 무엇인가?

'플리카랜드(https://plika.land/)'는 간편하면서 강력한 경험을 제공할 수 있는 3차원 웹페이지 입니다. 플리카는 기존 온라인 공간에서의 이벤트와 광고를 혁신하기 위해 먼저 웹 브라우저 그 자체에 집중하고 있습니다.

우리가 일상에서 사용하는 웹 기반 서비스와 플랫폼들을 떠올려 보면 웹페이지 환경에서 전달되는 정보는 텍스트, 이미지, 영상, 이상의 정보를 벗어나지 못했으며, 이것을 소비하는 방식 또한 스크롤 다운, 버튼 터치, 스와이프(Swipe)에 많은 의존을 하고 있습니다.

따라서 이런 평면적인 웹페이지 방식에서 '정보전달' 외의 다양한 고객경험을 전달한다는 것이 어렵기 때문에 지금까지 대부분의 고객체험 마케팅은 오프라인에서 설계되어 왔습니다. 그러나, '플리카랜드'에서는 웹 브라우저에서 소비자가 직접 브랜드를 체험 할 수 있는 메타버스 제작 솔루션을 제공하고 있습니다.

웹 브라우저를 통해 가장 쉽게 접근 할 수 있는 '플리카랜드'

'플리카랜드'는 웹 브라우저에서 간편하게 작동하는 몰입형 인터페이스 기반의 웹 서비스입니다.

2010년도 중반부터 최근까지 '몰입형 인터페이스' 등장이 많은 관심을 받아왔습니다.

그 대표적인 키워드로는 메타버스(Metaverse), 가상현실(Virtual Reality), 혼합현실(Mixed Reality), 증강현실(Augmented Reality)이 있습니다. 그러나 몰입형 인터페이스를 구현하기 위해서는 많은 기술들과 이를 뒷받침 할 수 있는 시장 내 인프라가 갖추어져야 합니다.

예를 들면 HMD(Head-Mounted Display) 하드웨어를 제공하는 회사나 3차원 그래픽을 더 쉽게 시각화 할 수 있는 반도체를 만드는 회사, 그리고 사람의 손과 몸동작을 감지할 수 있는 실시간 센서를 만드는 기술이 발전해야 시장이 성장할 수 있습니다.

따라서 이러한 기술을 활용하여 개발되는 몰입형 인터페이스 제품들은 HMD 장치가 필요하거나 별도의 소프트웨어 설치를 통해 작동됩니다. 결국, 이를 체험하기 위해서는 새로운 장비나 소프트웨어의 설치가 필요하기 때문에 이 자체만으로도 또 다른 진입 장벽이 될 수 있습니다.

이러한 배경에서 플리카랜드의 접속방식에 주목해볼 필요가 있습니다. 플리카랜드에서는 '메타버스'의 가치를 구현할 수 있는 가장 간편한 형태인 웹 브라우저 내에서 '메타버스' 플랫폼 서비스를 제공하고 있습니다. 따라서, 유저들은 웹 브라우저를 통해 가장 쉽고 간단하게 '메타버스'의 세계에 진입할 수 있게 되었습니다.

대표적으로 아래의 기능들을 통하여 '메타버스' 공간 내에서 새로운 비즈니스의 기회를 발굴 하실 수 있습니다.

제품 체험

3D로 설계되어 있는 웹페이지 공간에서는 영상, 사진, 사운드 등 다양한 미디어를 통하여 고객 경험을 할 수 있습니다.

실시간 고객상담

'메타버스' 공간에서는 아바타와 아바타가 만나 새롭게 대화를 하거나 정보를 주고받는 등의 커뮤니케이션이 가능합니다. 또, 참석자 간의 화상미팅도 가능하기 때문에 전시나 세미나 이후에 소규모로 운영되던 비즈니스 미팅의 기능을 '메타버스' 공간 안에서 구현할 수 있습니다.

스토리텔링 등을 포함하는 종합적인 브랜드 경험

3D 공간에서는 더욱 다채로운 경험을 제공합니다. 의류, 패션, 주얼리 등의 브랜드에서는 오프라인에서 마네킹을 활용해 진열(Display)하던 구조를 그대로 웹상의 3D 공간에 구현했기 때문에 새로운 고객경험을 제공합니다. 또한, 모델하우스 등 직관적으로 공간에 대한 설명이 필요한 비즈니스의 경우에는 '플리카랜드' 자체가 새로운 형태의 모델하우스가 될 수 있습니다. 해당 공간에는 오프라인에서 만나왔던 다양한 상담사들을 메타버스 공간에서도 만나실 수 있습니다.

이렇듯, 플리카랜드에서는 오프라인에서 진행할 수밖에 없었던 고객 체험형 이벤트의 상당부분을 '메타버스'로 전환하여 기업용 이벤트 시장의 새로운 변화를 이끌어가고 있습니다.

'플리카랜드'에서는 어떠한 기능들을 구현할 수 있을까?

아래의 내용에는 플리카랜드에서 구현할 수 있는 기능들을 소개해 보려고 합니다. '메타버스'라는 공간을 통해서 마케팅 캠페인을 설계할 수 있는 아이디어만 있다면 플리카랜드를 통해서 마케팅 캠페인을 새롭게 구축할 수 있습니다.

오프라인 경험과 비슷한 기업용 3차원 이벤트

플리카랜드에서는 외부공간과 내부공간이 존재하고, 건물의 각 층과 섹션을 설계할 수 있습니다. 때문에 로비, 중정(Courtyard), 회의실, 면담실, 갤러리, 쇼룸 등을 3차원 형식으로 디자인합니다. 각 공간마다 사용자를 다르게 정의할 수 있고, 공간마다의 접근 권한을 분류할 수 있습니다. 예를 들면, 로비와 갤러리는 누구나 관람 가능하도록 설정할 수 있으며 회의실에는 도어락을 설치할 수 있습니다. 유리창 바깥에서 방안에 서로 이야기하고 있는 것을 볼 수 있지만, 들을 수는 없기도 합니다. 오프라인에서나 가능했던 사회적인 경험을 온라인 공간으로 전환시킵니다.

▲ 건물 외관을 구현한 사례

▲ 건물 내부의 공간을 구현한 사례

실시간 커뮤니케이션

일반적인 메타버스 솔루션처럼, 아바타 유닛을 통해 사용자들 간에 서로를 인지합니다. 화면공유, 화상캠 공유, 다자간 음성채팅, 채팅을 기본적으로 지원하여 공간의 참여자들끼리 매번 다른 회의를 열 수 있습니다.

▲ 메타버스 공간내에서 사용자의 화면공유 구현 사례

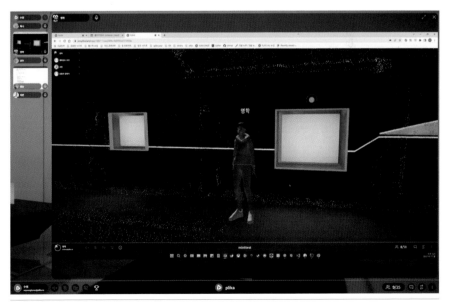

▲ 메타버스 공간내에서 사용자 인지

쇼룸과 갤러리 기능

기업의 사업 분야와 제품마다 각기 다른 채널들로 콘텐츠들을 공급하고 있습니다.

플리카랜드는 아웃링크, 유튜브, 이미지파일, 동영상파일, 그리고 3차원 모델링파일까지 별도의 코딩 없이 간편하게 플리카랜드의 3차원 건물 안에 원하는 위치에 전시 또는 디스플레이 할 수 있습니다.

따라서 이제는, 메타버스 공간에서 새로운 방식을 통하여 데모시연이나 3D 모델링을 시연할 수 있기 때문에, 제조업 분야에서도 폭 넓게 사용이 될 것으로 예상하고 있습니다.

▲ 메타버스 내 디스플레이를 활용한 콘텐츠 전달사례

▲ 메타버스 공간 내 동영상 콘텐츠 전달사례

3차원 뷰어와 스캔

플리카랜드에서는 모델링 지식이 없어도 간편하게 3D모델링을 생산할 수 있도록 하는 솔루션이 개발되고 있습니다.

가령 일상에서 마주하는 물건들을 동영상 촬영하여 업로드하면 서버로 자동 전송되어 인공지능 알고리즘 연산을 통해 3분 만에 3차원 건물 안에 전시됩니다.

그리고 이것을 통해 다른 관람자들은 사진으로는 확인할 수 없었던 물체의 뒷면까지 3차원 뷰어를 통해 직접 확인할 수 있습니다.

▲ 3D모델링 구현사례

B2B 마케팅에서는 '메타버스'를 어떻게 활용할 수 있을까?

전시나 세미나와 같은 고객체험을 메타버스 공간에서 구현할 수 있습니다. B2B 마케팅에서 꾸준히 진행해온 전시의 기본적인 개념은 '고객체험'입니다. B2B 고객들은 전시라는 특수한 공간 내에서 특정 브랜드의 정보를 경험하고, 더 자세한 내용은 브랜드의 부스에 상주해 있는 담당직원과 커뮤니케이션 할 수 있었습니다. 그러나 이제는 기존에는 오프라인에서 진행되던 '고객경험'의 상당부분을 '메타버스' 공간에서 구현할 수 있습니다.

그리고 많은 B2B 기업들이 자사의 공간 내에서 '전시 공간'을 확보하고 싶은 니즈가 있지만, 비싼 임대료를 내고 있는 사무실내의 공간에 전시 공간을 고정적으로 운영한다는 것은 금전적, 물리적으로 다소 부담이 있습니다. 그러나 메타버스 플랫폼을 활용한다면 3차원 메타버스 공간에서 365일 언제나 접근할 수 있는 근사한 전시공간을 구현할 수 있기 때문에 매우 효율적입니다.

PART 07

어려운 B2B 마케팅 기획과 타겟팅은 어떻게 해야 할까? 실무 꿀팁 소개

INDEX.

✦ B2B분야의 타겟팅에 들어가기 앞서 ✦

> **인생은 독창이 아니라 합창이다.**
> **우리는 요람에서 무덤이 이르기까지 관계 안에서 산다.**
>
> — 작자미상

위의 명언은 B2B의 IT 분야를 설명하기에 매우 적절한 것 같습니다. 하루가 다르게 발전하고 있는 IT 인프라를 100% 독자적인 기술로 구축하는 것은 거의 불가능하다고 보아야할 것 같습니다. 특정 이론에 따르면 특정 산업분야가 고도화가 되었는지 안되었는지 판가름할 수 있는 주요 지표는 분업화의 구조와 아웃소싱 기반의 파트너십 구조가 어느 정도까지 정착했는지를 지표로 평가하기도 합니다. 그런 면에서 IT시장은 기술고도화와 함께 다양한 아웃소싱 구조와 파트너십 구조의 비즈니스가 가장 잘 자리 잡혀 있는 구조라고 볼 수 있을 것 같습니다.

결국 드넓은 IT 시장을 효율적으로 타겟팅하기 위해서는 전체적인 IT 시장의 구조를 읽을 수 있어야 합니다. IT 솔루션 시장은 다양한 하드웨어와 소프트웨어가 매우 유기적으로 연결이 되어 있습니다. 다른 B2B 비즈니스 또한 이러한 구조를 보이고 있습니다만, IT 서비스의 경우 기술의 진보가 빠르게 이루어지다 보니 더 긴밀한 관계를 통해 협력해야 하는 시장입니다.

건물을 지으려면 땅을 구입하고 기초 토목공사를 진행 후 철근을 쌓아 구조를 만들고 각 층을 만들어 가는 것처럼, IT 인프라도 마찬가지로 정보를 축적할 수 있는 서버나 스토리지가 필요하고 기업 내 유선/무선 통신망을 구축해야 합니다.

또, 사업에 따라서 부서 간에 협업을 할 수 있는 부서간의 업무를 원활하게 진행할 수 있는 협업툴이 필요하거나 아니면 고객들을 관리할 수 있는 CRM(Customer Relationship Management) 시스템이 필요하기도 합니다. 또 기업 내에서는 대부분의 자료들을 데이터화시키기 때문에 회계나 자원을 관리할 수 있는 전사적 자원 관리(ERP / Enterprise Resource Planning)가 필요하게 되고 회사의 가장 중요한 재무/회계 문서를 데이터화시켰기 때문에 이를 효과적으로 관리할 수 있는 다양한 보안 솔루션들도 출시되어 있습니다.

따라서 B2B 분야의 타겟팅에서 기술은 거들뿐 정말로 필요한 것은 서비스나 타겟에 대한 이해라고 보셔도 무방합니다. 아래의 이미지는 Shared IT에서 공유하고 있는 IT Solution Map입니다. 대략적인 IT 분야를 이해할 수 있도록 정리가 잘되어 있는 이미지라 첨부해보았습니다.

▲ Shared IT'솔루션맵'에서 제공하는 사용 목적에 따른 다양한 소프트웨어 / [자료출처] https://www.sharedit.co.kr/

하드웨어 외에 소프트웨어 분야도 마찬가지입니다. 각 부서와 업무 특성에 따라 이를 원활하게 운영할 수 있도록 지원해주는 다양한 소프트웨어들이 있습니다. 전체적인 큰 구조에서 IT 하드웨어나 소프트웨어를 마케팅하기 위해서는 각 업무에 대한 의사결정을 할 수 있는 타겟을 1순위로 공략해야 합니다. 따라서, 본 도서에서는 IT 마케팅의 핵심 타겟이 될 수 있는 예산(Budget), 권한(Authority), 필요(Need), 시기(Timing)의 줄임 말인 BANT를 기준으로 설명하고 있습니다.

IT 시장에서 가장 중요한 타겟들은 아래와 같습니다.

- CEO(Chief Executive Officer)
- CTO(최고기술경영자 Chief Technology Officer)
- CIO(최고정보관리책임자 Chief Information Officer)

그리고 결제나 경영관리와 관련된 하드웨어나 소프트웨어의 경우에는 하기의 직군도 핵심 타겟이 될 수 있습니다.

- CFO(자금 담당 총괄책임자, Chief Financial Officer)
- 인사업무 부서장(Human Resources Team Leader)
- 경영관리 부서장(Business Management Team Leader)

결국 IT 분야 B2B 마케팅의 핵심은 위의 타겟들에게 '어떻게 정보를 노출할 수 있느냐'가 가장 큰 관건입니다. 그러나 최근에 B2B 마케팅에서도 많은 변화가 일어나고 있습니다. 가장 큰 변화는 크게 2가지입니다.

1. 해당 의사결정을 할 수 있는 임원이 아니라 실무자 대상의 타겟팅도 중요해지고 있습니다.

최종 의사결정은 임원들이 진행하지만 실무단계에서 다양한 서비스와 업체들을 분석하는 것은 실무자들이 진행을 하게 됩니다. 따라서 의사결정자에 대한 타겟팅만 중요한 것이 아니라 실무자 대상의 타겟팅도 중요해지고 있습니다. 따라서 콘텐츠를 제작할 때에도 각 타겟에 알맞는 콘텐츠를 제작하는 유연함이 필요합니다.

2. B2B 마케팅은 PC 유입 아니라 모바일 유입도 중요합니다.

B2B마케팅에서 처음 온라인 광고를 도입했을 때, 많은 담당자분들이 PC 조회 수에만 집중을 했습니다. 이유는 기업용 서비스의 경우에는 대부분 근무시간 중 PC로 열람하기 때문에 PC의 구매전환이 높고, 모바일의 경우 이탈이 많기 때문에 구매전환에 도움이 안 된다는 것이 그 이유였습니다. 그러나 최근 몇 년 사이 퍼포먼스 마케팅에서는 교차구매가 큰 화두였습니다.

모바일에서 정보탐색 이후 PC에서 구매를 하는 것이 예전의 패턴이라면 이젠 역으로 PC에서 정보를 탐색하고 결제 연동이 되어 있는 모바일에서 구입을 하는 경우도 상당히 많습니다. 네이버 페이 등의 모바일 결제의 접근성이 예전보다 매우 높아졌기 때문입니다.

교차채널은 B2B 마케팅에서도 매우 중요해졌습니다. 예전처럼 PC에서 정보를 열람하여 PC에서 상담문의를 하거나 구매하는 패턴이 아닌 모바일에서 검색을 후 PC에서 문의를 하거나 아니면 모바일에서 검색하고 모바일로 문의를 하는 등의 패턴이 굉장히 많아지고 있습니다.

따라서 예전에는 B2B 관련 타겟이 밀집되어 있는 곳에 마케팅 역량을 집중을 하자는 것이 큰 화두였다면 요즘의 트렌드는 고객이 원하는 정보라면 위치가 중요하니 않으니 적극 활용하자라는 추이로 변해가는 것 같습니다. 이러한 이유 때문에 예전에는 많이 사용하지 않던 인스타그램 등의 미디어도 활용도가 꾸준히 높아지고 있습니다.

아래의 자료는 네이버 검색광고 시스템에서 기업용 서비스인 '협업툴'의 검색량을 조회한 자료입니다. 보시는 것처럼 PC의 검색량이 더 많기는 하지만 모바일 조회수도 그에 못지않습니다. 따라서 B2B 비즈니스에서도 모바일 유입과 접근성에 대한 부분을 깊게 고민을 해야 합니다.

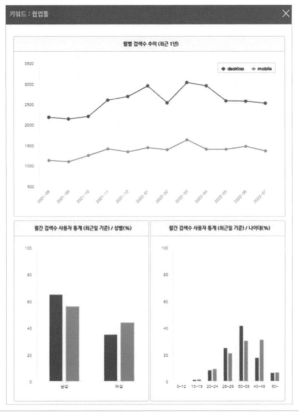

▲ 네이버 '협업툴' 키워드 검색량 / [자료출처] 네이버 검색광고 시스템

✒ 타겟팅은 도구일 뿐, 결국 시장과 타겟에 대한 이해가 모든 것을 결정합니다. ✒

마케팅 툴들을 다루어 보신 분들은 모두 이해하실 것입니다. 생각보다 마케팅 툴을 다루는 것은 간단합니다. 앞서 말씀드렸듯 광고를 제공하는 플랫폼 입장에서는 작동법을 어렵게 만들 이유가 전혀 없습니다. 왜냐하면 사용하기가 편해야 많은 사람들이 이용하고 결국 많은 광고비를 소진하기 때문입니다. 몇 번 다루다 보면 금방 익숙해지는 것이 마케팅 툴입니다. 예전에 금융전문 투자자로 사용하고 있는 한 지인이 했던 말이 기억납니다. "투자란, 누구나 비슷한 조건에서 시작하는 것이기 때문에 차별성은 타이밍과 상상력에서 온다"라고 말했던 기억이 납니다. 결국 마케팅도 누구나 다룰 수 있는 툴들을 가지고 승부를 걸어야 하는 게임이기 때문에 초급단계를 넘어가게 되면 결국은 상상력 싸움이라고 생각합니다.

B2B 마케팅의 전략설정과 타이밍에는 일반적인 B2C 마케팅보다 더 많은 상상력이 필요합니다. 왜냐하면 노출되는 판매의 확률이 높아지는 일반적인 상품이 아니기 때문입니다. 마케팅에서 흔히 하는 말이 "무슨 마케팅이든 안하는 것보다는 낫다"라는 말이 있는데 B2B 마케팅은 그렇지 않습니다. 목적이 불분명한 마케팅 캠페인은 진행하지 않는 편이 훨씬 더 나은 경우도 있습니다. 그 이유는 성과도 나지 않는 마케팅에 비용은 물론 시간까지도 쏟는 경우가 많기 때문입니다.

각 산업군 별로 세부적인 전략과 타겟팅에 들어가기에 앞서서 B2B 마케팅에서 많이 사용하는 마케팅 전략에 대해 설명 요약해서 설명하고 다음 단계로 넘어가도록 하겠습니다.

이메일 마케팅

B2B마케팅에서 가장 중요한 마케팅 수단이라고 볼 수 있습니다. 자사에 보유중인 고객의 이메일 DB를 활용하기도 하지만 신규수요를 창출할 때에는 우리의 비즈니스와 매칭되는 고객이 밀집되어 있는 곳의 이메일을 구매하거나 제휴를 통하여 활용하기도 합니다. 이메일 마케팅의 핵심은 얼마나 우리 사업과 매칭이 되는 핵심타겟(Core Target)을 찾을 수 있느냐가 관건입니다.

키워드 타겟팅

검색광고든, 유튜브든, 배너광고든 특정 키워드를 포함한 소재에 광고를 노출하게 되는 키워드 타겟팅이라는 기능이 존재합니다. 시장의 흐름이나 구조를 모르는 상황에서 파악하게 된다면 자사명 키워드, 경쟁사 키워드, 제품 키워드 이외의 타겟팅을 상상할 수가 없습니다. 결국 새로운 키워드에 대한 상상력 없이는 새로운 시장으로 확장하기가 어렵습니다.

커뮤니티 마케팅

핵심 고객의 밀집채널을 찾는다는 것은 정말 매력적인 수단입니다. 특정 네이버 카페 혹은 커뮤니티. 페이스북 그룹, 밴드 등 우리의 핵심 고객이 몰려 있는 곳은 어디든 마케팅의 타겟팅이 될 수 있습니다. 결국 타겟이 명확하다면 어떻게(How), 무엇을(What) 어필할지만 결정하게 되면 되는 것입니다.

특정 협회나 단체 제휴를 통한 마케팅

B2B마케팅에서 매우 중요한 타겟팅입니다. 예를 들어 의사 대상의 서비스를 마케팅을 한다고 한다면 의사면허 소지자들은 필수로 가입해야 하는 의사협회와 관련된 미디어에 광고를 하는 것은 매우 효과적입니다. B2B의 각 분야마다 다양한 협회와 단체들이 존재합니다. 예를 들어 IT분야에는 인공지능협회나 반도체 분야에는 반도체 협회가 있습니다. 이러한 단체에서는 업계 동향이나 새로운 기술 등의 정보들이 꾸준히 교류되고 있기 때문에 협회와 제휴를 통한 다양한 마케팅을 통하여 고객들에게 접근할 수 있습니다.

구글 GDN 게재위치 타겟팅 (특정 유튜브 영상, 특정 웹페이지)

앞서 간단하게 말씀드렸지만 특정 웹페이지가 구글애즈와 제휴가 되어 있다면 해당 웹페이지만을 타겟으로 광고가 가능합니다. 유튜브도 광고도 불특정 다수에게 광고하는 것이 아닌 특정 채널이나 영상 타겟팅을 하는 것이 가능합니다. 결국 배너광고나 유튜브 영상을 진행한다면 손이 많이 가더라도 위와 같은 방법으로 진행해야 마케팅 성과를 높일 수 있습니다.

인공지능 타겟팅

특정 웹페이지를 기입하면 해당 페이지를 기준으로 연관되는 타겟팅을 구성할 수 있습니다. '구글애즈'에서 제공하는 맞춤 잠재고객 타겟팅을 하게 되면 됩니다. 또, 구글애즈와 페이스북에서는 웹페이지의 방문자를 대상으로 최대한 비슷한 관심사와 특성을 갖고 있는 고객들을 찾아주는 '확장 타겟' 기능도 있기 때문에 이를 알고 있을 필요가 있습니다.

Alliance Partner Marketing

B2B 마케팅에서 동맹 파트너(Alliance Partner)의 개념은 아주 중요합니다. 예를 들어 컴퓨터 완제품이 판매 되면서 완제품 PC에 내장되어 있는 OS나 그래픽카드가 함께 판매가 되기 때문에 결국 완제품 PC가 판매가 되면 소프트웨어와 또 다른 그래픽카드가 교차 판매가 되는 개념입니다. PC제조사와 PC제조에 들어가는 그래픽카드, 운영체제 제조사는 동맹 파트너의 개념이 되어 공동의 마케팅 펀드를 구성하게 됩니다. 업계에서는 이를 보통 MDF(Marketing Development Fund) 부르고 있습니다.

결국 특정 툴이나 타겟팅을 통하여 마케팅을 진행하는 1차원적인 접근이 아니라 시장 전체를 이해하는 새로운 형태의 상상력이 필요합니다. 마케팅은 누구에게나 똑같은 조건에서 시작된다는 것입니다. 결국 상상력과 상상력을 포함한 소재(creative) 외에는 차별성을 둘 수 있는 것이 없습니다.

B2B 마케팅은 위에서 언급한 다양한 조합으로 타겟팅이 진행됩니다. 위의 글에서 언급했듯이 결국 미디어는 도울 뿐 결국 시장에 대한 이해와 상상력이 더해졌을 때 성과가 나올 수 있음을 인지해주시기 바랍니다.

✏ 개인(1인) 사업자 혹은 5인 미만의 소기업 ✏

> ## 겉모습만 보고 판단하지 마세요.
> ## 중요한 건 내용 아니겠습니까?
>
> – 알라딘 '애니' 대사中

위의 대사는 알라딘에서 나오는 대사입니다. 1인 사업자를 포함한 자영업자부터 5인 미만의 소기업은 과연 B2B로 보아야할지, B2C로 보아야할지 애매한 부분이 있습니다. B2B(Business to Business)란, 사업자 간의 거래를 뜻합니다. 그러나 1인 사업자나 자영업자 타겟의 마케팅을 B2B로 접근해야할지, B2C로 접근을 해야할지 고민을 하는 마케터분들이 많이 있는데, 그에 대한 해답은 위의 알라딘 대사에서 찾을 수 있습니다.

사업자 등록증이 있느냐 없느냐보다는 마케팅의 구조로 보는 것이 더 적합합니다. 실제로 사업자등록증은 있지만 단순히 회계처리용으로만 사용하는 경우도 있고 고소득을 올리고 있지만 사업자 등록증 없이 원천징수를 통해 프리랜서의 형태로 사업을 진행하는 경우도 많이 있습니다.

글의 처음 부분에도 소개했듯이 금융 서비스 중에서 종신보험의 경우에는 총 납입해야할 보험료 금액이 많기 때문에 타겟은 개인이지만 B2B 비즈니스만큼의 긴 관여도와 복잡한 구매 패턴이 발생하고 있습니다. 부동산 분양의 경우에도 B2B 마케팅과 매우 흡사한 구조를 보이고 있습니다. 반드시 비즈니스 미팅을 진행하고 모델하우스를 방문하는 등의 패턴들도 B2B 비즈니스와 비슷합니다. 특히, 보험회사의 영업조직이 구축되는 과정을 구조적으로 분석해보면 외국에 있는 기업이 국내에 진입하여 국내에 안착되어 있는 현지 유통사(총판, 리셀러)와 파트너십을 맺어서 판매를 확장해 나가는 방식과 비슷한 형태를 보이고 있습니다.

따라서 저는 자영업자나 5인 미만의 소기업 대상의 마케팅 캠페인도 B2B 마케팅의 구조와 아주 흡사하다고 판단합니다. 특히 외식업계의 프렌차이즈 등에서 진행하고 있는 가맹영업을 위한 마케팅 캠페인의 구조를 보게 되면 사업의 진입장벽이 전통적인 B2B 비즈니스에 비해 낮을 뿐 본질적으로는 B2B 비즈니스와 비슷한 패턴을 보이고 있습니다. 다만, 타겟이 넓다 보니 정보를 취득하는 경로가 블로그, 카페, 커뮤니티 등 비교적 찾기 쉬운 곳에 위치해 있을 뿐입니다. 이러한 부분은 B2B 비즈니스라고 해서 다르지 않습니다.

아래의 참조자료를 통해 2021년도에 B2B 기업 담당자들이 계획한 마케팅 전략을 살펴보면 이메일의 비중만 더 높을 뿐, B2C 분야에서도 중요하게 생각하는 소셜미디어나 콘텐츠 마케팅, SEO 등의 분야를 B2B 분야에서도 중요하게 판단하고 있습니다. 물론 해당 자료는 코로나 시기에 조사한 것이라 온라인 채널의 비중이 높은 부분도 있겠지만 지금 상황도 크게 다르지 않다고 봅니다. 결국 코로나가 디지털 전환을 앞당겼을 뿐 코로나가 아니더라도 디지털 미디어의 중요성에 대해서는 꾸준히 강조되어 왔습니다.

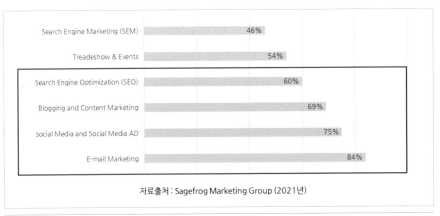

자료출처 : Sagefrog Marketing Group (2021년)

▲ B2B 마케팅 담당자가 선호하는 전략 / [자료출처] Sagefrog Marketing Group 2021

따라서 자영업자든 1인 사업자든 프리랜서 등 형식(겉모습)이 중요한 것이 아니라 구매전환이 이루어지는 패턴을 기준으로 마케팅을 설계해야 합니다. 소상공인이나 1인 기업을 대상으로 마케팅 캠페인을 진행할 때에는 예전부터 B2C에서 사용하는 바이럴 마케팅(Viral Marketing)이나 페이스북, 인스타그램과 같은 소셜미디어의 성과가 높게 나타나고 있습니다. 특히, 프랜차이즈 창업 분야에서는 아직도 특정 키워드를 통해서 검색광고와 주요 키워드의 블로그 상위노출만으로도 많은 성과가 나오고 있는 것 같습니다. 거기에 가끔 창업관련 카페나 커뮤니티에 미담이나 성공담이 올라오게 되면 그 성과가 더합니다.

그러나 Paid Media를 통하여 지속적으로 광고를 하는 것은 바람직하지는 않습니다. 이미 창업에 대한 수요는 '특정 키워드'를 통하여 몰리게 되어 있는데 꾸준히 검색광고만 진행하는 경우에는 결국 경쟁사끼리 출혈만 발생하고 클릭당 단가(Cost Per Click)만 올라가는 현상이 생기기 때문에 광고비 대비 효율(ROI, Return On Investment)이 높아질 수가 없습니다. 결국 브랜드 블로그나 브랜드 인스타그램을 통해서 창업후기나 성공담 등의 콘텐츠들을 꾸준히 업로드해야 성과를 높일 수 있습니다.

B2B 서비스 중에서도 소기업이나 1인 창업자를 대상으로 하는 솔루션들이 많이 있습니다. 대표적으로 쇼핑몰 통합관리 솔루션이나, 소규모 유통사업자를 위한 ERP 시스템 등이 있습니다. 이러한 소기업 타겟의 경우에는 1인 창업이다 보니 비교적 창업의 허들이 낮아서 온라인의 정보탐색이 쉽기 때문에 B2C에서 진행하고 있는 일반적인 형태의 미디어믹스를 활용하고 있습니다.

따라서 가장 간단한 아래와 같은 구조로도 쉽게 마케팅 성과를 얻을 수 있습니다. 다만 가장 심플한 구조에서 성과를 얻기 위해서는 3가지의 요건이 충족되어야 합니다.

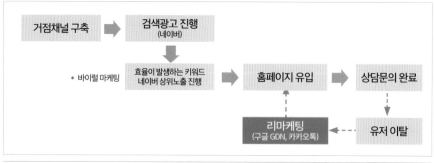

▲ B2B 마케팅 기본 구조도

1. 거점채널 (웹페이지)의 브랜딩이 명확해야 합니다.

온라인 마케팅의 성과는 아래와 같은 절대적인 공식이 성립합니다. 따라서, 시장 내의 브랜딩이 심플하고 명확해야 합니다.

현재 시장 내의 브랜딩 × 노출 = 마케팅 성과

따라서, 이미지로 소개한 〈B2B 마케팅 기본 구조도〉에서 성과가 발생하지 않는다면 대부분의 문제는 비즈니스 모델(Business Model)혹은 웹페이지(web page)에 있는 경우가 많습니다. 최소한 광고를 운영하더라도 성과가 나올 정도의 스타트업에서 일컫는 최소기능제품(MVP, Minimum Viable Product)의 구조가 명확해야 합니다.

저는 B2B 마케팅에서 가장 효과적인 마케팅 구조는 위의 이미지로 소개한 〈B2B 마케팅 기본 구조도〉라고 생각합니다. 시장이 아직 형성되지 않은 특수한 상황이 아니라면, 대부분 비즈니스와 관련된 키워드 검색(Organic Traffic) 모수가 발생하기 때문입니다.결국, 책에서 소개한 가장 간단한 마케팅 구조에서 마케팅 반응이 생기지 않는다면, 본질적인 사업모델이나 시장조사의 단계부터 새로 접근해야 하는 경우도 종종 있습니다.

2. 최소한의 키워드만 알맞게 셋팅을 해야 합니다.

검색광고를 오픈할 때에 대부분의 기업에서는 광고예산에 키워드를 맞추어 노출이나 클릭을 조정하는 것이 일반적입니다. 그러나 이것보다 더 정확한 것은 예산의 제한을 두지 말고 브랜드 키워드부터 핵심 키워드들을 천천히 늘려가면서 성과측정을 하는 것이 좋습니다. 다만, 현실적으로 검색되는 키워드 검색량 자체가 적다보니 효율을 테스트하는 시간이 오래 걸리기 때문에 실무에 도입하기에는 어려움이 있지만, 최대한 경험과 상상력을 더해서 실제 '우리의 고객'이 검색하여 구매전환이 있을 수 있는 키워드만 입찰해야 합니다. 예를 들어 가장 하지 말아야할 것들은 4차 산업 혁명이나 AI와 관련된 비즈니스를 진행하고 있는 기업에서 '인공지능'과 같은 키워드로 광고를 하는 것입니다. 네이버에 '인공지능'이라고 검색하는 유저들의 니즈는 특정 서비스에 대해 관심을 갖고 검색하는 분들도 있겠지만 그 외에도 주식투자나 새로운 신기술에 대한 정보취득 목적이 더 클 것으로 예상됩니다. 따라서 인공지능 관련 솔루션을 제공하는 회사라도 '인공지능'과 같은 특정 산업의 전반적인 니즈를 모두 포함하고 있는 키워드들은 광고를 제외하는 것이 좋습니다. 모든 광고채널은 한계효용 (Marginal Utility)이 있습니다. 특히 검색광고 만큼은 시장 내에서 발생되고 있는 검색수요 보다 더 많은 광고비를 투자한다고 하셔도 성과가 나오지 않기 때문에 필요한 핵심 키워드만 알맞게 광고를 진행하고, 추후에 진행할 마케팅 확장에 대비하는 것이 좋습니다. 이 부분에 대해 여러 번 강조하는 것은 많은 B2B 기업에서 연관성이 떨어지는 키워드들의 입찰을 통해서 불필요한 광고비가 고정비로 잡혀 있는 현상을 쉽게 발견할 수 있었기 때문입니다.

3. 성과 측정과 모니터링이 정확해야 합니다.

검색광고의 효율을 측정하는 방법은 각 키워드 별 UTM 파라미터 셋팅 이후에 구글 로그 분석(Google Analytics)을 통하여 진행하는 방법이 있고, (주)엔에이치엔데이터에서 제공하는 에이스카운터(Acecounter)라는 툴을 많이 사용하기도 합니다. 따라서 성과가 나오는 키워드들을 명확하게 분류해야 하는데 보통 2가지 방법으로 효율 분석 후 키워드를 최적화합니다. 첫 번째는 키워드 별 체류시간을 분류해서 키워드를 그룹별로 관리하는 방법이고, 두 번째는 특정 목표(구매, 페이지 열람)에 달성한 키워드와 아닌 키워드를 집중적으로 관리하는 작업이 필요합니다.

광고비는 고정적으로 발생하는 비용입니다. 따라서 위와 같이 가장 간단한 구조에서 시장 반응을 얻은 후에 광고비를 확장하는 것이 좋습니다. 위의 구조에서 고객반응이 발생하지 않는다면 채널을 추가하거나 마케팅 비용을 증액하더라도 눈에 띄는 큰 성과를 얻기는 어렵습니다. 또, 위의 가장 기본적인 구조에서 검색 광고 비용은 때로는 매우 적은 금액이 소진되기도 합니다. 이러나 이는 지극히 정상입니다. 모든 검색광고는 시장 내에 존재하는 '키워드 검색량'을 기준으로 운영되기 때문에 가장 기초적인 셋팅을 했는데 광고 소진비용이 적다는 것은 해당 시장이 아직 성장하지 않았거나 아니면 성장했더라도 시장 내에 발생하고 있는 특정 키워드의 검색량이 매우 미비하게 발생되고 있는 상황이기 때문에 결코 잘못된 접근이 아닙니다.

위의 과정이 어느 정도 안정화가 되었다면 추후에 마케팅을 확장하는 방법은 2가지가 있습니다.

첫 번째는 양적인 성장을 하기 위해 광고비를 증액하거나 광고 채널을 늘리는 방법이 있고, 두 번째 방법은 질적인 성장을 하기 위해 브랜딩을 할 수 있는 콘텐츠 마케팅에 집중을 하는 것입니다.

양적인 성장을 위해서는 네이버 검색광고의 데이터를 기준으로 같은 검색광고 기반인 구글, 유튜브(디스커버리) 등의 미디어로 확장을 하거나, 소셜미디어나 유튜브 광고 등 다양한 유료광고(Paid Media)를 적극적으로 활용하는 것입니다.

질적인 성장을 위해서는 유료광고에 집중하기 보다는 브랜드 블로그, 브랜드 소셜미디어, 브랜드 유튜브를 운영하여 자사 콘텐츠를 주기적으로 배포하는 방법입니다. 그러나, 유료광고를 사용하지 않는다면 유입자가 극적으로 늘어나지는 않지만, 기초부터 튼튼하게 시작하여 브랜딩의 기틀을 만들 수 있는 방법입니다. 유료광고를 적극적으로 사용할 것인지, 콘텐츠 발행을 꾸준히 할 것인지 판단하는 방법은, 경쟁사의 마케팅동향과 시장의 성숙도를 분석하여 결정하는 것이 좋습니다.

현재 시장이 초기상황이라 많은 마케팅 비용을 투자하더라도 성과로 이어지지 않을 상황이라고 보신다면 마케팅의 기초를 더 튼튼하게 콘텐츠 마케팅이 좋고, 시장이 성장하고 있고 경쟁사가 공격적으로 마케팅을 확장하는 시기라면 콘텐츠 마케팅과 함께 다양한 유료광고도 병행이 되어야 합니다. 위에서 소개한 2가지 방법 외에도 꾸준한 브랜딩을 위해 보도자료(Public Relations) 배포 등의 마케팅을 활용해보는 것도 매우 좋은 방향이라고 볼 수 있습니다.

✎ 스타트업 (start-up) ✎

먼저 뿌리고 나중에 거둔다.

– 씨앗의 법칙 7가지 中

많은 기업에서 스타트업 대상의 마케팅 캠페인을 진행합니다. 스타트업 기업은 안정적인 투자를 받은 경우와 받지 않은 경우의 상황이 극과극입니다. 스타트업임에도 불구하고 일정 규모 이상의 투자를 받은 경우에는 안정적으로 운영이 되지만 그렇지 않은 경우에는 열악하기도 합니다. 보통 시기에 따라서 위의 상황이 반복되기도 합니다. 그럼에도 불구하고 스타트업 기업에서는 필수적으로 비용을 지출해야 하는 구조로 운영이 됩니다.

재무상황이 안 좋기는 하지만 비즈니스 상황이 안 좋더라도 필수로 써야할 금액들에 대한 투자를 하지 않을 수가 없기 때문입니다. 개인의 지출을 예를 들어, 수익이 적어졌다고 해서 기본적인 의식주와 관련된 비용이나 의료에 대한 비용을 아끼지 못하는 것과 같은 이치입니다. 이러한 이유 때문에 글의 도입부에 "먼저 뿌리고 나중에 거둔다"는 글귀를 적은 것입니다.

스타트업은 은근히 구매력이 있는 시장입니다. 이는 2가지 이유 때문입니다.

첫 번째는 사업을 영위하기 위해서는 사업구조를 구축하거나 조직을 구축하거나 마케팅을 해야 하는 등의 비용은 필수 지출비용이기 때문에 어차피 써야 하는 비용입니다. 따라서 스타트업 시장은 많은 기업이 생겨나고 없어지는 시장이지만 어느 정도 구매력이 보장된 시장이라고 볼 수 있습니다. 자영업 시장에서도 장기간의 불경기가 이어지더라도 인테리어나 간판교체 등의 필수비용은 꾸준히 유지가 되어야 하기 때문에 인테리어나 간판업들을 찾는 수요가 많아지는 것과 비슷한 구조입니다.

두 번째는 스타트업의 경우에는 확장성이 매우 큽니다. 스타트업의 경우 대부분 큰 수익성이 큰 비즈니스 모델을 갖고 있습니다. 따라서 사업이 확장되기 시작하면 비용 지출도 커지기 때문에 처음에는 협소한 금액으로 시작하지만 나중에는 큰 비용을 지출하는 기업으로 성장할 가능성이 높습니다. 특히 IT 기반의 비즈니스가 이러한 패턴을 보이는데요. 처음 시제품이나 최소기능제품(MVP, Minimum Viable Product)일 때에는 유입자수가 적어서 작은 용량의 서버 및 클라우드 용량을 사용하고 있었다면 사업이 성장하고 유입자수가 많아지면서 압도적으로 큰 용량이 필요할 시기가 오기 때문입니다.

이러한 내용은 페이스북 창업자인 '마크 저커버그'를 모티브로 제작한 영화 '소셜 네트워크'의 장면에서도 묘사가 됩니다. 페이스북의 이용자수가 많아지면서 서버 용량이 통제가 안 되는 수준이 되자 비용이 없는 상황에서도 어떻게든 서버 용량을 늘리기 위해 수단과 방법을 가리지 않습니다. 결국 스타트업에 있어서 비용지출은 '씨앗'과 같은 존재라 추후에 큰 수확을 하기 위해서는 비용이 없더라도 꼭 지출해야 하는 비용인 것입니다. 따라서 사업이 커지면 커질수록 비즈니스의 구조와 관련되어 있는 IT 인프라나 기타 비용은 꾸준히 상승할 수밖에 없습니다.

그렇다면 스타트업의 기업들은 어떻게 타겟팅할 수 있을까요?

우선 스타트업 기업들이 몰려 있는 곳들을 찾아야 합니다. 그런 곳들이 바로 아래의 커뮤니티들 입니다.

스타트업의 경우에는 이미 다양한 커뮤니티나 매거진들이 존재합니다. 스타트업들은 정보가 빠르게 소비되기 때문에 밀집채널에 콘텐츠를 배포하거나 유료광고를 집행하는 것이 도움이 됩니다. 해당 커뮤니티는 Vertical Media 부분에서도 언급을 했습니다만 스타트업과 관련된 커뮤니티들을 별도로 추려보았습니다.

스타트업 커뮤니티 리스트

No.	구분	미디어	URL
1	미디어	헬로티	http://www.hellot.net
2	미디어	플래텀	https://platum.kr/
3	미디어	벤처스퀘어	https://www.venturesquare.net
4	미디어	아웃스탠딩	https://outstanding.kr/
5	미디어	startupn	https://www.startupn.kr/
6	스타트업 정보교류 플랫폼	EO PLANET	https://eopla.net/
7	스타트업 팀빌딩 플랫폼	비긴메이트	https://www.beginmate.com/
8	한국 최대 비즈니스 네트워크 커뮤니티	로켓펀치	https://www.rocketpunch.com
9	스타트업 전문투자자 연결 플랫폼	넥스트유니콘	https://www.nextunicorn.kr/

위의 커뮤니티에는 스타트업과 관련된 다양한 정보들이 교류되고, 특히 회원 대상의 이메일링 서비스는 적극적으로 고려해볼 필요가 있습니다. 각 채널에 광고문의를 하시면 플랫폼 내의 광고정보를 얻으실 수 있으니 문의 해보시기 바랍니다.

그 외에 스타트업은 매우 무수한 인맥들이 유기적으로 엮여 있는 구조입니다. 스타트업의 구심점이 되는 조직은 크게 3가지로 볼 수 있습니다.

스타트업 투자와 관련된 기관

구분	설명	URL
스타트업 인큐베이팅	스타트업을 초기에 육성시키는 인큐베이팅 기업	프라이머(https://www.primer.kr/)
벤처 캐피탈 (VC, Venture Capital)	경쟁력 있는 벤처기업을 발굴해 투자하는 사업을 하는 사모펀드사	카카오벤처스(https://www.kakao.vc/) 알토스벤처스(https://www.altos.vc/)
사모펀드 (PEF, Private Equity Fund)	자산운용사가 투자자에게서 자본을 출자 받아 기업이나 채권, 부동산에 투자해 수익을 보는 펀드	

스타트업은 다양한 컨설턴트들이 활발하게 활동하는 분야입니다.

자금 컨설팅부터 다양한 비즈니스 컨설팅까지 위의 3가지 그 분야에서 파생되어 있는 다양한 컨설턴트들의 인적 네트워크가 상당히 발달되어 있는 시장이기 때문에 다양한 컨설턴트와의 접점을 통해서도 비즈니스가 파생됩니다. 따라서 다양한 스타트업 기업들이 활동하는 링크드인을 통해서 마케팅을 진행하는 것도 도움이 될 수 있습니다.

스타트업 대상의 마케팅 캠페인은 몇 가지 공통점이 있습니다. 우선 서비스나 제품을 개발할 때 패키지형태의 구성을 많이 활용하는 것 같습니다.

예를 들어서 '스타트업을 위한 비즈니스 패키지'로 서비스를 구성하여 간단한 형태의 CI(Corporate Identity)부터 이메일 셋팅, 명함제작 및 법인등록까지 스타트업 개설에 필요한 다양한 서비스들을 패키지로 구매하여 한 번에 구매하면 저렴하게 사용할 수 있다는 점을 어필합니다. 이러한 전략들은 시장 내에서 반응이 괜찮습니다. 각각의 서비스를 별도로 의뢰하는 것보다는 저렴한 가격에 효율적으로 구매해서 사용할 수 있기 때문입니다.

또, 다른 한 가지는 스타트업과 관련된 다양한 정책자금을 활용할 수 있도록 하는 것입니다. 대표적으로 많이 사용하고 있는 바우처와 관련된 정책들은 아래와 같습니다.

- 데이터바우처(https://kdata.or.kr/datavoucher/index.do)
- 제조혁신바우처(https://www.mssmiv.com/)
- 수출바우처(https://www.exportvoucher.com/portal/sample/main)
- 비대면바우처(https://www.k-voucher.kr/)

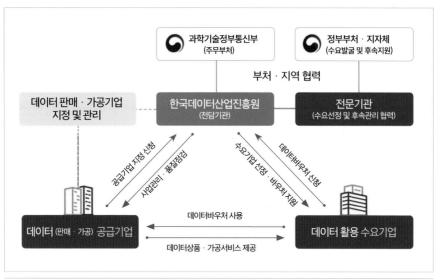

▲ 데이터바우처 운영구조 [자료출처] https://kdata.or.kr/

스타트업의 규모에서 사용하는 기업용 서비스를 파악하여 타겟팅에 적용하기

현실적으로 스타트업 대상 기업을 타겟팅하기 위해서는 스타트업 고객들이 검색할 만한 키워드로 검색광고를 하는 방법, 그리고 스타트업 관련 커뮤니티나 미디어에 유료광고를 진행하는 방법이 있을 것입니다. 그리고 배너광고나 소셜미디어를 통해서 스타트업 대상의 광고를 할수도 있는데요. 문제는 타겟팅입니다. 링크드인과 같이 기업규모나 업종을 선택할 수 있지 않은 구글애즈나 페이스북 등의 미디어에서는 스타트업과 같이 기업규모를 대상으로 타겟팅을 하는 것이 모호합니다. 이럴 때에는 스타트업이 사용할 것과 같은 기업용 서비스를 함께 타겟팅 하는 방법이 있습니다.

예를 들어 스타트업에서는 ERP 서비스를 도입할 때, 비교적 가볍고 가성비 있는 E사의 솔루션들을 구입합니다. 내부 서버 인프라를 구축할 때에도 클라우드를 사용하는 경우도 있지만 고사양 PC인 워크스테이션이나 NAS(Network-Attached Storage)와 같은 컴팩트한 제품들을 많이 활용하고 있습니다. 이런 디테일한 부분을 타겟팅에 잘 적용해야 광고의 효율을 높일 수 있습니다.

규모 별 기업용 네트워크 인프라 소개

No.	구분	설명
1	NAS(Network-Attached Storage)	컴퓨터 네트워크에 연결된 파일 수준의 컴퓨터 기억장치로, 서로 다른 네트워크 클라이언트에 데이터 접근 권한을 제공
2	워크스테이션(Workstation) 서버	소형 고성능 개인용 컴퓨터
3	랙서버(Server), 스토리지(Storage)	컴퓨터 프로세서가 접근할 수 있도록 데이터를 전자기 형태로 저장하는 장소
4	클라우드 서비스(Cloud)	소프트웨어와 데이터를 인터넷과 연결된 중앙 컴퓨터에 저장, 인터넷에 접속하기만 하면 언제 어디서든 데이터를 이용할 수 있도록 하는 것

NAS(Network-Attached Storage) 형태가 가장 컴팩트한 구조라 비교적 도입도 간편합니다. 그러나 반면에 랙서버나, 스토리지, 클라우드의 경우에는 도입 시 다소 고려해야할 부분이 많습니다만 꼭 기업의 규모가 크다고 해서 랙서버 스토리지 등 고사양의 장비가 도입되는 것은 아니고 기업의 구조나 비즈니스 모델에 따라 도입되는 장비나 인프라가 다르기 때문에 위의 내용은 참고용으로 열람해주시면 감사하겠습니다.

기타 위치적으로 보았을 때는 스타트업 기업들이 많아 몰려 있는 강남의 테헤란로나, 판교 등을 타겟팅하는 전략도 효과가 있고 부지가 비교적 넓은 IT특성화 대학교나 창업지원센터 등을 중심으로 핫스팟(hot spot)을 여러 곳 지정하여 위치 기반의 마케팅을 진행하는 것도 좋습니다.

그리고 콘텐츠를 만들 때에도 MZ 세대들이 공감할 수 있는 가볍고 트랜디한 콘텐츠를 통해 접근할 필요가 있습니다.

SMB (Small & Medium Business)

"선거는 중도층을 잡아야 하고 B2B 비즈니스는 SMB 기업을 잡아야 합니다."

중소기업 시장을 일컫는 SMB(Small & Medium Business) 시장은 B2B 비즈니스의 큰 화두입니다. 왜냐하면 사실 스타트업이나 소기업들은 구매력이 떨어지는 경우가 많이 있고 대기업은 애초에 회사 내에 오랫동안 서비스나 인프라를 제공하는 업체가 있기 때문에 구조상 신규업체가 진입하기가 어렵습니다. 또, 비즈니스를 위해서는 복잡한 사업의 구조를 모두 이해를 해야 하는데, B2B 담당자들이 가장 신경 쓰는 것이 업무에 대한 리스크이기 때문에 신규업체가 진입하기에는 현실적인 장벽이 있습니다.

따라서 현실적으로 꾸준한 경쟁구도가 생기고 꾸준한 신규 수요가 생기는 시장이 바로 SMB 시장입니다. 이러한 이유 때문에 다양한 기업에서 SMB 기업을 대상으로 마케팅 캠페인을 진행하고 있지만 경험과 데이터부족으로 인하여 실질적으로 성과를 내기가 어려운 것이 현실입니다. IT기업에서 SMB 시장을 대상으로 캠페인을 진행한다고할 때, 가장 중요한 부분은 시장을 세분화하는 것입니다. 똑같은 SMB 시장이더라도 각 분야별로 시장을 세분화하여 접근할 수 있는 세심한 전략이 필요합니다.

시장세분화를 통한 문맥 타겟팅 예시

시장	문맥 타겟팅
의료&건강	**[병원용 소프트웨어 관련 키워드]** • 병원프로그램 • 병원 CRM • EMR(전자의무기록) • HIS(병원정보시스템) • PACS(의료영상저장전송시스템) • OCS(처방전달시스템) * HIS, PACS, OCS는 병원에서 사용하는 소프트웨어의 카테고리로 ERM 소프트웨어가 가장 포괄적인 상위 소프트웨어 입니다.

학원&교육	• 학원 & 교육 • 학원관리프로그램 • 학원출결관리시스템 • LMS(온라인 학생 성적관리 솔루션) • 이러닝솔루션
세무&회계	**[회계 소프트웨어 관련 키워드]** erp erp software erp system erp program erp erp solution erp 시스템
법률	**[법률 사무실 관련 키워드]** 변호사마케팅

위와 같이 각 시장 별로 세분화를 진행하고 각 시장 별 핵심 타겟들이 검색하는 키워드를 찾는 것입니다. 즉 키워드의 니즈는 다르지만 타겟이 같은 키워드들을 활용하는 방법인데요. 쉽게 설명하자면 '병원 CRM'이라는 키워드나 'EMR(전자의무기록)' 등의 키워드를 검색하는 사람들은 현실적으로 병원을 운영하는 개원의사이거나 병원 관련 업무를 지원하는 원무과 혹은 경영관리 부서 담당자일 확률이 높습니다. 따라서 키워드의 니즈는 다르지만 우리의 핵심 타겟이 검색하는 키워드 문맥이 있는 웹페이지에 배너광고를 노출시킬 수 있도록 문맥 타겟팅을 하는 것입니다.

가설1) 'EMR (전자의무기록)' 혹은 'HIS(병원정보시스템)' 키워드를 검색하는 사람들은 개원의 혹은 병원 종사자들일 가능성이 높을 것이다.

가설2) 따라서 해당 키워드들이 노출되어 있는 웹페이지에만 문맥 타겟팅을 진행하여 배너를 노출시킨다.

검증) 위의 웹페이지에 노출이 되었을 때 실제 클릭, 체류시간, 전환(상담문의)를 체크한다.

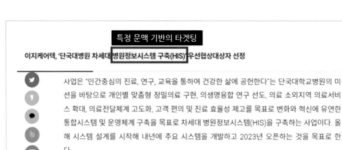

▲ 특정 문맥기반의 타겟팅 예시

실제로 위의 사례와 '구글애즈'에서 제공하는 문맥 타겟팅을 통하여 특정 키워드가 노출되어 있는 웹페이지 내에 배너 광고를 노출시키는 것이 가능합니다. 따라서 자사 서비스와 연관성이 없더라도 핵심 타겟들이 검색하는 키워드를 기준으로 타겟팅을 진행하는 것이 가능합니다.

회사 규모 별 도입하는 ERP 서비스

구분	설명
E사 ERP 솔루션	비교적 초기 구축비용과 유지 관리비용이 저렴하여 중소기업(SMB) 기업에서 많이 사용.
T사 ERP 솔루션	
S사 ERP 솔루션	다양한 기능이 포함되어 있으나 초기 구축비용과 유지관리비용이 비싸서 대기업에서 많이 사용.

추가로 같은 'ERP' 서비스지만 기업의 규모마다 선호하는 회사 제품이 다릅니다. 일반적으로 E사와 T사의 ERP 솔루션은 효율적으로 컴팩트한 기능만 담아서 매우 실용적으로 제작하여 초기 구축비용이나 유지 및 관리비용이 저렴한 편입니다. 따라서 해당 소프트웨어의 키워드 타겟팅이나 관심사 타겟팅을 통하여 중소기업을 타겟팅할 수 있습니다.

결국 앞서 말씀드렸던 바와 같이 같은 조건에서 마케팅 성과를 높이기 위해서는 디테일한 시장조사와 상상력이 필요합니다. 이 외에도 중소기업의 특성을 중심으로 한 다양한 타겟팅 기법이 있으나 분야마다 타겟마다 다른 부분이 있기 때문에 위와 같이 기업별 규모에서 사용하는 기업용 소프트웨어나 인프라를 기준으로 타겟팅할 수 있음을 설명 드립니다.

✏ 대기업(Enterprise) ✏

> **집중과 단순함, 이게 바로 제가 명상할 때 외우는**
> **주문중의 하나입니다. 단순함은 복잡함보다 어렵습니다.**
>
> – 스티브 잡스

위의 '애플'의 창립자 스티브잡스의 명언과 같이 단순하게 목표에 집중을 해야 하는 것이 바로 대기업 타겟팅입니다. 대기업 타겟의 마케팅의 핵심은 마케팅은 성공했지만 세일즈는 성공하지 못하는 상황이 많이 발생한다는 것입니다. 마케팅을 통하여 콘텐츠들이 많이 노출되고 그로 인한 유입도 발생되고 새로운 잠재고객(LEAD)도 많이 생성되었지만, 결국 신규로 생성된 리드(LEAD)가 목표했던 타겟 기업의 LEAD가 아닌 경우가 많이 발생합니다. 따라서 유의미한 성과가 발생하더라도 우리의 제품이나 서비스를 도입할 수 없는 기업의 경우가 이런 경우라고 볼 수 있습니다.

마케팅은 다양한 분야가 연계되어 있습니다. 따라서 어느 특정분야의 광고나 마케팅을 진행한다고 해서 즉각적인 성과가 나오는 것이 아니라 다양한 영역이 유기적으로 연결되어 있기 때문에 전체적인 흐름을 만들어 줄 수 있는 구조를 설계해야 합니다. 앞서 개념에 대해 소개한 바가 있지만 ABM(Account Based Marketing)에 대해서는 다시 한 번 짚고 넘어가야할 것 같습니다.

대기업을 대상으로 진행하는 마케팅 캠페인은 비교적 서비스와 타겟이 명확하다는 특징이 있습니다. 예를 들어 스마트빌딩(Smart Building)과 같은 기술들은 도입할 수 있는 빌딩(건축물)의 규모가 명확합니다. 해당 솔루션을 도입할 수 있는 핵심 고객사들도 비교적 명확하게 구분되어 있는 편입니다.

또한, 제조 쪽의 공장 자동화(FA, Factory Automation) 분야도 비슷합니다. 제조업이라는 매우 세부적인 시장에서 특정 장비 혹은 기술을 도입할 수 있는 기업들은 한정되어 있습니다. 따라서, 자사의 제품이나 서비스를 도입할 수 있는 핵심 클라이언트(Key

Account)와 담당자들을 정리하여 지속적으로 관계(Relationship)를 만들어 나가는 전략을 활용합니다. 이를 가장 효과적으로 활용할 수 있는 것이 링크드인(LinkedIn) 세일즈 네비게이터(Sales Navigator)를 활용한 소셜셀링(Social Selling) 전략입니다.

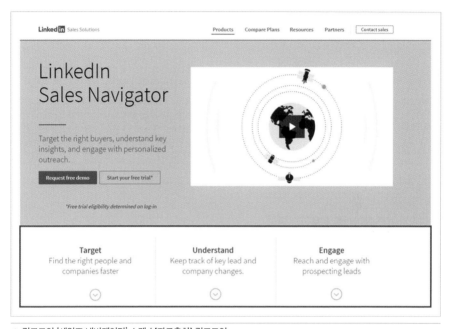

▲ 링크드인 '세일즈 네비게이터' 소개 / [자료출처] 링크드인

구분	설명	비고
1단계 Sales Navigators	1-1) 고급 서칭 필터를 활용한 잠재 고객 검색 및 저장 1-2) 유사 프로필 검색 및 저장 1-3) 내부 CRM과 연동/동기화 1-4) 팀원 추가 등의 기능을 통한 조직적 대응가능	핵심 고객 프로필 구축 핵심 클라이언트 관리
2단계 In-Mail 발송	2-1) 발굴된 잠재고객을 대상 Private mail 발송 (유료 서비스 결제 시 월 50건) 2-2) 인메일을 활용한 제품 및 서비스 소개서 발송	핵심 고객과 접촉시작
3단계 Lead Nurturing	3-1) 핵심 고객사, 핵심 고객으로 분류하여 지속적인 교류 3-2) 자사 기업 정보, 최신 업계동향 등 정보공유 3-3) 새로운 고객의 니즈를 파악하여 관계구축	고객과의 신뢰구축

문제는 또 본질로 넘어갑니다. 결국 툴(Tool)은 거둘 뿐이라는 것입니다. 세일즈 네비게이터를 활용할 수 있다고 해서 누구나 새로운 신규고객을 창출할 수 있는

것은 아닙니다. 결국 디테일한 시장조사를 통해 새로운 시장의 수요를 찾아야 하고 해당 분야의 접점이 될 수 있는 고객의 프로필을 규정하는 작업이 필요합니다. 결국 세일즈 네비게이터를 효과적으로 사용하기 위해서는 '다른 경쟁자 보다 시장의 변화를 빨리 인지하고 이를 자사의 마케팅 전략에 반영하는' 마켓센싱(Market Sensing)이 필요합니다.

결국 ABM(Account Based Marketing)의 핵심은 클라이언트와 관계를 개선하는 것도 중요하지만 기본적으로 시장을 발굴하고 규정할 수 있는 초기 설계가 더 중요하다고 볼 수 있습니다. 정보의 유통량도 매우 적고 매우 특수한 소수 기업과 담당자들에 의해 큰 비용의 거래(Deal)가 발생하고 있는 시장을 분석할 때에는 크게 3가지의 방향으로 접근을 하는 것 같습니다.

경험과 기존 데이터를 활용하는 방법

대부분의 기업에서는 특정 전문가에게 축적되어 있는 노하우나 인적 기반의 네트워크를 통하여 이러한 데이터들이 축적되는 경우가 가장 많은 것 같습니다. 이런 시장의 특징은 자체가 너무 특수하다 보니 눈에 보이기에는 아무런 변화가 없는 것처럼 보이지만 핵심기업(Key Account)과 소수의 핵심 담당자(Keyman)들에 의해 시장은 꾸준히 변화하고 있습니다.

이러한 시장은 DB 최신화(DB Cleaning)를 하기에도 어렵습니다. 왜냐하면 단순한 이메일이나 소정의 보상을 통해서 정보를 업데이트 하지 않기 때문입니다. 따라서 DB를 체계적으로 관리하기도 힘들고 특정 인력이나 전문가에 대한 의존도가 높은 경우가 많습니다.

해당 업무에 대한 역량은 얼마나 오랫동안 고객들과 꾸준히 접점을 만들었는지가 중요하기 때문에 업력을 무시할 수 없고 또, 내부 담당자의 역량에 따라서도 그 성과가 달라지게 되어 있습니다. 그러나 이렇게 내부 인력에 의하여 데이터가 축적된 경우에도 처음부터 이런 기반이 있지는 않았을 것입니다. 데이터 분석을 통하여 새로운 시장을 창출할 수 있는 방법에 대해서 하겠습니다.

거래의 흔적을 찾는 방법 (나라장터 조달시스템)

공공부문의 거래 흔적을 찾아 시장을 파악하는 방법입니다. 정부부처에서 발주하는 다양한 용역이나 계약들은 나라장터(https://www.g2b.go.kr/index.jsp)통해서 거래가 이루어지고 있습니다. 나라장터는 국가종합전자조달, 조달청 운영 공공기관 물자구매, 시설공사 계약 입찰 통합시스템으로 특히, 대기업으로 분류가 되는 공기업들의 계약현황들도 나라장터를 통해서 열람을 할 수 있습니다. 따라서, 우리의 서비스와 연관되어 있는 새로운 수요를 분석하기 위해서 나라장터에 올라와 있는 다양한 입찰공고를 확인하고 과거 거래가 되었던 기업들의 리스트를 분석하여 새로운 수요를 찾는 방법이 있습니다.

기술의 연관성을 분석하는 방법 (특허, 논문 분석)

하이테크(Hi-Tech)와 연관되어 있는 비즈니스는 신기술이 개발되더라도 시장 내에 도입하기까지는 시간이 많이 소요됩니다. 이유는 기술은 기술일 뿐 실무에 적용하기 위해서는 상품검증, 대량생산 등의 거쳐야할 과정들이 많이 있고 또, 해당 기술이나 서비스가 시장 내에 출시했을 때도 국가나 지자체의 규제(Regulation)나 법령(Legislation)의 영향을 받기 때문입니다.

이것이 핵심입니다. 대부분 새로운 기술을 출시해서 실무에 도입하기 전의 기간에 새로운 니즈가 발생하게 됩니다. 이후에는 이미 사업자 선정이 완료되어 서비스나 제품의 도입이 이루어진 후이기 때문에 효과가 떨어집니다.

생명과학 분야나 실험실 장비 분야 등 매우 높은 기술력이 요구되는 시장에서는 이렇게 특허나 논문을 분석하는 방법을 통하여 국내의 새로운 핵심 고객들을 선점합니다. 학계나 업계에 새로 출시되는 특허나 논문들을 분석하여 자사의 솔루션이나 장비들의 수요가 있는지 파악하여, 핵심 고객들을 '세일즈 네비게이터'를 통하여 접촉하는 방식을 활용합니다.

하이테크(Hi-Tech) 비즈니스일수록 업계의 특성을 이해할 수 있는 높은 수준의 지식(Domain Knowledge)을 필요로 하기 때문에 비즈니스의 연관성을 다방면으로 고려해야 합니다.

결국 업계에 대한 깊은 이해 없이는 초기 기획 방향이 잘못될 우려가 크기 때문에 다양한 시도와 공정과정을 거치더라도 성과가 개선되지 않는 현상이 반복됩니다. 따라서, 높은 기술력을 요구하는 기업의 마케팅 최고 책임자가 마케팅 직무부터 시작한 담당자가 아닌 영업(Sales)이나 기술영업(Technical Sales)의 직무를 이해하고 있는 담당자들로 배치되는 경우를 많이 보게 됩니다.

시장이 좁다보니 고객과 접점을 만들 수 있는 방법론(Methodology)적인 접근이 우위에 있는 것이 아니라 시장에 대한 교감(Communion)이 더 중요하게 인식이 되는 것 같습니다.

결국 엔터프라이즈 마케팅의 핵심은 앞서 말씀드렸던 선택과 집중이라고 볼 수 있습니다. 브랜드의 노출(Impression)이나 회원가입 등의 실질적인 성과도 중요하지만 양적인 성과보다는 1명의 고객이라도 제대로 된 고객과 관계를 이어 나갈 수 있는 전략들이 더 필요한 분야라고 생각합니다.

따라서 불특정 다수가 아닌 자사의 제품이나 서비스를 도입할 수 있는 특정 기업만을 위한 마케팅 서비스를 진행할 수 있는 미디어들을 몇 군데 소개하도록 하겠습니다.

'리맴버' 리서치 서비스

명함 관리 어플로 많이 알려져 있는 리맴버(Remember)에서는 다양한 유료광고 서비스 외에도 최근 리서치 서비스를 오픈하였습니다. 특정 시장 내에 수요파악과 함께 다양한 의견들을 수렴할 수 있는 서비스입니다.

리맴버 회원의 명함 프로필을 기준으로 상세하고 정확한 타겟팅이 가능하고, 소재지, 기업규모, 업종, 직무, 직급, 특정기업 지정 등 조건 설정까지도 가능하다는 것이 큰 장점입니다.

▲ 리맴버 리서치 서비스 예시

위와 같은 타겟팅을 기반으로 핵심 타겟에게 수요조사를 진행할 수 있으며, 서비스에 대한 상담을 원할 경우 별도의 정보를 제공하는 서비스도 제공하고 있습니다. 단, '리서치 서비스'와 '리드제너레이션(Lead Generation)' 서비스는 옵션에 따라 제공 범위가 다르기 때문에 자세한 부분은 플랫폼 쪽에 문의해보시기 바랍니다.

✒ 공공부문 (Public sector) ✒

현실적으로 공공부문의 경우에는 디지털 마케팅으로 접근하기가 어렵습니다. 이는 계약이 이루어지는 구조적인 부분 때문이기도 합니다. 공공부문에 포함되는 정부부처, 지자체, 공기업, 국립대학교 등의 모든 발주는 나라장터(https://www.g2b.go.kr/)를 통하여 입찰공고가 올라오게 됩니다. 따라서 공식절차에 따라 입찰공고 후 계약이 이루어집니다. 이 경우가 가장 일반적인 것이고, 수요가 꾸준한 제품의 경우에는 제품 단품으로 '나라장터 종합 쇼핑몰'에 등록되기도 합니다.

입찰방식으로 공지되는 경우에는 제품, 서비스, 컨설팅 등을 포함하여 폭넓게 공고가 이루어지는 경우가 많고, 나라장터 종합쇼핑몰에 제품이 올라오는 경우에는 비교적 수요가 명확하고 일정한 제품들이 단품 형태로 올라오게 됩니다. 또, 과업의 성격에 따라 특수한 경우 입찰공고가 올라오지 않고 수의계약(Private Contract) 형태로 이루어지는 경우도 있으나 전체적인 비중으로는 많지 않습니다.

위와 같은 상황이다 보니 현실적으로 디지털 마케팅을 통하여 새로운 잠재고객을 형성하는 것이 어렵습니다. 따라서 계약에 대한 의사 결정자를 타겟으로 진행하는 것이 아닌 해당분야의 전문성이 있는 파트너를 모집하는 쪽으로 디지털 마케팅을 더 많이 진행하는 추이입니다.

대표적으로 제품제조사에서 특정 공공기관에 제품이나 서비스를 납품하기 위하여 모든 조건을 맞추기가 어렵기 때문에 현지에서 해당 과업을 잘 수행할 수 있는 인프라가 있는 파트너업체를 디지털 마케팅으로 모집하여 업무 협력관계를 구축해 나가고 있습니다. 일반적으로 많은 제조사나 유통사에서 공공부문만 전담으로 수행할 수 있는 인력을 구축하지 못한 경우 위와 같은 방법으로 업무를 진행하고 있습니다.

위와 같이 협력업체를 모집하여 공공부문 시장을 진입하는 경우에는 두 가지 장점이 있습니다. 대부분 서비스 납품 및 설치 후 종료되는 구조가 아니라 추후 유지보수나 관리까지 해야 하는 경우가 많다 보니 현지에 있는 협력업체가 해당 과업을 더 효율적으로 운영할 수 있고, 또, 같은 공공기관이지만 부처마다 지자체마다 대학마다 약간의 특성들이 있기 때문에 해당 업무를 수행해본 협력업체가 해당 과업을 진행하는 것이 여러 가지로 효율적입니다. 따라서, 제조사나 유통사(벤더사)는 제품, 기술, 영업지원 등의 업무를 진행하고 해당 분야에 특화되어 있는 현지 협력사나 해당 분야의 전문업체과 파트너십을 맺고 업무를 진행하는 구조로 운영이 되는 것 같습니다.

이러한 이유 때문에 제조사나 유통사에서는 특정 기술이나 지역에 대해 인프라가 있는 신생기업이나, 스타트업 기업들을 지원하는 프로그램을 운영하기도 합니다. 기술력이나 인프라의 성장가치가 있는 기업들은 장기간의 파트너십을 통하여 초창기 제조사나 유통사의 지원을 받아 성장 후, 추후에 특정분야의 업무를 공동수행하거나 협업하는 관계로 이어지는 경우가 많습니다. 이는 제조사, 유통사, 협력사 모두에게 서로 이득이 될 수 있는 좋은 구조로 B2B나 IT업계에서 전통적으로 사업을 확장해왔던 방법 중 하나입니다.

따라서 이런 경우 장기간의 상생위해 제조사나 벤더사에서는 'MDF(Marketing Development Fund)'라는 별도의 마케팅 비용(기금/펀드)를 만들어 현지 파트너의 마케팅이나 영업을 지원하기도 합니다. 따라서 공공부문은 제품 홍보를 위한 디지털 마케팅보다는 현지 협력사 모집이나 영업지원 형태의 마케팅 캠페인을 더 많이 운영하고 있습니다.

✏ 국방부문 (Military sector) ✏

정부분야와 더불어 국방분야 또한 B2B 마케팅의 주요 타겟이 됩니다. 다양한 B2B 비즈니스 담당자분들과 인터뷰를 진행해본 결과 국방분야는 대부분의 사업들이 군사기밀로 지정되어 있기 때문에 절차가 비공개로 이루어지는 경우가 많아서 일반 기업들이 접근하기가 어려운 구조가 많습니다. 따라서 특정 기술을 보유하고 있는 기업에 한하여 사전 신청을 받아 국방부나 방위산업청에서 진행하고 있는 다양한 컨퍼런스나 행사들을 위주로 마케팅 활동을 하고 있습니다. 따라서, 특정 기술이나 서비스가 적용 될 수 있는 적용분야(어플리케이션, Application)를 사례개발 하는 것 외에는 직접적인 마케팅 방향은 아직은 없을 것으로 예측됩니다. 특히 제조나 하이테크 기술 쪽에서는 공공부문과 더불어 국방분야에 대한 니즈들도 있는 경우가 있어서 간략하게나마 내용을 담아 보았습니다.

▲ 2022 국방 지능정보화 컨퍼런스 / [자료출처] http://2022iindc.or.kr/

▲ 제6회 국방과학기술 대제전 / [자료출처] https://dapafair.com/fairDash.do?hl=KOR

PART 08

디지털 마케팅으로
LEAD가
수집되지 않는다면?

INDEX.

✒ LEAD수집의 문제점 파악하기 ✒

'리드제너레이션'은 B2B 마케팅의 핵심이라고 볼 수 있습니다. 복잡한 단계를 간단하게 요약해본다면 아래의 정도로 볼 수 있습니다.

1. 브랜드를 노출시켜 자사의 잠재고객(LEAD)을 개발하고,
2. 그 중에 마케팅 MQL(Marketing Qualified Lead, 마케팅에 필요한 조건을 충족하는 리드)를 선별하여
3. SQL(Sales Qualified Lead, 영업에 필요한 조건을 충족하는 리드)를 개발하여 새로운 영업의 기회를 만드는 것이 핵심입니다.

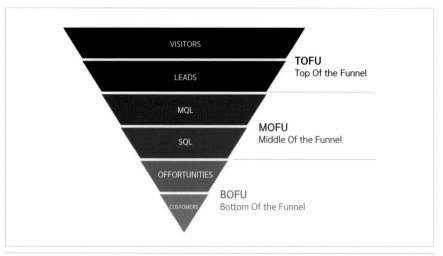

▲ 리드제너레이션 구조

그러나 이론상으로 보면 간단하지만 생각보다 위의 과정은 쉽지 않습니다. '리드제너레이션' 캠페인을 시작할 때에는 디지털 마케팅만 시작하게 되면 LEAD가 쭉쭉 들어올 것 같지만 생각보다 그 단계는 매우 험난합니다. 문제는 MQL, SQL이 아니라 다음 단계로 넘어갈 수 있는 '기본 LEAD' 조차도 생성되지 않았을 때 제대로 된 대응을 못하는 경우가 많습니다.

제대로 된 대응이 없이 시간이 지나고 난 이후에 "리드제너레이션 캠페인을 해보았는데 생각보다 효율이 저조하니 기존의 마케팅과 영업 방식에 집중하자"라는 결론으로 귀결되게 됩니다. 그리고 또 다시 시간이 지나면서 디지털 마케팅에 대한 중요성을 인지하지만 이전의 좋지 않았던 사례가 있다 보니 선뜻 진행을 하기 어려운 상황이 만들어지는 것 같습니다.

'LEAD'가 생성되지 않는다면 이전 단계에 집중을 해야 합니다.

본 포스팅에서는 마케팅의 성과가 나오지 않는 이유를 외부에서 찾지 않으려고 합니다. 마케팅 성과가 안나오게 될 때, 시장의 확장이나 경쟁구도의 변화, 시장 내 자사 브랜드의 인지도와 연결 짓는 경우가 많은데, 그런 상황에도 불구하고 기초부터 단단하게 다질 수 있는 방안들에 대해 포스팅하려고 합니다.

1. 리드가 원활하게 생성이 되지 않는다면 가장 먼저 체크 해봐야할 것이 오가닉 트래픽 (Organic Traffic)입니다.

현재 웹페이지에서 회사명이나 서비스명과 같은 '자사 키워드' 검색량과 체류시간을 알아야 합니다. 자사 키워드의 경우에는 '네이버 검색광고 시스템'에서 조회가 가능하지만 더 간단하게는 '네이버 트렌드 차트'를 활용하더라도 대략적인 추이를 알 수 있습니다. 그리고 체류시간은 구글 애널리틱스를 통해서 웹페이지 평균 체류시간을 알 수 있습니다.

아래의 이미지를 보시면 '다이렉트'로 직접 웹페이지에 들어온 유저들의 체류시간은 1분 30초, 그리고 전체 웹페이지 평균은 53초입니다. 브랜드 마다 다르지만 제 개인적인 판단으로는 평균 체류시간의 50% 이하로 측정되는 미디어들은 개선이 필요합니다. 지금 보시면 네이버 CPC 광고에서 가장 효율이 떨어지고 있는 것을 보실 수 있습니다.

그렇다면 이 단서를 기준으로 유입출처 별 체류시간을 분석하여 효율이 떨어지는 영역을 개선하는 과정이 필요합니다.

2. 두 번째로 체크 해봐야할 것은 브랜드 검색 시 자연검색노출(SEO, Search Engine Optimization)입니다.

체류시간 분석 시, 다이렉트와 브랜드 검색광고에서 가장 높은 효율을 보이고 있습니다. 이는 대부분 자사 브랜드나 서비스명을 직접 검색하여 유입되는 유저들입니다. 그렇다면 자사 브랜드명이나 서비스 검색 시에 노출되는 정보들을 가장 먼저 신경을 써야 하는데 이 부분이 개선되어 있지 않다면 효율이 떨어질 수밖에 없습니다.

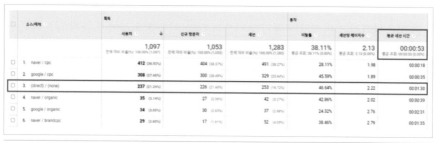

▲ 구글 로그분석 화면

이 경우에 가장 좋은 개선 방법은,

1. 웹페이지 자체를 워드프레스형 홈페이지로 구축하여 웹페이지의 다양한 내용들이 포탈에 검색되도록 하는 것이고,
2. 그러나 이미 웹페이지가 만들어져 있다면 관련된 정보가 검색포탈에 자연검색 노출이 될 수 있도록 브랜드 블로그를 운영하는 것입니다. 워드프레스형으로 제작한 웹페이지에 업로드 된 내용을 검색 시, 검색 포탈에 노출이 됩니다.

3. 오가닉 트래픽과 SEO에 대한 개선이 이루어진 이후 유료광고를 도입하는 것이 좋습니다.

유료광고는 타겟의 범위나 비즈니스의 성격에 따라 배너광고, SNS 광고, 링크드인 광고, 동영상 광고 등 다양한 미디어를 검토하실 수 있으나 유료광고의 효율이 높아지려면 오가닉 트래픽이나 SEO의 기초가 잘 마련이 되어 있어야 합니다.

유료광고를 집행할 때에 주의해야할 사항은 초창기 소수팬의 행동에 대해 면밀하게 검토해봐야 합니다.

1. 리드가 발생하지 않은 상황이라면 직전 단계인 체류시간이 높은 유입자들의 행동 패턴을,
2. 리드가 발생하고 있다면 유저들이 목표까지 도달하기 위해 거쳤던 과정들을 분석해보아야 합니다.

아래의 유저의 경우에는 유료광고 집행 후 처음으로 견적요청을 남긴 고객으로, 웹페이지 방문 후 4페이지의 이동패턴을 거쳐, 4분이 경과 했을 때 견적요청을 완료했습니다. 해당 자료를 분석으로 가장 먼저 개선한 것은 초기 유저들이 열람한 페이지의 가독성을 개선하여 체류시간을 늘렸습니다.

▲ 구글 로그분석 화면

유료광고 집행 이전에 기초 단계를 튼튼히 해야 합니다.

리드제너레이션의 경우에도 순서와 과정이 있습니다. 디지털을 통한 리드제너레이션 캠페인을 운영해봤지만 성과가 나오지 않았다는 기업들을 들여다보면 대부분 성과에 대해 조급히 판단하는 경향이 있습니다. LEAD가 발생하지 않는다면 유저들의

체류시간에 고민을 해봐야 하고 체류시간이 떨어진다면 콘텐츠의 가독성에 대해 고민을 해봐야 합니다. 따라서, 현재 막혀있는 단계를 역으로 추적하여 문제점을 찾아 개선하는 과정이 반드시 필요합니다. 현재의 시장 흐름상, B2B 마케팅에서 디지털 전환은 반드시 풀어야할 숙제라고 생각합니다.

위에 언급한 기초 단계를 단단하게 구축한 이후에 다음 단계로 넘어 갔을 때 마케팅 성과가 극대화될 수 있습니다.

마케팅리드의 품질을 높이려면 캠페인을 쪼개라.

결국 B2B 마케팅의 핵심은 LEAD(잠재고객)입니다. 새로운 잠재고객을 만들어서 영업의 기회를 꾸준히 발굴하는 것입니다. 그러나 리드 개발이 안정적으로 진행되면 '리드 스코어링'이라는 단계가 추가됩니다.

처음에는 단순히 리드를 생성하는 것이 목적이었다면 이제는 수집된 리드 중에서도 영업의 기회가 많은 LEAD를 필터링 하는 과정이 추가되는 것입니다. 따라서 이 단계로 접어들게 되면 수집되는 리드의 수량보다는 품질에 집중하게 됩니다.

리드를 스코어링 하는 방법은 분야마다, 회사마다 다르지만 쉽게 이야기해서 수집된 LEAD의 품질을 영업의 기회에 따라 A, B, C, D 등으로 분리한다고 보시면 될 것 같습니다. 이 단계가 되면 마케팅에서 많은 딜레마에 빠지게 됩니다.

LEAD의 품질을 올리려면 어떻게 해야할까?

우선 최종적으로 원하는 LEAD를 많이 만들려면 2가지 방법이 있습니다. 첫 번째는 In-put를 늘려서 전체적인 모수를 늘리는 방법이 있습니다만, 이는 비용과 시간이 많이 투여되기 때문에 합리적인 방법은 아닙니다. 두 번째는 현재 마케팅의 구조를 유지하면서 MQL(Marketing Qualified Lead)의 전환을 높이는 것입니다.

가장 좋은 것은 두 가지 방법 모두 적용을 하는 것이지만 오늘은 마케팅 비용을 늘리거나 마케팅 채널을 확장하는 양적 확장 외에 구조를 바꾸어서 마케팅의 효율을 개선하는 방법을 소개하려고 합니다.

▲ 마케팅 펀넬 구조도

동일한 조건에서 마케팅의 효율을 높이려면 세분화 시키는 전략이 필요합니다.

세분화 전략에는 많은 부분을 포함하고 있습니다. 우선 가장 먼저 분리해야할 것들은 타겟을 분리하고 소재를 분리하고 그에 따른 타겟팅을 분리하고 그래도 개선이 되지 않는다면 랜딩페이지도 세분화하여 마케팅 캠페인을 진행해야 합니다.

1. 가장 먼저 해야할 사항은 시장을 분리하는 것입니다.

시장을 단순히 업종(Industry)만을 분리하는 것이 아니라 규모(Enterprise, Medium, Small, Start-up)에 따라 세분화해야 하고, 타겟 또한 실무자, 의사결정자, 참조자 등으로 매우 작은 단위로 타겟팅 해야 합니다.

2. 이후의 단계에는 타겟에 따라 소재를 세분화 시키는 작업이 필요합니다.

위와 같이 시장을 세분화하였다면 그에 따른 메시지도 세분화해야 합니다. 특히 인공지능 기반으로 최적화가 되는 SNS등과 같은 미디어는 소재에 따라서 광고효율이 매우 차이가 나고 있습니다.

예전에는 타겟팅별 소재를 만들어 노출시키는 방법이 유행했다면 최근 퍼포먼스 마케터들 사이에서는 목적과 타겟을 명확히 설정한 소재를 제작한 이후에 나머지 타겟팅은 플랫폼의 인공지능 최적화에 맡기는 일명 '열린 타겟팅'이 유행하고 있습니다.

열린 타겟팅의 핵심은 예전에는 광고 셋팅 시에 직접 타겟팅을 해서 광고를 노출했다면 이제는 타겟팅 없이 노출 후 콘텐츠에 관심을 보인 유저와 매칭되는 유사 타겟을 기반으로 광고를 노출하는 방법입니다.

3. 위의 2가지 단계에서도 최적화가 이루어지지 않는다면 이후에는 랜딩페이지를 분석해봐야 할 것입니다.

웹페이지에서 스크롤이 머무는 단계를 10%부터 100%까지 분류하여 유저들의 마우스 스크롤 체류시간을 분석하여 체류시간과 스크롤이 머무는 수치가 평균 이하인 페이지를 우선적으로 개선해보고 그래도 개선이 되지 않는다면 구글 옵티마이즈를 적용하여 랜딩페이지별 A/B 테스트를 진행해야 하는데 현실적으로 실무에서는 구글 옵티마이즈까지 적용하기에는 한계가 있는 것 같습니다.

마케팅의 효율을 높이기 위한 새로운 시도들

최근에는 마케팅의 효율을 높이기 위해 새로운 시도를 해보았습니다. 국내 영남지역에 위치한 제조업을 대상으로 진행해본 마케팅 캠페인입니다만 B2B에서는 다소 도전적으로(?) 해당 지역 내 수요자들의 공감을 얻기 위해 표준어가 아닌 사투리로 접근을 해보았던 사례가 있습니다.

해당 지역 내 타겟 유저들에게 친밀감을 얻고자 지역 타겟팅 + 지역내 사투리를 사용해서 미디어를 운영해보았는데 일반적인 운영보다는 더 높은 클릭률과 체류시간을 확보할 수 있었습니다.

▲ 사투리를 활용한 배너소재 예시

타겟과 소재를 세분화하는 전략을 넘어 '감정'의 디테일함을 담는 마케팅 전략

이제 B2B 마케팅에서도 새로운 소재의 접근이 필요하다고 생각합니다. B2B 비즈니스의 경우 비즈니스의 규모가 크다보니 광고 카피 제작을 보수적으로 접근하고 있습니다.

또한, 글로벌회사의 경우에도 본사에서 명확한 가이드라인을 배포하기 때문에 소재를 변형하는 것이 쉽지는 않지만 위의 사례에서 볼 수 있듯 타겟 세분화를 넘어 개개인에게 조금 더 친밀감을 형성할 수 있는 소재로 접근하는 전략이 필요할 것 같습니다.

AI 기술의 발전은 앞으로 더 가속화되어 광고 타겟팅이나 데이터분석과 같은 '마케팅 테크' 분야에서는 더더욱 상향평준화가 될 것으로 보입니다. 따라서 마케팅의 차별성을 확보하기 위해서는 기술적인 접근도 중요하지만 세분화된 마케팅 메시지를 친숙하게 전달하려는 감성적인 접근에서도 찾을 수 있을 것으로 생각됩니다.

페이스북, 인스턴트 DB를 활용한 LEAD 수집하기

> **모로(대각선)로 가도 서울만 가면 된다.**
>
> – 우리말 속담

우리 속담에는 "모로 가도 서울만 가면 된다"라는 말이 있습니다. 마케팅도 마찬가 지입니다. 마케팅이란 결국 성과가 나와야 하는 것이고, B2B 마케팅에서는 LEAD가 수집되어야 합니다. 마케팅을 진행해도 LEAD가 수집이 안 되는 경우가 너무 많기 때 문에 모든 상황에 대해 언급할 수는 없습니다만 일정 기간 마케팅을 진행했음에도 결 과가 나오지 않는다면 DB가 수집되는 허들을 낮출 필요가 있습니다.

가장 먼저 허들을 낮출 수 있는 방법은 회원정보의 입력 값을 최대한 간소화하거나 줄이는 것입니다. 업종이나 직원 수 등 다소 허들처럼 느껴질 수 있는 부분들을 제외 하는 것입니다.

또, 다른 방법은 특정 광고 열람 후 페이지 이동을 통해서 중간의 이탈과정을 최대 한 줄이는 것입니다. 일반적으로 소셜미디어 광고 열람 후 특정 랜딩페이지 접속 후 회원정보를 남기는 것이 아니라, 소셜미디어에서 특정 콘텐츠를 열람 후 바로 DB를 수집 받는 것입니다. 이러한 프로세스의 장점은 2가지가 있습니다.

우선 정보를 열람하고 바로 상담문의를 남기는 구조로 넘어가기 때문에 동선이 굉 장히 짧아집니다. 또, 페이스북의 경우 셋팅에 따라 프로필에 저장되어 있는 자기 정 보를 자동완성으로 불러오기 때문에 고객들은 불필요한 정보값을 넣는데 시간을 소 비하지 않아도 됩니다. 따라서 기존의 방법보다는 더 쉬운 방법으로 고객들의 LEAD 를 수집할 수 있습니다.

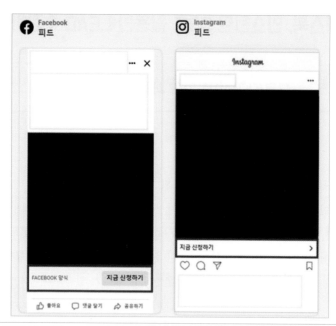

▲ 페이스북 리드폼 광고 예시

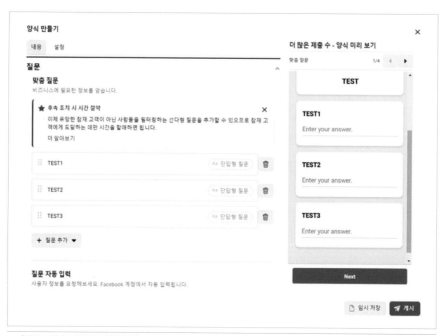

▲ '페이스북' 리드폼 광고 셋팅 화면

이와 같이 리드폼 광고를 활용하게 되면 DB가 최종 수집되기까지의 고객 동선을 줄일 수 있기 때문에, DB 수집의 양을 늘릴 수 있습니다. 그리고 이러한 인스턴트 DB를 구축할 수 있는 환경은 페이스북에서만 제공하는 것이 아닙니다. 이미 B2C 마케팅의 분야에서도 금융 서비스 상담문의나, 자동차 시승, 뉴스레터 구독신청 등의 목표에 따라 많이 활용하고 있었고, 이름만 다를 뿐 카카오톡에서도 '비즈니스 폼'기능을 제공하고 있었고 구글애즈에서도 '리드양식'이라는 기능을 통해서 서비스를 제공하고 있었습니다. 따라서 LEAD의 수집이 잘 안 되는 상황이라면 고객 이동 동선을 짧게 하여 수집되는 LEAD의 양을 늘리는 것도 중요합니다.

그러나 인스턴트 DB를 활용하여 LEAD를 수집했을 때, 장점과 단점이 있습니다.

장점이라고 한다면 앞서 언급한 바와 같이 고객의 이동 동선을 가장 짧게 하여 LEAD가 수집되는 허들을 최대한 낮출 수 있다는 것이 있습니다. 단점이라면 DB를 남기는 구조가 매우 간소화되었기 때문에 불필요한 LEAD가 수집되는 경우도 많이 있습니다. 따라서 '인스턴트 DB 기능'의 활용여부는 비즈니스의 상황에 맞게 유연하게 결정하시기를 바랍니다. 그러나 제 개인적인 의견으로는 불필요한 LEAD가 일부 발생하더라도 리드 필터링을 통해서 개선해 나갈 수 있겠지만 LEAD가 전혀 수집이 되지 않는 구조에서는 이를 개선할 방법이 없습니다. 따라서 리드가 발생되지 않는 상황이라면 '인스턴트 DB 기능'을 활용해 보시기 바랍니다.

여기서 잠깐!

다수의 이메일 마케팅을 진행하면서 이메일 HTML 내에 연동된 페이지에 DB를 남기는 경우도 있고, 별도의 설문 양식(form)이 셋팅 되어 있는 외부 링크로 연동되는 경우도 있습니다. 그러나 평균적으로 비교를 해보았을 때, 특정 랜딩 페이지에서 별도의 외부 설문 링크로 연결되는 경우에 클릭이나 최종 상담문의 등의 수치가 낮게 집계되고 있습니다. 마케터가 예상하는 것보다 고객들은 이러한 미묘한 변화들에 민감하게 반응하는 것 같습니다. 이메일 마케팅을 진행할 때에 고객 니즈를 분석해서 최대한 물 흐르듯 진행되는 마케팅 구조를 설계하시는 것이 좋습니다. 이를 위해서는 내용의 흐름과 구조적인 흐름 두 가지를 모두 고려해서 콘텐츠를 구성해야 합니다.

✏ 마케팅 성과측정 구글 애널리틱스를 활용하기 ✏

구글 애널리틱스에 대한 중요성은 아무리 강조해도 지나치지 않습니다. 그러나 많은 마케터 분들이 구글 애널리틱스를 사용하지 않거나 아니면 사용을 하더라도 일부 기능만 사용한 사례들을 많이 보았습니다.

일부 기능만 사용하는 마케터분들의 이야기를 들어보면 대부분 어떠한 기능이 있는지를 모르시고 있는 경우가 많아 오늘은 구글 애널리틱스에서 요긴하게 사용할 수 있는 기능들에 대해 요약하였습니다.

구글 애널리틱스 셋팅 등의 가이드에 대한 내용은 유튜브 영상만 검색해보시더라도 쉽게 찾으실 수 있기 때문에 굳이 본 포스팅에 중복으로 올리지 않습니다. 본 포스팅은 셋팅에 대한 가이드가 아닌 구글 애널리틱스에서 사용할 수 있는 핵심 기능들에 대해 소개했으니 참고해주시기 바랍니다.

마케팅의 구조를 짜는 것이 진짜 광고주의 일입니다.
따라서 광고주가 리드할 업무와 파트너(에이전시)와 협업을 해서
진행할 업무를 분류해야 합니다.

우선 마케팅의 시장구조는 매우 세분화 되어 있습니다. 실제로 대규모의 마케팅 캠페인을 운영하는 국내 최고 규모의 제일기획 등 Full Service를 제공하는 에이전시부터, 온라인 광고 총판 역할을 하는 미디어랩사 그리고 디지털 쪽으로 Full Service를 제공하는 여러 디지털 마케팅 전문대행사, 그리고 SEO와 인플루언서 마케팅을 전문으로 하는 에이전시, 그리고 광고를 소유한 다양한 미디어들과 광고 기술들, 실질적으로 처음 광고가 기획되어 소비자까지 오는 과정에는 이렇게 다양한 공정과정이 섞여 있습니다.

우리가 사용하는 생필품들이 원자재 수급과 가공, 디자인, 제조 등의 여러 공정과정을 거쳐 우리에게 오는 것처럼, 온라인 광고 역시 다양한 공정과정을 최적화시키고 관련 업체나 전문가를 잘 믹스해서 성과를 내는 것이 어찌 보면 온라인 대행사의 역할이라고 볼 수 있습니다.

전문적으로 클라이언트만 상대해야 하는 마케팅 대행사에서도 일부 업무를 내부에서 소화하는 부분도 있지만, 실질적으로 일부 업무는 외부에 아웃소싱으로 협업을 해야 하는 구조로 운영이 되고 있습니다.

이러한 이유 때문에 소기업에서 중견기업 기준 5명에서 10명 내외로 구성되는 인하우스 마케팅 부서에서 전체 광고 영역을 100% 내부에서 진행할 수 있을까요? 이는 현실적으로 거의 불가능 하다고 보셔도 됩니다.

그렇다면 광고주(인하우스 마케터)는 어떤 일을 해야 할까요?

인하우스의 마케터가 할 일은 예산을 편성하고, 내부 유관부서와 커뮤니케이션을 하고, 캠페인의 방향을 잡고, 에이전시에 업무를 분배하고, 전체적인 KPI를 관리해야 하는 등 다양한 업무가 있지만 제 생각에는 그 중심에는 구글 애널리틱스가 있어야 한다고 생각합니다.

온라인으로 진행되는 캠페인이라면 반드시 데이터 분석이 필요하고 이는 온라인 광고시장에서 항해를 할 수 있는 지도와 같고, 다양한 마케팅 파트를 지휘할 수 있는 오케스트라 지휘자의 악보와 같다고 보셔도 됩니다.

그렇다고 구글 애널리틱스를 처음부터 끝까지 모두 배워서 진행하실 것인가요?

경험이 많은 퍼포먼스 대행사 출신의 마케터가 아니라면 이 부분도 쉽지는 않습니다. 그리고 더구나 구글 애널리틱스가 중급 셋팅 이상으로 가게 되면, 개발에 대해 기반 지식이 없으면 쉽지 않은 분야도 있으니 이 모든 것을 직접 하는 것은 매우 비효율적인 일입니다. 따라서 캠페인을 관리해야 하는 매니저라면 구글 애널리틱스에서 체크 가능한 핵심적인 기능들을 알고 있고, 해당 셋팅이나 관리 운영 등의 업무는 다른 구성원에게 위임을 하거나 외부업체에 위탁하는 것이 훨씬 더 효율적입니다. 제가 생각하는 가장 좋은 구조는 구글 애널리틱스에 필요한 기능에 대한 설계는 광고주가 직업하고 셋팅은 외부에 의뢰 후 클라이언트 내부에서 일정 기간이라도 직접 운영해보는 것입니다.

그럼 서론을 뒤로하고 본격적으로 구글 애널리틱스에서 사용할 수 있는 핵심 기능들에 대해 설명해보도록 하겠습니다. 구글 애널리틱스에서 제공하는 기능과 적용사례 위주로 간단하게 나열 하였습니다.

1. 목표값 설정을 통한 전체 트래픽 관리

아래의 표와 같이 전체적으로 목표관리를 할 수 있습니다. 회원가입이나 거래달성 등의 목표를 설정하여 전체적으로 캠페인을 운영할 수 있습니다.

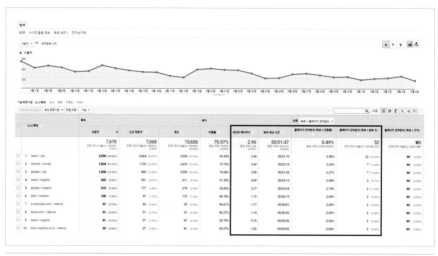

▲ 구글 애널리틱스 목표값 설정

2. 어떤 키워드를 통해 목표가 달성 되었는지 UTM 파라미터 셋팅을 통해 알 수 있습니다.

네이버 검색광고를 통해서 목표가 전환이 되었을 때 어떤 키워드로 전환이 되었는지 UTM 셋팅을 통해 알 수 있습니다. 특히 이커머스를 하시는 분들이라면 스마트스토어는 네이버 검색광고와 연동하여 키워드별 전환을 알 수 있지만 단독몰이나 카페24 등의 솔루션을 사용했다면 정확히 체크가 안되는 부분도 있는데 이를 UTM 셋팅을 통해 사용할 수 있습니다.

▲ 구글 애널리틱스 유입 키워드 분석

3. SNS나 배너 광고의 경우 각각 UTM 파라미터에 값을 다르게 부여하여 소재별로 성과 측정을 할 수 있습니다. (A/B 테스트)

보시는 것처럼 각각의 광고 URL에 UTM 파라미터 값을 적용 후 아래와 같이 필터를 적용해서 어느 광고에서 성과가 발생되는지 측정할 수 있습니다.

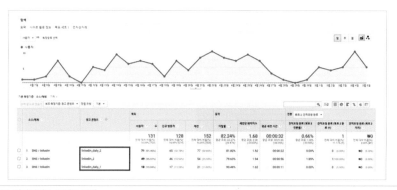

▲ 구글 애널리틱스 콘텐츠 분석

4. 스크롤 관여도 측정

스크롤뎁스라는 기능도 잘 활용하면 요긴하게 사용할 수 있습니다. 랜딩페이지나 특정 홈페이지 오픈 후 바로 성과가 나오지 않을 때, 보조지표로 사용할 수 있습니다. 예를 들어 스크롤뎁스가 30%미만에서 발생하는 유저가 특정 비중 이상이라면 해당 캠페인은 광고를 최적화하는 것보다 랜딩페이지나 홈페이지를 먼저 최적화하는 것이 효율적일 수도 있습니다.

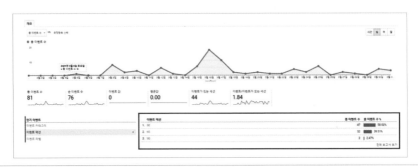

▲ 스크롤 관여도 분석

5. 사용자 탐색기

서비스 오픈 초기 단계에 있거나 한명이 구매결정을 했을 때 구매금액 단위가 높은 B2B 비즈니스의 경우에는 전환이 발생한 사용자를 수기 분석하는 것도 도움이 됩니다. 가장 좋은 예로는 홈페이지 유입 후 구매 전환이 이루어질 때까지의 행동패턴과 시간을 분석해서 광고와 랜딩페이지에 적용하는 방법입니다.

▲ 사용자 탐색기 분석

6. 특정 버튼 클릭값 트래킹

아래의 이미지와 같이 특정 버튼이나 링크 URL 등에 대한 인사이트를 추출하는 것이 가능합니다. 특히 목표와 연관이 있는 견적문의, 상담요청, 구매 등의 버튼이라면 반드시 분석을 해야 합니다.

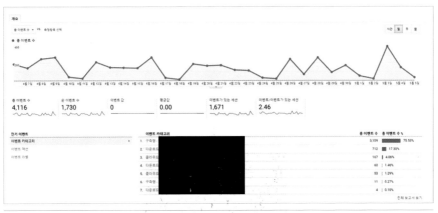

▲ 버튼값 (이벤트 분석)

7. 다채널 유입 분석

요즘은 대부분의 전환이 특정 광고를 보고 즉시 반응하는 패턴이 아닌 다양한 콘텐츠를 열람 후 최종 결정하는 패턴을 보이기 때문에, 다채널 유입 분석(MCF)자료를 활용하면, 채널별 비중이나 예산을 편성하는 업무에 큰 도움이 됩니다.

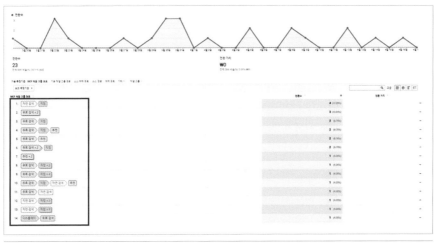

▲ 다채널 유입분석

8. 전자상거래 분석

전자상거래 매출분석을 통해 어떤 광고에서 매출이 전환되었는지 체크하는 것이 가능합니다. 제품별로, 매체별로 분류해서 볼 수도 있으니 이커머스(전자상거래)를 운영하고 있다면 해당 자료를 함께 체크해보시는 것도 도움이 됩니다.

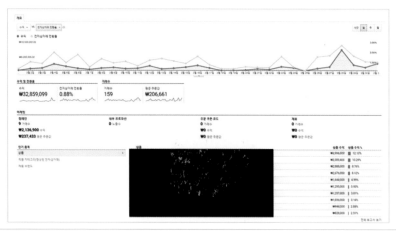

▲ 전자상거래 분석

구글 애널리틱스에는 더 다양한 기능이 있지만 나머지 기능들은 상황에 따라 보강하는 형식으로 개선하시면 될 것 같고, 위에서 설명한 기능에 대해서는 지금 하고 있는 비즈니스에 적용할 부분이 있는지 체크해보시기 바랍니다. 추가로 위에서 언급한 기능들은 구글 애널리틱스의 기능 중 매우 일부분에 불과합니다. 실제로 소개하지 못한 더 다양한 기능들이 있기 때문에 우선 기초적인 부분부터 적용 후 점진적으로 개선해보시기 바랍니다.

구글 애널리틱스만 제대로 활용하더라도 전체적으로 캠페인을 관리하거나 에이전시 혹은 내부 유관 담당자들과 커뮤니케이션할 때에 의미있는 수치를 통해 커뮤니케이션하실 수 있습니다. 마케팅에는 다양한 기술이 있지만 굳이 하나를 뽑자면 저는 이 구글 애널리틱스 만큼은 마케터가 꼭 숙지를 해야 한다고 봅니다.

앞서 말씀드렸듯 구글 애널리틱스는 마케팅이라는 항해에 필요한 지도이고 구글 애널리틱스 없이 마케팅을 한다는 것은 지도 없이 항해를 하는 것과 같은 상황입니다.

MQL, SQL 그리고 리드 스코어링, 어디에 집중해야 하는가?

> ## 무지(無知)를 아는 것이 곧 앎의 시작이다.
>
> – 소크라테스

B2B 마케팅에서 영업부서와 마케팅부서의 업무 커뮤니케이션은 매우 중요한 분야입니다. 때로는 긴밀하게 협력해야 하기도 하고 때로는 부서의 업무 상황에 따라 상대부서를 설득해야할 일도 많습니다. 그러나 많은 기업에서 현재 마케팅과 관련된 의사결정들이 매우 합리적으로 결정된다고 생각하는데 그렇지 않은 경우가 훨씬 더 많습니다. B2B 마케팅의 경우 유입량보다 더 중요한 것은 핵심 고객에게 어떠한 메시지를 전달하느냐가 중요합니다. 따라서 대다수의 분야들이 애초에 많은 방문자수가 발생할 수 없는 구조입니다. 적은 양의 데이터를 기준으로 인사이트를 뽑아내려고 하니 기본적인 데이터 표본(Sampling)이 일정하지 않습니다. 이 지점에서 의사결정의 오류가 생기는 경우가 많습니다. 따라서, 마케팅 업무에서 새로운 문제에 당면했을 때에는, 아무것도 없는 제로(無)의 상태에서 의사결정을 하려고 노력을 해야 합니다.

실무에서 성과측정과 관련된 업무를 할 때에는 마케팅부서와 영업부서의 협의를 통해 진행됩니다.

사실, B2B 분야에서 마케팅은 영업팀의 업무지원 역할을 하기도 합니다. 영업사원이 새로운 클라이언트를 만날 수 있도록, 꾸준히 신규수요를 창출하고 새롭게 브랜딩할 수 있는 요소들을 만들어주는 것이 가장 큰 업무라고 생각합니다. 마케팅부서와 영업부서의 커뮤니케이션에서 많이 발생하는 이슈사항은 아래와 같습니다.

[발생되는 상황]
마케팅 리드(MQL, Marketing Qualified Lead)의 품질이 낮아서 계약 전환율이 낮은 경우

[영업팀의 요청사항]
마케팅 리드(MQL, Marketing Qualified Lead)의 선정 기준을 높여서 양질의 잠재고객을

만들자.그러나, 기본적으로 수집되는 잠재고객(LEAD)의 수량이 적은 경우에는 위와 같은 논의가 불필요합니다.잠재고객의 품질에 대해 논의를 하는 것보다는 속히, 잠재고객(LEAD)의 수량을 늘린 후 선별 하는 것이 더 효율적이기 때문입니다. 현실적으로, 유입되는 잠재고객의 품질을 관리 할 수 있는 방법보다는 수집되는 고객정보의 수량을 최대치로 늘린 후 사용가능한 고객정보를 선별하는 편이 효율적입니다.

전체적인 B2B 마케팅의 흐름을 보게 되면 대부분 화두가 되는 것은 MOF(Middle of Funnel)의 영역입니다. 애초에 한정적인 LEAD를 갖고 LEAD의 품질에 대해 이야기를 나누는 것은 의미 있는 대화로 이루어지기가 힘듭니다.

이러한 커뮤니케이션이 조금 더 의미가 있어지려면 기본적으로 확보되는 LEAD의 양이 많아야 합니다. LEAD의 수량이 많아야 샘플링(Sampling)을 할 수 있는 표본도 많아지고 데이터의 오차범위도 줄어들어 정교한 마케팅 개선이 가능하지만, 기본적으로 유입되는 데이터가 적은 상황에서 LEAD의 품질에 대해 협의하는 것보다는 LEAD의 수량을 늘리는 데에 집중하는 것이 좋습니다.

따라서 저는 리드평가(리드 스코어링)를 할 때에는, 마케팅적인 세부 성과를 같이 분석하는 것이 좋다고 생각합니다. 각 미디어의 성과와 개발되는 LEAD는 각 미디어들과 유기적으로 연결되어 있기 때문입니다.

▲ 마케팅 펀넬 구조

리드 스코어링(Lead Scoring)은 어떻게 진행되는가?

LEAD의 효용성이나 품질에 대한 평가를 진행할 때, 가장 많이 사용하는 방법이 각 항목별로 리드에 점수를 부여하는 방법(Lead Scoring)입니다. 온라인상의 다양한 정보들을 검색해보면 리드 스코어링을 할 수 있는 다양한 방법과 이론들이 있지만 리드를 스코어링하는 방법은 비즈니스나 회사특성, 그리고 리드 제너레이션(Lead Generation)의 구조에 따라 다르기 때문에 이론만으로 실무에 적용하는 것은 한계가 있습니다.

이러한 이유 때문에 어떤 경우에는 별도의 성과지표를 통해서 체크하는 것 보다는 담당 영업사원의 경험과 감각에 의존하여 간단하게 A, B, C 등급으로 분류하는 경우도 있습니다. 저는 복잡한 프로세스를 만드는 것보다는 후자도 실무사항을 고려한 합리적인 결정이라고 생각합니다. 사실, 많은 B2B 기업에서는 마케팅의 구조를 개선하여 꾸준히 LEAD가 들어오는 구조를 만드는 것이 중요한데, 정작 LEAD가 유입도 안되는 상황에서 몇 안 되는 LEAD를 관리하기 위해 더 많은 리소스를 투여하기도 합니다. 해당 업무를 프로세스적으로만 접근하게 된다면 결국 불필요한 고정 업무만 생기는 결과로 이어질 수 있기 때문에 가장 심플한 구조로 운영을 해야 합니다.

실제 실무에서는 리드 스코어링(Lead Scoring)을 진행할 때, MQL과 SQL에 대해서만 분석을 하고 그 전단계에 대한 논의가 빠져 있는 경우가 많습니다. 따라서 저는 웹페이지 로그분석을 통해서 얻은 고객 행동 데이터를 리드 스코어링과 같은 선상에서 분석을 해야한다고 판단합니다. 단순히 결과 값으로만 캠페인을 분석하는 것이 아니라 LEAD가 정상적으로 유입될 수 있는 인풋(In-put) 값을 명확하게 셋팅해야 전체적인 캠페인이 원활하게 운영 될 수 있습니다.

리드 스코어링(Lead Scoring)에서 분석해야할 지표

구분	내용	체크지표	비고
1	웹페이지 체류유저 관리 (Marketing Traffic Management)	온라인 행동 / 페이지 별 트래픽 / 고객의 니즈별 트래픽 / 유입 미디어 별 체류시간 / 페이지 별 체류시간 / CTA 버튼 클릭비율	웹페이지내의 고객들의 관여도를 세분화하여 브랜드에 대한 신뢰도를 높일 수 있는 전략
2	상담문의 완료(MQL, Marketing Qualified Lead)	회사정보 / 회사유형	비즈니스와 매칭되는 타겟기업 1차 필터링
3	영업기회 체크완료(SQL, Sales Qualified lead)	예산 / 도입시기 / 서비스에 대한 니즈 / 프로젝트 내의 의사결정 권한	영업의 기회를 파악하여 우선순위 결정

양질의 잠재고객(LEAD)을 생성하기 위해서는 할 수 있는 노력들

각 글의 단락에 세부적인 내용들을 기재 했으나 다시 정리하는 의미로 B2B 마케팅에서 중요한 업무들에 대해 나열해보도록 하겠습니다. 각 분야를 폭 넓게 대조해보면서 현재의 비즈니스에 도입하거나 개선할 부분이 있는지 체크 해보시면 도움이 될 것 같습니다.

1. 모니터링을 통한 데이터 세분화

모니터링이나 데이터 분석이 세분화 되어 있지 않거나 아예 분석조차 되지 않고 있는 경우가 많이 있습니다. 큰 맥락에서 유료광고와 직접유입의 트래픽을 분석하고 유료광고는 각 채널별로 효율을 분석할 수 있어야 합니다. 또, 검색광고는 키워드 별로 체류시간을 통해서 효율을 분석할 수 있어야 하고, 소셜미디어나 배너광고의 경우에도 소재 별로 정확한 효율이 분석이 되어야 합니다. 이 자료가 객관화가 되어야 현재 금액대비 마케팅이 어떻게 운영되고 있는지를 이해할 수 있습니다.

2. 가장 먼저 해야할 것은 불필요한 광고비 줄이기

데이터를 세분화하여 분석하는 이유는 마케팅성과를 개선하는 것이 목적이 아닙니다. 이는 장기적인 목표이고 우선은 1차적으로 불필요한 광고비의 누수를 막는 것이 우선입니다. B2B 마케팅의 광고 셋팅이나 구조들을 보게 되면 안타깝게도 애초에 광고의 효율이 좋아질 수 없는 구조로 셋팅된 경우들이 많습니다. 이런 경우에는, 초기에 잘못된 광고 셋팅이 장기간 유지되는 경우가 많아 매우 비효율적입니다. 따라서 데이터분석을 통해서 가장 먼저 해야할 업무는 불필요한 광고비를 줄이는 업무라고 생각합니다.

3. 고객의 니즈 별 랜딩페이지 별도생성

B2C의 다양한 저관여 상품들도 요즘은 랜딩페이지나 MD구성에 많은 신경을 쓰고 있습니다. 그런데 B2B 비즈니스에서는 생각보다 1개의 랜딩페이지만 고집하는 경우가 많습니다. 이를 뒷받침하는 이유들을 들어보면 1개의 랜딩페이지로 운영 했을 때 데이터를 분석하고 관리하는 것이 편하다는 것이고, 브랜드의 전체적인 이미지와 자사 서비스의 '편익'만 소구하더라도 나머지 후속조치는 담당 영업사원과의 긴밀한 커뮤니케이션을 통해서 충분히 개선할 수 있다는 것입니다. 그러나 이렇게 운영하는 경우에는 시장 내에 수요가 명확하고, 자사제품의 특장점이 명확한 경우에는 가능합니다만, 그렇지 않은 경우에는 고객의 모든 니즈를 세분화하여 별도의 랜딩페이지를 만들어야 합니다. 고객의 구매여정을 고려하여 의식의 흐름대로 새로운 페이지구성을 하는 것이 가장 모범사례이고, 그게 아니라면 적어도 공통된 내용에 상단부분만이라도 해당 유저들을 위한 내용으로 수정을 해야 합니다. '에빙하우스'의 망각곡선에 따르면 우리의 뇌는 읽은 내용을 20분이 지나면 절반정도 잊게 되고 반복하지 않게 되면 전체 내용 중 20%만 기억을 합니다. 그러나 요즘과 같은 정보의 홍수시대에서 유료광고로 전달한 내용들을 소비자에게 얼마나 인지시킬 수 있을까요? 결국 성공의 열쇠는 디테일입니다. 얼마나 짧은 시간에 고객들에게 자사 서비스를 인지시킬 수 있느냐가 큰 관건이라고 생각하고, 랜딩페이지를 니즈에 따라 세분화 하는 것은 시간이 많이 소요되는 일이지만 매우 합리적인 결정이라고 생각합니다.

4. 브랜드인지(Brand Awareness)를 높이기 위한 콘텐츠 마케팅

나에게 꼭 필요한 내용도 20분이 지나면 50% 정도까지는 잊게 되는 것이 뇌의 구조입니다. 따라서 '비즈니스'와 관련된 내용들을 짧은 시간에 고객들에게 인지시킨다는 것은 매우 어려운 일입니다. B2B에서는 브랜드의 일정한 톤앤매너(Tone&Manner)를 유지해야 하기 때문에 도입이 쉬운 부분은 아니지만 저는 B2B 관련 콘텐츠들도 초반의 도입부(HOOK)에 흥미를 끌 수 있는 요소를 가미하여 고객들에게 쉽게 접근해야 한다고 생각합니다.

아래의 그림은 지그문트 프로이트(Freud, Sigmund)가 설명하는 의식의 구조입니다. 프로이트의 이론에 따르면 인간의 의식은 의식, 전의식, 무의식 이렇게 3가지 구조로 설명할 수 있습니다.

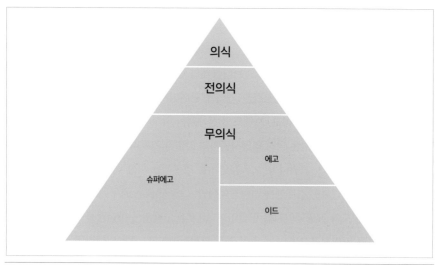

▲ 의식의 구조

기본적으로 인간의 의식은 외부의 요소에 저항력을 갖고 있기 때문에 특정한 메시지를 '각인' 시키려면 의식을 깨울 수 있는 특정 자극들이 필요합니다. 대표적으로 사람들이 많은 공간에서는 박수를 치거나, 큰 목소리로 분위기를 환기시킨 후 집중하는 방법들이 그러한 경우입니다. 그러나 이러한 행위(Action)를 온라인상에서 할 수는 없는 일입니다. 따라서 콘텐츠의 도입부에 우선 정보들이 부담 없이 인지될 수 있도록 뇌이 전의식(노력하면 의식화할 수 있는 기억이나 잔상)을 함께 활용하는 방법입니다.

B2B 비즈니스에서는 다소 도전적인(?) 방식이긴 하지만 콘텐츠의 각인 효과를 높이고자 최근 많이 활용하고 있습니다.

▲ 고객인지를 시킬 수 있는 다양한 콘텐츠 예시 / [자료출처] 싱크트리 인스타그램 (https://www.instagram.com/synctree_studio/)

위의 자료들과 같이 B2B 비즈니스에서 사용되는 솔루션의 인지를 위해 대한민국 사람들이라면 대부분 들어본 적이 있는 '흥행영화'와 '브랜드'를 엮어서 새로운 형태의 콘텐츠를 개발하고 있습니다. 사실 B2B 비즈니스의 고질적인 문제점이 콘텐츠가 너무 어려워서 인지 자체가 어렵다는 것입니다. 따라서, 저항력이 높은 콘텐츠들을 고객들에게 인지 시키기 위해 대부분의 사람들에게 인지되어 있는 기억(전의식)을 연상시킬 수 있는 테마(Theme)로 다양한 콘텐츠들을 제작하는 경우도 있습니다. 이러한 콘텐츠들은 오랫동안 쌓아 놓은 브랜드의 신뢰도와 연계가 되는 부분이기 때문에 브랜드 가이드가 명확하게 형성되어 있는 대기업이나 글로벌 기업에서는 적용하기 힘든 부분이나 중소기업(SMB)이나 스타트업에서는 새로운 형태의 콘텐츠를 적극적으로 고려해볼 필요가 있다고 생각합니다. 그 이유는 B2B 비즈니스의 공식계정이 대부분 소통이 아닌 획일적인 브랜드 메시지만 전달하고 있으며, 대부분의 기업에서 콘텐츠를 통한 소통을 찾을 수 없는 상황이라 기존의 콘텐츠와 다른 형태의 접근이 필요하다고 봅니다.

신규채널 발굴

아직도 B2B 마케팅에서 전시나 세미나는 가장 중요한 마케팅 수단입니다. 그러나 그럼에도 불구하고 온라인 마케팅에 대한 새로운 니즈는 꾸준히 상승하고 있습니다. 예전에는 비즈니스 관련 정보이기 때문에 페이스북 영역의 마케팅만 선호하는 경향도 있었지만 요즘은 인스타그램이나 유튜브 광고도 적극적으로 활용하고 있는 추이입니다. 따라서 요즘은 핵심 타겟이 밀집되어 있는 채널도 중요하지만 더 중요한 것은 콘텐츠로써 정보성과 생동감이라고 생각합니다. 따라서, 요즘은 노출되는 영역이 중요한 것은 아닌 것 같습니다. 최근에는 B2B 비즈니스에서도 카카오톡 친구추천 이벤트 등을 적극적으로 활용하고 있기도 하고, 솔루션 홍보를 위하여 다양한 블로그 인플루언서를 활용하기도 하는 추이입니다. 유튜브나 인스타그램에서 솔루션을 홍보할 수 있는 '숏폼' 콘텐츠도 적극 활용하고 있는 추이입니다. 따라서 고객들이 있는 곳이라면 때와 장소를 가리지 않고 적극적인 자세로 확장해볼 필요가 있다고 생각합니다.

마케팅의 새로운 시도

B2B 마케팅에서도 새로운 흐름이 생기고 있습니다. 콘텐츠들에 '시의성' 이슈들을 엮은 친근한 마케팅 방법들이 많이 생겨나고 있습니다. 최근 B2B 마케팅에서도 MBTI를 활용한 콘텐츠들을 개발하고 있고, 미팅을 하다 보면 어떤 클라이언트께서는 '웹 드라마(Web Drama)'를 제작해보고 싶은 니즈에 대해서도 말씀해 주시기도 합니다. 따라서 앞으로 B2B 비즈니스에서도 다양한 콘텐츠 마케팅과 함께 새로운 시도들이 이어질 것으로 예측하고 있습니다. B2C 마케팅과 B2B 마케팅의 구분이 없어지고 있는 요즘의 흐름에 맞게 앞으로 B2B 콘텐츠의 영역에서도 새로운 시도들이 생길 수 있기를 기대해 봅니다.

PART 09

빠르게 적용이 되고 있는 마케팅 자동화의 큰 흐름을 잡아야 미래가 보입니다.

INDEX.

✒ 마케팅 자동화의 구조와 이해 ✒

가속화 되고 있는 마케팅의 큰 흐름을 이해하기

'마케팅자동화'에 대해 본격적으로 들어가기에 앞서, 마케팅 자동화의 개념은 생각보다 더 추상적이고 포괄적인 개념입니다. 왜냐하면 지금도 변화하고 있고, 앞으로도 기술발전에 따라 더욱 고도화 될 수 있기 때문입니다. 사실, 아직 국내에는 마케팅 자동화에 대한 일명 '정석'인 자료들이 없는 상황이기 때문에, 해당 글을 작성하면서 상당히 고민이 되었거나 개념들이 충돌되는 부분들도 있었습니다.

또, 결국 마케팅 자동화란 솔루션을 통하여 도입을 해야 하는 상황이기 때문에, 각 제조사와 솔루션들이 지향하고 있는 서비스의 목적이나 기능들이 달라서 마케팅 자동화의 범위를 정의하기에도 매우 난해한 부분이 있었습니다.

그러나 그럼에도 불구하고 마케팅 자동화를 통해서 구현할 수 있는 기능이나, 개념적인 부분을 설명하는 것이 필요하다고 생각하여 해당 글을 적어 보았습니다. 단, 본 글에는 마케팅자동화의 넓은 개념 중 개인화 마케팅(Personalization Marketing)에 대한 내용을 중심으로 글을 작성했으니, 제가 제시하고 있는 관점이 '마케팅 자동화' 시장의 전체의 흐름을 설명하고 있지 않음을 참고해 주시기 바랍니다.

SEO에서 콘텐츠마케팅을 넘어 이제는 CRM 마케팅의 전성기

제가 처음 마케팅 업무에 입문한 약 10년 전에는 마케팅의 분야가 지금처럼 세분화되어 있지 않았습니다. 마케터는 상황에 따라 주어진 다양한 업무를 두루 했습니다. 이 당시 B2B 마케팅에서는 전시, 세미나 등의 오프라인 마케팅이 주류였고, 온라인에서는 언드 미디어(Earned Media)나 SEO를 기반으로 진행되는 바이럴 마케팅이 성행하고 있었습니다. 이후로 '소셜 미디어' 보급이 확산되면서 카드뉴스를 활용한 콘텐츠 마케팅의 전성기가 왔고, 이 때에는 업계에 콘텐츠 마케터라는 말이 많이 언급되었습니다. 이후에는 다양한 미디어 믹스를 기반으로 하는 퍼포먼스 마케터의 전성시대가 왔습니다. 마케팅의 과정을 축구에 비유하자면 넓은 운동장에서 공을 골대 앞까지 몰고 오는 것은 퍼포먼스 마케팅의 영역이고, 골문 앞에서의 활동들은 SEO라고 볼 수 있습니다. 결국 최종 구매는 '온라인 정보탐색' 구간에서 비교/검토 과정을 통해 구매가 이루어지는 경우가 많기 때문입니다.

마케팅을 '축구경기'에 비유를 하자면, 골인(Goal-In)이 되는 순간은, 웹페이지 내에서 진행되고 있는 CTA(Call To Action) 등의 온사이트 마케팅을 통해서 이루어집니다. 또, 골대를 맞고 튕겨 나간 후 다시 골인의 순간이 왔을 때, 골을 만들 수 있거나, 골인이 된 이후에도 재구매가 이루어질 수 있는 역할을 담당하고 있는 CRM의 영역이 중요해지고 있습니다. 몇 년 전부터 뉴스레터 마케팅이나 웹페이지 행동기반으로 진행되고 있는 온사이트 마케팅도 갈수록 수요가 많아지고 있는 추이입니다.

결국, 본 단락에서 다루려고 하는 마케팅 자동화란, 비식별된 고객데이터와, 식별된 고객데이터를 기반으로 정교하게 설계되는 것이기 때문에, 예전에는 그저 공이 골대 앞까지 올 수 있는 많은 기회를 만드는 것이 마케팅의 핵심이었다면, 요즘의 마케팅은 단순히 구매가 이루어 질 수 있는 확률을 높이는 것에 그치지 않고, 기회가 왔을 때 정확히 최종 골인을 시키는 것이 중요해졌습니다. 또, 한 번의 구매 이후에도 지속적으로 구매가 이루어질 수 있는 VIP고객을 생성하기 위한 노력들을 꾸준히 하고 있기 때문에, 앞으로도 CRM의 영역과 마케팅 자동화의 영역은 더 범위가 넓어질 것으로 예상됩니다.

B2B 마케팅의 영역에서는 의사결정이 복잡하고, 매우 길기 때문에, 골 앞까지 오는 수가 적더라도 소수의 기회를 정확하게 골인만 시키면, 최종 스코어를 뒤집을 수 있는 상황을 만들 수 있기 때문에, 예전부터 CRM의 영역을 중요하게 관리해왔습니다. 다만, 최근에는 기술의 발전을 통하여 단순히 전화번호와 이메일 등의 1차적인 고객데이터가 아니라 웹페이지 내의 고객 행동패턴이나 체류시간 등 다양한 데이터를 연계해서 활용하는 것이 가능하기 때문에, 앞으로 마케팅의 영역에서도 많은 변화와 발전이 있을 것이라 생각됩니다.

국내에서도 빠르게 도입되고 있는 마케팅 자동화 솔루션

해외에서는 꽤 오래 전부터 마케팅 자동화가 사용되어 왔습니다. 국내에서는 해외에 비해 마케팅 자동화의 도입이 다소 늦은 감이 있습니다. 그러나 요즘에는 많은 기업들에서 마케팅 자동화에 대한 수요가 점차 많아지고 있는 상황입니다. 마케팅 자동화(Marketing Automation)를 떠올렸을 때는 막상 도입만 하게 되면 모든 마케팅 활동들을 자동으로 진행해서 빠르게 성과가 나올 것 같지만 현실에서는 다소 다른 부분이 있습니다. 우선 마케팅 자동화의 범위와 이로 인한 효과를 체크해볼 필요가 있습니다.

마케팅 자동화의 업무범위

저는 개인적으로 마케팅 자동화를 CRM, 광고자동화, 영업 간소화 이렇게 총 3개로 구분할 수 있을 것 같습니다. 물론 마케팅 자동화의 최종 목적은 업무를 자동화하여 마케팅의 효율을 극대화하는 것이라고 볼 수 있습니다.

구분	기능	설명
CRM (Customer Relationship Management)	LEAD 관리	• 고객정보 관리 • 고객정보를 활용한 마케팅 개인화 • 클라이언트와의 커뮤니케이션 및 거래기록 관리 • 리드 스코어링 (잠재고객의 중요도에 따라 점수를 부여하여 관리) • 잠재고객이 직접 남긴 정보와 온라인상에 남은 행동 정보 기반의 리드 너처링 (Lead Nurturing)
	C/S 관리	클레임이나 문의사항이 접수된 고객들의 기록을 통합하여 관리
광고 자동화	랜딩페이지 제작	• 템플릿을 활용하여 랜딩페이지 개설 후 다양한 A/B 테스트 가능 • 방문자의 위치, 소스, 장치, 라이프사이클 단계 또는, CRM에 저장된 세부 정보를 기반으로 맞춤형 페이지 제공
	유입 출처 별 웹페이지 내 동적반응	유저들의 유입 출처에 따라 개인화된 팝업 메시지를 띄우거나, 웹페이지 내에 행동을 유도할 수 있는 콜 투 액션(Call To Action) 유도하기
	DB 수집 폼 제작	• 폼 작성 완료 및 입력 값 기준으로 자동 알림 • 템플릿을 활용하여 DB 수집페이지 제작 후 입력 값에 따라 별도의 개인화된 후속조치 가능
	이메일 제작	• 템플릿을 활용하여 이메일 제작 후 다양한 A/B 테스트 가능 • 잠재고객의 속성 값에 따라 맞춤형 이메일 발송가능
	이메일 시퀀스 (Sequence)	• 타겟/유형 별 이메일 시나리오를 구성하여 메일의 반응에 따라 다음 단계의 이메일을 발송할 수 있는 이메일 자동화 기능 (스텝메일) • 조건에 따라 별도의 발송 이메일 설정가능
	이메일 트래킹	이메일 발송 후 열람 혹은 파일 다운로드를 체크하여 해당 데이터를 기반으로 영업/마케팅에 활용

광고 자동화	데이터 분석	웹페이지 방문자의 로그기록을 분석하여 새로운 잠재고객과 타겟팅을 적용가능
	유료광고 통합관리	진행되고 있는 다양한 유료광고를 통합해서 관리하거나, 광고 효율을 개선하기 위한 새로운 광고 최적화 가능
	소셜미디어 관리	소셜미디어 모니터링 및 게시물 통합관리
영업 간소화	영업 메일 간소화	저장되어 있는 유형 별 메일 템플릿을 활용하여 이메일 발송 간소화
	미팅 조율 간소화	미팅 일정을 시스템에 공유하여 불필요한 커뮤니케이션 간소화
	챗봇	빅데이터 분석을 바탕으로 자동답변 기능
데이터 분석		다양한 고객데이터를 통한 인사이트 도출 및 실무적용

위의 표를 보시는 것처럼 마케팅 자동화의 범위도 매우 넓고 또, 구현할 수 있는 기능들도 매우 다양합니다. 따라서 마케팅 자동화가 원활하게 이루어지기 위해서는 목표가 명확해야 한다고 생각합니다.

마케팅 자동화를 어느 부분까지 도입할 것인지, 마케팅 자동화의 도입을 통해서 어떤 결과를 얻고 싶은지가 가장 중요합니다. 가장 도입이 쉬운 부분은 그 동안은 담당자가 직접 진행했던 접수 후 이메일이나 문자 메시지를 발송하는 것이 있을 수 있고, 그 외에 다양한 프로세스 개선을 통하여 다양한 고객 데이터를 통해 새로운 인사이트(Insight)를 도출하고 이를 기반으로 마케팅의 효율을 개선하는 것이라고 볼 수 있습니다.

CRM (Customer Relationship Management)

1. 고객데이터와 실시간 행동분석을 어떻게 활용할 것인가?

고객데이터는 크게 내부에 축적되어 있는 데이터와 쿠키값을 통해 수집한 비식별 고객정보가 있을 수 있습니다. 데이터 분석과 관련하여 비식별데이터와 식별 가능한 데이터에 대한 다양한 이슈들이 있지만, 우선 이해를 쉽게 하기 위해 2개의 영역에 대한 설명을 모두 CRM으로 정리하였습니다.

일반적으로 식별된 데이터나 혹은 식별되지 않은 데이터를 'RFMD'의 기반으로 데이터를 분석한 후 다양한 그룹을 만들어 '마케팅 개인화'를 시도하는 경우가 많습니다.

RFMD의 개념

구분	설명
최근성(Recency)	고객에 최근에 얼마나 구매를 했고 어떤 행동을 보였는지를 분석 하는 기준
구매빈도(Frequency)	고객이 최근에 얼마의 간격으로 구매가 발생했는지 분석하는 기준
구매규모(Monetary)	고객이 구매한 총 금액과 거래 건수를 기준으로 분석하는 기준
체류시간(Duration)	거래가 이루어지지는 않았지만 특정 페이지내의 체류시간을 기준으로 분석하는 기준

상황에 따라, 체류시간을 제외하고 'RFM 분석'까지만 진행하는 경우도 있으나, 구매가 이루어지지 않았을 때에, 가장 먼저 고려해야할 지표가 웹페이지 내의 체류시간이기 때문에 'RFMD 분석'에 해당되는 총 4가지 항목을 기준으로 분석하는 것이 더 효과적인 방향이라고 생각합니다. 따라서 고객의 데이터를 활용하여 다양한 마케팅 시나리오를 구성할 때에는 위의 조건 값을 기준으로 접근해본다면 보다 쉽게 데이터를 분석 해볼 수 있습니다.

고객들이 남기는 사소한 행동에 집중하라.

고객데이터를 활용한 마케팅 자동화의 핵심은 내부의 데이터에 집중하는 것입니다. B2B 마케팅에서는 비즈니스 거래 단위가 크기 때문에 1명의 고객이더라도, 잠재적으로 큰 거래의 규모를 성사시킬 수 있기 때문입니다. 따라서, 고객이 내 웹페이지에 들어왔을 때, 다양한 행동들을 모니터링하여 인사이트를 얻고, 고객들의 새로운 니즈를 발굴할 수 있는 다양한 행동(Action)들을 구축해 나가는 것이 핵심입니다. 따라서 마케팅 자동화 시스템을 도입한다는 것은 마케팅의 기본 틀을 구성하는 것과 같습니다. 다양한 마케팅 캠페인들을 분석해보면, 문제의 원인을 외부에서 찾을 수 없는 경우가 많습니다. 그러나 외부 미디어를 통해 집행된 광고 데이터는 노출, 클릭, 전환율(CRM) 등의 단면적인 데이터이기 때문에 이를 통해 마케팅 전체를 분석하는 것은 한계가 있습니다. 그러나 마케팅 자동화를 통하여 내부 데이터를 축적한다면, 마케팅의 문제점을 외부가 아닌 내부에서 찾을 수 있는 새로운 열쇠가 될 수 있습니다.

거래를 만들 수 있는 결정적인 순간을 잡아라!

1. 개인화 마케팅

오랫동안 프렌차이즈에서 가맹영업을 해오던 지인께서 하시던 말씀이 있습니다. "가맹상담을 진행한 고객들은 우리의 브랜드에서 계약을 하지 않더라도 결국 다른 브랜드에서 계약을 하게 되어있다"고 말씀해 주셨습니다. 온라인 구매에서도 마찬가지입니다. 특정 상품에 대해 구매의 니즈가 있어서 웹페이지 내로 접근한 고객들은 해당 페이지에서 구매를 하지 않더라도 결국은 다른 곳에서라도 구매를 할 확률이 높습니다. 따라서, 웹페이지로 고객들을 유입시켰다면, 어떻게 니즈를 증폭시킬 수 있느냐가 관건입니다. B2C 마케팅에서는 뒤로 가기를 클릭했을 때, 특정 메시지가 뜬다던지, 해당 창을 닫으려 할 때, 마우스의 움직임을 기반으로 또 다른 메시지를 어필하는 방법 등, 최근 실시간 고객데이터 기반의 마케팅의 도입이 많아지고 있습니다. 예전에는 이커머스 기반의 쇼핑몰에서 많이 활용 되었으나, 최근에는 B2B 분야에서도 비대면 원격판매(Remote Sales)의 비중이 높아지면서 실시간 고객 데이터 기반의 마케팅이 도입되고 있습니다. 특히 팝업이나 안내 메시지를 고객의 식별정보나 비식별정보별로 출처를 구분해서 새로운 마케팅 시나리오도 구성할 수 있기 때문에, 개인화 마케팅 메시지를 전달할 수 있는 영역이 매우 넓어지고 있다고 볼 수 있습니다. 따라서 마케터들 사이에서도 구매의 결정적인 순간을 잡아내는 "Closing moment!"에 대한 새로운 니즈들이 꾸준히 생겨나고 있습니다.

2. 광고자동화

마케팅 플랫폼 내에서도 다양한 광고자동화 기능을 지원하고 있습니다. '페이스북' 내에서도 머신러닝(Machine Learning)을 통하여 캠페인을 최적화할 수 있고, '구글애즈'에서도 '전환수 최대화' 등의 목표값 셋팅하게 되면 빅데이터나 인공지능의 기능을 활용할 수 있습니다. 따라서 최근에는 다양한 마케팅 플랫폼에서 제공되는 타겟팅이 대부분 인공지능 기반의 타겟팅을 도입하고 있는 추이입니다.

3. 온사이트 마케팅과 리마케팅의 차이점

리타겟팅과 온사이트 마케팅을 헷갈려 하는 경우가 있는데, 리타겟팅은 고객 쿠키 값을 기반으로 구매의 각 단계에서 이탈했을 때, 광고 플랫폼과 제휴되어 있는 3rd party 웹페이지

내에 리마케팅 배너를 노출하는 것입니다. 반면에 온사이트 마케팅은 웹페이지 내에서 구매를 유도하기 위한 다양한 행동들을 지칭하는 것이기 때문에 어떠한 경로를 통해서 어떻게 접근을 하느냐에 따라서 개념이 달라집니다. 따라서 아래의 내용을 참고하시어 마케팅의 개념을 이해하시면 도움이 될 것 같습니다.

리타겟팅 마켓팅

방문/가입	상품조회	장바구니	결제	구매
신규 회원가입 (첫 구매유도)	다수 상품조회	장바구니 유기상품 구매유도	결제 단계 이탈고객 구매유도	특정 금액이상 구매고객 재구매 유도
비방문 고객 구매유도	특정 브랜드 관심고객 구매유도		결제단계 이탈고객 재방문 유도	리뷰작성 유도
방문 고객 구매유도	특정 카테고리 관심고객 구매유도			관심사 기반 구매유도
방문 페이지 연계 메시지	할인 이벤트 조회고객 구매유도			

온사이트 마케팅

방문/가입	상품조회	장바구니	결제	구매
가입 혜택으로 회원 가입 유도	실시간 인기상품	카카오 친구톡 추가유도	프로모션/기획전 유도	AI 상품추천
신상품 홍보	고객 이탈방지	마케팅 수신동의 유포	고객 탈퇴 방지	소문내기 이벤트
구매감사 쿠폰	타임이벤트	리뷰작성 유도	시크릿 쿠폰	할인 상품 구매 유도

▲ 온사이트 마케팅과 리마케팅

리타겟팅은 고객을 식별할 수 없는 정보인 쿠키값을 활용하여 진행이 됩니다. (비식별 데이터)

온사이트 마케팅은 마케팅 목적의 개인정보 활용에 대해 동의한 사용자를 타겟으로 진행되는 경우가 많습니다. (식별가능 데이터)

4. 영업 간소화

마케팅 자동화의 또 다른 장점은 영업이나 고객 대응 업무에서도 상당부분 자동화가 된다는 것입니다.

예를 들어 새로운 상담문의가 들어왔을 때, 메일을 체크해서 회사소개서 등의 자료를 보내는 등의 업무에도 상당 시간이 소요가 됩니다. 그러나 새로운 상담문의가 발생 했을 때, 대응할 수 있는 마케팅 시퀀스(Sequence)를 미리 구축해 놓는다면, 고객이 상담문의를 남긴 이후 고객의 입력 값에 따라 회사소개서 등의 자료를 자동으로 발송하고 문자로 안내까지 하게 된다면 많은 시간을 단축할 수 있습니다. 상황에 따라서 실시간 업데이트가 되고 있는 캘린더에 자동으로 미팅일정까지 확정할 수 있도록 구축하게 된다면, 처음 상담문의 후 기초적인 회사소개서 등을 전달하고 미팅일정을 잡는 등의 기본적인 커뮤니케이션 과정을 줄일 수 있기 때문에 이로 인한 시간 소요를 줄일 수 있습니다.

5. 고객대응간소화

넓은 관점에서 보게 되면 CRM의 한 부분으로 볼 수 있습니다만, 아직 계약이 이루어지지 않은 잠재고객의 경우에는 시간이 지나면서 새로운 니즈가 발생하는 경우가 있습니다. 예를 들어, 담당자가 부서이동을 하여 새로운 사업을 담당하게 되었거나, 처음 접촉을 했을 당시에는 다양한 내부상황에 의해서 특정 제품이나 서비스를 도입할 수 없었지만, 시간이 지남에 따라서 다시 니즈가 발생했을 수도 있습니다. 이런 경우 특정 시간이 지났을 때, 고객을 미리 컨택할 수 있도록 솔루션 내에서 알림을 받거나, 미리 설계해 놓은 시나리오에 따라 다양한 마케팅 툴을 통해 고객들과 새롭게 접촉을 시도해보면서 새로운 니즈를 발굴해 볼 수 있습니다.

마케팅 자동화는 '이커머스' 분야에서도 활발하게 적용되고 있습니다.

본 글에서 쇼핑몰(E-commerce)에서 활용하는 마케팅 자동화에 대해서는 간단하게 언급하였습니다. 그러나 '마케팅 자동화'는 이커머스 분야에서도 활발하게 활용되고 있습니다. 아무래도 쇼핑몰의 경우에는 B2B 비즈니스에 비해 타겟이 매우 넓기 때문에 더 디테일한 기능들이 적용되고 있습니다. 또, 물류 시스템이나 배송과 연결이 되어 있는 경우에는 그에 따른 별도의 CRM 환경을 구축하는 경우도 있습니다. 그러나,

B2B와 B2C 모두 큰 틀에서는 다양한 고객데이터를 활용하여 마케팅 효율을 극대화한다는 점에서 그 맥락이 같습니다.

B2B 마케팅에서 많이 활용하는 '마케팅 자동화 솔루션'

고객데이터를 다양한 방면에서 분석하기 위해서는 전문적인 '마케팅 자동화' 솔루션을 사용하는 것이 좋습니다. 많은 기업들에서 마케팅 자동화 솔루션을 도입할 때, 기술적으로 고민하는 부분이 크게 2가지 부분입니다. 첫 번째는 기존에 사용하고 있는 CRM(Customer Relationship Management) 솔루션과의 연동 부분이고, 두 번째 부분은 보안 등의 안정성 부분입니다. 특히, CRM은 고객의 데이터와 직결되어 있기 때문에 문제가 생기게 되면 리스크가 매우 큰 분야라 기업 내에서도 매우 민감한 부분입니다. 따라서, 마케팅 자동화 솔루션들은 기업용 IT 서비스를 꾸준히 제공해온 기업에서 출시한 경우가 많습니다.

회사명	솔루션	설명
세일즈포스 salesforce	Marketing Cloud Account Engagement	세일즈포스는 세계 1위 CRM 서비스 제공기업으로써 기업용 IT 서비스에 대해 오랜 기간 축적된 노하우가 있습니다. 세일즈포스에서 제공하는 마케팅 자동화 솔루션은 예전에는 파닷(Pardot) 이름으로 서비스를 제공하고 있었으나 최근 'Marketing Cloud Account Engagement'로 명칭을 변경하여 운영하고 있습니다. '세일즈포스'에서 제공하는 CRM을 활용하는 기업들이 많다보니 연동이나 안정성면에서 우수하기 때문에 마케팅 자동화 솔루션도 세일즈포스에서 출시한 서비스를 사용하는 기업들이 많습니다.
어도비 Adobe	Marketo Engage	포토샵과 일러스트를 제공하는 회사로 알려져 있는 어도비(Adobe)는 2018년 마케팅 자동화 솔루션 업체 (Marketo)를 인수하여 현재 'Adobe Marketo Engage'라는 서비스로 운영을 하고 있습니다. 어도비는 'Adobe Analytics'라는 로그분석 솔루션도 제공하기 때문에, 다양한 로그분석 기술을 축적해왔는데, 이를 기반으로 마케팅 자동화 솔루션을 운영하면서 새로운 시너지를 만들어가고 있습니다.
오라클 Oracle	엘로콰 (Eloqua)	오라클은 비즈니스 소프트웨어와 하드웨어 시스템을 개발/판매하는 글로벌 기업으로써, 현재 유닉스 체제에서 가장 많이 사용되는 데이터베이스 관리시스템인 오라클 DBMS(Data Base Management System)을 제공하고 있습니다. 오랫동안 기업용 솔루션을 제공해온 인프라를 바탕으로 엘로콰(Eloqua)라는 마케팅 자동화 솔루션을 제공하고 있습니다.
허브스팟 (HubSpot)	마케팅 허브 (Marketing Hub)	허브스팟은 인바운드 마케팅과 영업 지원을 위한 '마케팅 자동화' 솔루션을 제공하는 회사입니다. 허브스팟에서는 비교적 합리적인 가격에 '마케팅 자동화' 솔루션을 제공하고 있기 때문에 다양한 중소기업과 대기업에서 사용하고 있습니다.

마케팅자동화는 성과를 '뚝딱' 만들어 주는 요술망치가 아닙니다.

많은 분들이 마케팅 자동화라고 했을 때, 막상 적용하기만 하면 바로 성과가 나오는 솔루션으로 생각하시는 경우가 많습니다. 마케팅 자동화 솔루션을 도입하여 리드 생성(Lead Generation)의 공정과정을 간소화시키거나 개선할 수 있지만, 어디까지나 셋팅을 하고 최적화를 해야 하는 것은 마케터의 몫입니다. 따라서 결국에는 직접 마케팅 자동화에 대한 플랜을 설계 후 셋팅을 하거나, 아니면 많은 경험이 있는 컨설턴트의 도움을 받아 셋팅을 해야 합니다. 따라서 마케팅 자동화를 도입하려고 하더라도, 많은 시간과 노력이 필요합니다. 그리고, 마케팅의 자동화를 통하여 성과를 얻으려면 3가지의 조건이 필요합니다.

첫 번째는 우선 목표화 범위가 명확해야 합니다. 어디까지 마케팅 자동화를 할 것이고, 이를 통해 얻고자 하는 목적이 무엇인지를 분명히 해야 합니다. 아직 시장 내에서는 마케팅 자동화의 범위가 명확히 구분되지 않은 상황이기 때문에, 온라인상에 유통되는 다양한 정보들이 솔루션의 '판매자' 입장에서 작성된 경우가 많습니다. 따라서 다양한 정보를 분별력 있게 받아들이기 위해서는 마케팅 자동화를 통하여 원하고자 하는 목적을 분명히 하고, 목적을 구현할 수 있는 기능을 탑재한 솔루션을 찾는 과정이 필요합니다.

두 번째는 취급할 수 있는 소스들이 많이 있어야 합니다. 대표적으로 내부에 축적되어 있는 고객정보(LEAD)와 웹페이지에 유입되는 트래픽(Traffic)이 많아야 합니다. 예를 들어 제조업 분야에서도 처리해야할 작업량이 많지 않은 경우에는 고전적으로 운영하는 가내수공업의 공정방식이 더 효율적인 상황도 있습니다. 업무를 자동화했을 때의 가장 큰 장점은 대량생산 및 공정이 가능하다는 부분이기 때문에, 어느 정도 활용할 수 있는 자원이 많을 때, 큰 성과를 얻을 수 있습니다. 또, 최근의 마케팅 자동화는 유료광고의 타겟팅 자동화 부분도 포함하고 있는 경우가 많습니다. 즉, 웹페이지의 고객반응을 기반으로 새로운 타겟을 찾아 유료광고의 도달을 높여주는 솔루션인데, 이러한 솔루션이 제대로 작동이 되려면 데이터의 수집기간이 길고 수집된 데이터의 양이 많았을 때 정확한 데이터 표본(Sample) 분석을 기반으로 마케팅 성과를 얻을 수 있습니다.

세 번째는 그 동안 진행했던 마케팅 사례들이 많이 축적되어 있다면 더 좋습니다. 마케팅 자동화란 공정의 속도를 높여주는 '효율의 증진' 측면도 있기 때문에, 애초에 설계의 방향이 잘못되었다면 마케팅 자동화로도 큰 효과를 얻기가 어렵습니다. 즉, 성과가 나오는 구간이나 개선해야할 부분이 명확할 때, 해당 영역을 기준으로 빠르게 개선할 수 있습니다. 예를 들어 공장자동화(Factory Automation)를 도입하여도, 모든 제조 과정을 100% 자동화 방식으로 진행할 수는 없습니다. 일부는 전수작업으로 진행을 해야 하거나, 사람이 식별하는 작업들도 일부 포함되어 있기 때문에 어떤 부분을 집중적으로 자동화를 해야할지 선택과 집중이 필요합니다.

✏ 마케팅 오토메이션 시나리오는 어떻게 작성해야 하는가? ✏

TTCC 전략 활용하기

마케팅 자동화 시나리오에 대해서는 다양한 기획방법이 있습니다만, 아래의 TTCC 분석 자료를 통해, 원하는 시나리오의 큰 틀을 구성할 수 있습니다. 아래의 각 항목의 옵션들을 분석하여 고객들에게 어떤 시나리오를 적용할 것인지 고민 후 상세한 마케팅 플랜을 설계하시는 것이 좋습니다.

TTCC에 따른 선택옵션 정리하기

타겟 및 트래픽 (Target/Traffic)	트리거(Triger)	채널(Channel)	콘텐츠(Contents)
가입되어 있는 특정 유저 *식별 가능한 데이터	웹페이지 방문 후 1일	웹페이지 팝업	무료체험 신청 (CTA, call to action)
자연검색유입 (Organic Traffic) *비식별 데이터	회원가입 후 2일	이메일 발송	E-BOOK 소개자료
검색광고 유입 (Search Ads) *비식별 데이터	데모신청 완료 후 3일	배너 리마케팅 광고노출 SNS 게시물 리마케팅 노출	서비스 비교 콘텐츠 도입 성공 사례
소셜미디어 유입 (Social Media AD) *비식별 데이터	웹페이지 방문 후 아무 동작이 없을 시	문자 발송	웨비나 초청장

1. 타겟의 니즈에 따른 유형 별 시나리오 제작(Target/Traffic)

마케팅 시나리오를 구성할 때 타겟은 아주 중요한 부분입니다. 어떤 고객들을 대상으로 마케팅을 진행할 것인지를 정하는 것입니다. 타겟은 두 가지로 분류할 수 있습니다. 이미, 회원가입이나 상담문의를 통해서 고객DB를 수집한 경우에는 식별할 수 있는 고객데이터를 활용할 수 있습니다. 그러나 아직 DB가 수집되지 않은 경우에는 고객을 식별할 수 없는 상황이기 때문에, 사용자를 식별할 수 없는 웹페이지 로그기록에서 수집한 쿠키값을 활용합니다. 따라서, 식별된 정보와 비식별된 정보를 기준으로 고객 세분화(Segmentation)를 하여 새로운 시나리오를 구성할 수 있습니다. 고객 식별이 되는 경우에는 고객들이 직접 입력한 정보나 웹 페이지내에 구매 등의 행동패턴을 중심으로 캠페인을 설계할 수 있고, 사용자가 비식별된 경우에는 대표적으로 리마케팅 배너를 셋팅하거나, 웹페이지의 유입출처의 구분에 따라 개인화된 메시지를 포함한 팝업 등을 노출시킬 수 있습니다.

2. 어떠한 상황에서 액션을 진행할지 트리거 설정(Trigger)

마케팅을 진행할 때, 어떠한 상황에서 시작할 지, 시작점을 설정하는 것입니다. 페이지 방문 기준으로 진행하거나, 아니면 구매건수나 금액 등으로 트리거를 설정하는 경우도 있습니다. 또, 트리거를 설정하지 않는 경우도 있습니다. 구체적으로 웹페이지 내에서 아무 행동이 일어나지 않았을 때를 기준으로 새로운 마케팅 시나리오를 기획할 수 있습니다.

3. 어떠한 채널로 접근할 것인지 선택하기(Channel)

본격적으로 어떠한 채널로 고객과 접촉할 것인지를 선택하는 것입니다. 고객들이 웹페이지에 정보를 기입 시, 마케팅 활용목적으로 개인정보를 사용할 수 있음을 동의한 경우에는 문자나, 이메일 등의 채널들을 활용할 수 있습니다. 그러나 개인정보 수집이 어려운 경우에는 체류시간 등의 구체적인 값을 선택하여 소셜미디어나 배너광고를 통해 리마케팅을 진행하는 등의 전략을 세울 수 있습니다. 또, 웹페이지 내에서 타겟별로 개인화한 팝업메시지를 띄울 수 있는 온사이트 마케팅도 있으니 마케팅 시나리오에 따라서 다양한 채널들을 사용할 수 있습니다.

4. 어떠한 콘텐츠를 노출할 것인지 선택하기(Contents)

결국 모든 마케팅은 콘텐츠로 귀결이 되는 것 같습니다. 타겟과 기획이 명확하더라도 이를 설득할 수 있는 콘텐츠가 필요합니다. 사실, 콘텐츠를 어떻게 만들어야 할지에 대해 설명하는 것은 매우 모호합니다만, 특정 고객의 니즈를 분석하는 것이 가장 직관적이라고 생각이 듭니다. 여기에는 정량적인 데이터 분석도 중요하지만 나름의 상상력이 필요합니다. 예를 들어 장바구니 페이지 내에서 오랜 시간 고민하는 유저들의 니즈는 크게 2가지일 것으로 판단됩니다. 첫 번째는 해당 제품을 구매하는 것이 옳을지 구매에 대한 고민을 하는 경우이고, 다른 한 가지는 결제 수단에 대한 고민을 하는 경우가 있을 수 있습니다. 따라서, 장바구니 페이지와 관련이 있는 고객들이라면 타 쇼핑몰 대비 자사 브랜드만의 비교점을 콘텐츠에 담거나, 아니면 고객들이 가장 쉽게 결제할 수 있는 새로운 결제 방법을 안내하는 콘텐츠를 통해서 구매 전환을 높일 수 있습니다. 콘텐츠 기획에 대한 부분은 마케팅의 시나리오에 따라 발생할 수 있는 경우의 수가 무한대이기 때문에 이정도로 설명을 마치도록 하겠습니다.

자동메일과 스텝메일(Step Mail)은 마케팅 자동화의 한 부분입니다.

마케팅 자동화는 대단히 포괄적이고 다양한 분야의 업무가 연계되어 있는 분야입니다. 그래서 더 넓은 관점에서 접근할 필요가 있습니다. 그러나 온라인상에서 검색을 해보면 자동메일이나 고객의 단계에 따라 이메일을 자동으로 발송하는 스텝메일로 마케팅 자동화를 설명하는 경우가 많이 있는데, 자동 메일이나 스텝메일은 마케팅 자동화의 한 부분이라고 이해를 하시는 것이 좋을 것 같습니다. 앞으로도 기술이 더 발전되면서 다양한 형태의 기능들이 추가될 예정이고, 그에 따라 마케팅 자동화의 범위도 더 넓어질 것으로 판단됩니다. 따라서 마케팅 자동화에 대한 개념을 특정 툴로 한정짓는 것보다는 더 넓은 관점에서 바라보는 것이 앞으로의 더 다양한 기술들이 발전했을 때, 좀 더 능동적으로 대응할 수 있으리라 생각됩니다.

마케팅 자동화의 경우에는 아직 보완해야 할 부분도 있고, 시장 내에 안착되기 위해서는 조금 더 시간이 필요할 것으로 보이나, 업계의 대다수의 의견은 꾸준히 그 도입 범위가 넓어질 것이라는 전망이 우세합니다. 따라서 당장 실무에 도입하기에는 어려운 상황이더라도 전체적인 개념과 적용분야에 대한 부분은 미리 학습해 놓으시면 추후 큰 도움이 되실 것입니다.

풀퍼널 마케팅(Full-Funnel Marketing)과 프로그래매틱(Programmatic) 광고

1. 풀퍼널 마케팅(Full-Funnel Marketing)

광고 자동화에서 자주 등장하는 개념이 '풀퍼널 마케팅' 입니다. 마케팅 퍼널구조에서 광고는 크게 3가지 목적으로 운영이 됩니다. 구매가 이루어지기 위한 인지, 고려, 구매전환 단계가 발생하는데 풀퍼널 마케팅은 전체적인 마케팅의 구매 단계의 다양한 니즈를 충족할 수 있도록 해줍니다.

- 인지(Awareness)
- 고려(Consideration)
- 구매전환(Conversion)

　가장 간단한 구조로는 구글에서 진행하는 동적광고(Dynamic AD) 등이 경우가 이에 해당하고, 기타 최근에는 동적광고를 진행하는 미디어들이 늘어나는 추이입니다. 풀퍼널 마케팅은 미디어 자체에 있는 기능들을 활용할 수 도 있지만, 전문적인 마케팅 솔루션을 활용한다면 훨씬 더 다양하고 다채로운 기능들을 활용할 수 있습니다. 따라서 마케팅의 효율이 개선되지 않는다면, 풀퍼널 마케팅의 구조를 고민해볼 필요가 있습니다. 예전에는 이러한 솔루션 없이 수동으로 캠페인을 셋팅하여 각 단계의 목적에 맞는 캠페인을 셋팅하기도 하였는데, 인공지능이 고도화되면서 최근에는 플랫폼에 있는 기능이나 특정 솔루션을 사용했을 때 효율이 더 높은 경우도 있습니다. 이는 제품이나 상황에 따라 다르기 때문에 다방면으로 검토해보고 판단해보시는 것을 추천합니다.

▲ 단계 별 마케팅의 목적

2. 프로그래매틱(Programmatic)광고

　프로그래매틱(Programmatic)광고는 PROGRAM + AUTOMATIC의 합성어로서 실시간으로 고객의 니즈를 반영하여 다양한 미디어에 노출시킬 수 있다는 것이 핵심입니다. 해당 광고의 특징은 전통적인 미디어의 경우에는 광고를 집행할 경우 해당 미디어와 제휴되어 있는 지면에만 집행할 수 있었는데, 프로그래매틱(Programmatic) 광고는 광고거래소(Ad exchange)를 통하여 제휴되어 있는 더 넓은 영역에 노출시킬 수 있다는 것입니다. RTB(Real Time Bidding)라고 불리는 실시간 입찰방식으로 광고가 진행되기 때문에 수요와 공급에 따라 새로운 노출영역이 최적화되어, 제대로 활용하면 CPC가 낮아지고, 노출범위가 늘어나는 효과를 얻을 수 있기 때문에 갈수록 활용도가 높아지고 있습니다.

프로그래매틱 광고를 조금 더 상세하게 설명을 하기 위해서는 DSP(Demand Side Platform), DMP(Data Management Platform), SSP(Supply Side Platform)의 개념에 대해서도 설명을 해야 하지만, 해당 개념들이 실무에는 큰 도움이 되지 않을 것 같아서 자세한 설명을 생략하고 위의 설명과 같이 간단하게 요약했습니다.

" '마케팅 자동화'의 대상은 업무, 프로세스, 모델, 의사결정 이 4개라고 저는 정의를 해요."

마케토(Adobe Marketo Engage)
공식 인증 파트너

네오다임 홍성학 부사장

Q 현재 국내 '마케팅 자동화' 시장은 수요적 측면에서 보았을 때 어느 정도 성숙되어 있다고 판단하시는지?

A 이게 참 조심스러워요. 사실 이런 걸 얘기할 때는 객관적인 데이터를 가지고 얘기하고 판단하는 게 정확한데 현실적으로 그런 데이터 소스가 없음을 감안하여 지극히 개인적인 느낌으로 말씀드린다면, 글로벌 시장은 이미 성숙기를 지났다고 판단하고, 국내시장은 도입 초기로 보고 있습니다.

Q 마케팅 자동화 솔루션을 컨설팅할 때, 대기업과 중소기업은 어떤 차이가 있을지?

A 고객이 엔터프라이즈(대기업, Enterprise)냐 중소기업(SMB)이냐를 놓고, 고객에게 제안하는 전략 자체가 바뀌지는 않아요. 다만 바뀌는 부분은 엔터프라이즈의 비즈니스 구조와 구매 프로세스가 다르기 때문에, 그 프로세스에 우리가 맞춰가는 것에서 차별성이 있는 것이지, 두 개의 고객이 엔터프라이즈니까 특정 전략으로 가고, 중소기업(SMB)이니까 특정 전략으로 가고, 이렇게 차이가 생기지는 않습니다.

다만, 저희가 전략적으로 좀 다르게 접근할 때, 판단하는 부분은 현재 시점에서는 기업의 규모가 아니라, 그 기업의 마케팅 성숙도에 따라 더 민감하게 판단합니다.

Q 마케팅 자동화의 다양한 기능 중 마케팅 개인화(Personalization)에 대한 견해는?

A. 특정 조건의 행동을 했을 때, 거기에 맞게 응대를 함으로써, 이 사람이 구매결정을 빠르게 진행시킬 수 있도록 대응하는 방식으로 설명할 수 있습니다. 그게 카트에 넣는 방식이 됐든, 아니면 그냥 온사이트에 들어온 상태가 됐든 간에, 상관없이 일반적으로 제가 이해하는 일반적인 관점에서 볼 때는 '퍼스널라이제이션(Personalization)'입니다. 이제 최근에 이 퍼스널라이제이션은 업계에서 어디까지 얘기하냐면, 하이퍼 퍼스널라이제이션까지도 얘기를 하고 있습니다.

그러면 퍼스널라이제이션의 근본적인 목적은 뭐냐하면, 이 사람이 구매하도록 적절한 타이밍에 적절한 자극을 주겠다는 거예요. 그걸 전문용어로 얘기하면 이제 인게이지먼트(Engagement)로 표현할 수 있습니다. 따라서 적절한 인게이지먼트를 만드는 것인데, 그것이 B2B와 B2C가 다르지 않아요.

결국, 그 니즈나 방향은 똑같습니다. 다만 B2C의 니즈는 워낙에 이커머스(E-commerce) 쪽으로 흘러가고 있어요. 다만 B2B 비즈니스는 이커머스라는 토픽(Topic)이 이제 도입하고 있어요. 그러나 어떤 고객이 의사 결정을 하는데 있어서 개인화된 방식으로 기업이나 마케터가 영향을 주겠다는 니즈는 꼭 이커머스가 아니더라도 모든 포인트에 똑같이 존재하기 때문에 B2B와 B2C를 구분할 수 있는 이슈는 아닙니다. 실제로 아주 가까운 예로는 챗봇의 도입도 많고, B2B 비즈니스에서도 이커머스를 도입한다고 그랬을 때, 그런 방식의 기능들에 대한 관심은 되게 많아요. 그러나 시장이 얼마나 더 흘러갔냐고 보면 B2B에 비해서 B2C가 더 간 것은 사실이에요. 그렇지만 B2B 비즈니스라고 해서 이제 막 관심을 갖는 그런 타이밍은 좀 지났습니다.

Q 마케팅 자동화와 리드 너처링(Lead Nurturing)에 대해 설명한다면?

A 리드 스코어링은 핵심은 리드 컬러피케이션(Qualification)이에요. 다수의 리드가 생성이 됐는데, 이 리드 전체를 대응(Follow)하려면 엄청난 리소스가 들어간다는 거죠. 그러면 이 리드를 어떤 식으로든 걸러내야 돼요. 과거에는 이 리드를 뭘 가지고 걸러냈느냐 'BANT'를 가지고 걸러냈습니다. 그러나 지금도 반트를 쓰고 있지만 2가지의 문제점이 있습니다.

첫 번째는 'BANT'가 그나마 검증되고 사용하기 쉬운 툴이지 'BANT' 자체가 완벽하지는 않다는 부분입니다. 두 번째는, 디지털화가 되다보니 'BANT' 외에도 우리가 활용할 수 있는 어떤 요소(factor)들이 많아지는데, 이것들을 활용해서 조금 더 리드의 품질을 높일 수 있는 방법이 있지 않겠느냐는 것이 리드 컬러피케이션의 관점인 거예요. 그럴 때, 현재 시점에 'BANT'보다 훨씬 더 좋은 리드의 품질을 평가하는 어떤 기준이 있냐를 고민 했을 때, 그게 리드 스코어링(Lead Scoring)으로 얘기되는 거죠.

Q 일반적으로 리드 너처링(Lead Nurturing)에 사용하는 'BANT'와 마케팅 자동화의 차이점은?

A BANT는 예산(Budget), 권한(Authority), 필요(Need), 시기(Timing) 딱 4가지만 보는 거예요. 그런데 이 4개만 요소만 가지고 다 걸러낼 수 있는 것은 아니라는 것입니다. 그런데 이제 마케팅 자동화가 되니까 다양한 요소들을 덧붙여서 우리가 이 리드가 얼마나 좋은지 나쁜지를 판별할 수 있는 환경이 된 거예요.

또, 어떻게 합리적으로 쓸까에 대한 고민이, 리드 스코어링 방식으로 쓰자 라고 얘기가 돼서 안착이 된 거고, 역시 '리드 스코어링'도 지금은 다 같이 모여서, 앞으로 'BANT'를 대체해서 앞으로 우리는 리드 스코어링을 쓰자고, 합의하지 않았지만 자연스럽게 자동화 마케팅 자동화 솔루션이 도입되면서는 대부분의 기업에서 스코어링의 개념을 사용하고 있는 거죠.

하지만 리드 스코어링을 쓴다고 하더라도, 쓰는 정도나 수준은 기업마다 많이 다릅니다. 한 가지 방법만 있는 건 아닙니다. 그러나 전체적으로 고객의 반응에 가중치를 적용한 점수를 줘서, 그 결과의 합으로 리드의 품질을 평가하자라는 가치는 동일하죠.

Q 현실적으로 국내 스타트업과 중소기업 기업에서는 마케팅 자동화 솔루션을 도입할 수 있는 여건이 안 되는 경우가 많은데 중소기업에서 도입할 수 있는 가장 이상적인 마케팅 자동화 구조에 대해 이야기 한다면?

A 예를 들어서 기업의 사이즈와 상관없이 내가 마케팅을 해야 한다면? 그러면 최소한 마케팅 담당자가 있거나 또는 마케팅 예산이 있어야 합니다.

간혹, 마케팅 담당자는 없고 마케팅 예산만 있는 기업이 있어요. 그러면 그 경우에는 얼마 안 되는 예산이라고 가정한다면, 이러한 상황은 마케팅 자동화를 도입할 수 있는지를 얘기하기 이전에 "그 기업이 마케팅을 본질적으로 제대로 하고 있냐"를 고민해야 되는 거지, "거기에 적합한 마케팅 솔루션이 있냐"고 본다면 그럼 저는 이 경우는 말이 안 된다고 저는 생각을 합니다.

그러면 그런 경우를 제외하면 마케팅 담당자가 있는 경우예요. 그리고 마케팅 예산이 있는 경우죠 근데 마케팅 예산이 적어 그 조건을 얘기한다 그러면 거기에는 할 말이 있어요. 상황에 따라 마케팅 자동화를 도입했을 때, 마케팅 담당 직원을 한 명 채용하는데 지출되는, 비용의 반값도 안 되는 경우도 있습니다.

예를 들어서 인턴을 한 명 쓰겠다. 그런데 내가 정식으로 채용하기는 어려우니, 인턴을 써서 내가 캠페인을 한 1년 동안 운영하겠다. 그러더라도 그 비용이면 마케팅 자동화하고도 남아요. 마케팅 자동화가 비용의 문제는 아니라고 생각합니다.

따라서, 마케팅 자동화를 이제 만약에 중소기업 또는 그 이하 지금 생각하시는 그런 데에서 도입을 검토한다고 가정 했을 때, 제가 제안 드리는 방법은, 목적이 뭐냐를 명확하게 해야 하고, 그 목적에 따라서 선택할 수 있는 솔루션 옵션이 많기 때문에 목표를 정확하게 달성할 수 있는 솔루션을 기준으로 판단해야 합니다.

그리고 두 번째는 "마케팅 자동화를 도입한다"라는 것은 건물의 기초를 세우는 것이라 중장기적으로 어떤 비전을 가지고 접근을 하는 게 맞아요. 당장 도입한다고 그래서 눈부신 어떤 성과가 내일부터 발생하지는 않습니다. 그러니까 기업이 하는 마케팅의 경험들이 이 시스템 안에 데이터와 함께 축적이 되는 거고, 그 축적된 자산이 쌓이면 쌓일수록 그 플랫폼 자체가 만들어낼 수 있는 가치가 기하급수적으로 성장이 되는 거라서, 이러한 관점에서 접근을 한다면, 사실은 비용 때문에 자동화를 못한다는 것은 지금 상황에는 맞지 않습니다.

Q 마케팅 자동화의 진정한 가치는 어떤 것이라고 생각하시는지?

A 저는 데이터라고 생각합니다. 그 행위를 사람이 하는 행위를 자동화해서 시간과 리소스를 줄여주는 부분도, 자동화이긴 하지만, 마케팅 자동화의 관점은 그 접근(Approach)이 아니라, 마케팅 플랫폼 안에서 내가 고객과 인터렉션(Interaction)을 하고 인게이지(Engage)를 할 때, 그 안에 축적되는 데이터를 축적하는 것이 궁극적인 목적이에요.

광고 자동화 쪽은 조금 좀 결이 다를 것 같아요. 광고를 왜 다르게 보냐 그러면 마케팅 자동화는 기업 안에 존재해요. 그러나 광고는 기업 안에 존재할 수가 없어요. 내가 특정 미디어에 광고를 해요. 그거는 특정 플랫폼 안에 들어가서 집행합니다. 모든 광고는 다 그렇습니다. 그게 프로그래매틱(Programmatic) 광고로 가도 마찬가지예요. 그래서 광고 부분을 마케팅 자동화로 연관해서 보는 거는 저는 맞지 않다고 봐요. 이거는 완전히 다른 개념이에요.

주체도 다르고, 솔루션의 목적도 다르고, 구동되는 방식도 다르고, 기대하는 결과도 다릅니다. 마케팅에서의 광고는 이게 지금 플랫폼이 다르기 때문에, 데이터가 통합(Integration)이 안돼요. 광고 결과만 있습니다. 나한테 CTR(Click-Through Rate)이 얼마고, 임프레션(Impression)이 얼마고, 그래서 광고단가(CPC)가 얼마고, 이런 데이터는 알려주지만, 그 외의 데이터를 내가 알 수는 없어요. 그러나 마케팅 자동화는 기업 내에 있는 내 자산입니다.

Q 최근 글로벌 트렌드에 따르면 마케팅 목적의 3RD PARTY 쿠키(고객데이터) 수집이 점차적으로 줄어들고 있는데 이러한 마케팅 시장의 변화에 대비할 수 있는 방법은 어떤 것들이 있을지?

A 지금 다양한 기업에서 여러 가지 솔루션을 만들겠다고 얘기했어요. 그런데 서드파티 쿠키를 대체할 수 있는 어떤 솔루션이 나온다고 하더라도, 여전히 그건 프라이버시 문제에 자유롭지는 않을 것이라고 생각을 해요. 결국은 서드파티 쿠키 이슈가 불거지면 불거질수록 자연스럽게 퍼스 파티 데이터가 중요하다는 흐름으로 갈 것이고, 실제로 지금 그렇게 가고 있어요.

그래서 서드파티 쿠키에 대한 대응은 두 가지가 있을 것으로 예측합니다.

하나는 특정 플랫폼을 주도하고 있는 경우, 나름 서드파티를 대체할 프라이버시 이를 위배하지 않는 어떤 대안을 기술적으로 만들어내는 것을 활용하는 경우 있고, 아니면 이것과 상관없이 기업이 퍼스트 파티 데이터를 풍성하게 가져와서, 굳이 서드파티의 데이터에 의존하지 않아도, 퍼스트 파티만으로도 내가 비즈니스 성과 마케팅 성과를 만들어낼 수 있는 수준으로 가든지 두 가지로 갈 것 이라고 생각합니다.

Q 비식별 데이터와 로그분석의 한계성에 관하여 설명한다면?

A 로그분석에서 추적할 수 있는 데이터는 사용자를 식별할 수 없는 데이터입니다. 예를 들어서, 이들이 알려주는 데이터는 어제까지 우리 홈페이지에 천 명이 왔다면 그 중에 500명이 두 번째 페이지로 갔고, 혹은 그 중에 300명이 버튼을 클릭했는지 등의 정량적인 데이터만 알 수가 있어요. 왜 그러냐면 규제 때문에 그렇습니다. 사용자가 누구인지를 식별하면 안 됩니다. 천 명이 왔다. 그렇지만 그 천 명 안에 홍길

동이 있냐고 로그분석 업체에 묻더라도 답해주지 않습니다.

반면에 마케팅 자동화는 홍길동을 추적하는 거예요. 고객이 추적을 허용한, 그 고객에 대해서만 추적을 하는 것이에요. 그러면 로그분석 데이터와 마케팅 자동화의 데이터를 연결한다는 것이 뭐가 기술적으로 해결되어야 하나면, 우리는 몰랐으나 어제 들어온 1천 명 중에 홍길동이 있었고, 따라서 우리 마케팅 자동화 시스템에는 홍길동이 있었다는 것을 매칭시켜줘야 된다는 거잖아요. 여전히 난해하고, 또 두 가지 문제가 여전히 걸려요. 기술적으로 이 것을 매핑(Mapping)시킬 수 있느냐의 문제와 이렇게 해도 법적으로 문제 없을까의 문제예요. 두 가지가 다 걸려 있어요. 그래서 지금 그걸 해결하려고 하는 것이 '고객 데이터 플랫폼(CDP, Customer Data Platform)' 이에요.

Q 마케팅 자동화 분야를 꾸준히 진행해온 이유는? 그리고 업무를 하면서 기쁠 때는?

A 제가 2015년에 마케팅 자동화를 본격적으로 시작을 할 때에도, 그 때의 시점에서 마케팅 자동화를 보면서는 개인적으로 상당히 충격을 받았거든요. 그리고 오래도록 B2B 마케팅을 해온 입장에서는 이 솔루션이야 말로 정말 의미가 있다. 이렇게 생각을 했기 때문에 시작을 했던 거고, 지금까지 해온 이유도 그러한 제 판단에 어떤 흔들림이 있지 않았기 때문입니다. 이제 요즘에 마케팅 자동화가 시장 초입 아니냐 이런 말씀을 드렸는데, 요즘 만나는 고객들이 그 필요성을 공감하는 경우가 되게 많아요. 그런 고객들을 만났을 때는 기쁩니다.

Q '마케팅 자동화'에 개인적으로 정의를 내린다면?

A '마케팅 자동화'의 대상은 업무, 프로세스, 모델, 의사결정이 4개라고 저는 정의를 해요. 제가 찾아본 바로는 그 4개의 카테고리 안에 모두 들어가요. 또, 이 분야를 자동화한다라는 것은 사람의 개입을 최소화 시키는 것을 의미하고, 하지만 결과적으

로 얻어야할 것들은 마케팅의 ROI(Return On Investment)나 마케팅의 가치를 극대화하자라는 거죠. 그게 저는 '마케팅 자동화'라고 정의를 합니다.

Interview

"두 마리의 토끼를 한 번에 놓치기 보단, 가장 가망이 높은 고객을 공략해야 합니다"

허브스팟(HubSpot) 공식 인증 파트너

헬로디지털 최성원 매니저

---

* 허브스팟(HubSpot)이란?

허브스팟(HubSpot)은 전세계에서 마케팅 자동화 툴로 가장 잘 알려진 소프트웨어이지만, 기본 구성은 CRM에 해당합니다. 항상 '마케팅 자동화' 관련 소프트웨어 중에선 사용 만족도와 시장점유율 측면 1위를 놓치지 않는 만큼(자료출처: G2.com) 인바운드 마케팅을 지원하기 위한 기능이 가장 강력합니다. CRM을 기초로 운영하는 소프트웨어라서 Sales와 Service 기능 또한 탁월하며, 최근은 CMS(Content Management System)로도 많이 찾으십니다. 허브스팟(HubSpot)은 꾸준히 마케팅 자동화로 유명했지만, 최근 국내에선 영업(Sales) 관리 소프트웨어로 허브스팟(HubSpot)을 찾으시는 분들이 꾸준히 증가하는 추세입니다.

Q '헬로디지털'에 대해 간단하게 소개한다면?

A. 헬로디지털은 현재 국내 유일하게 실질적인 HubSpot Onboarding(온보딩 : 교육, 세팅, 컨설팅) 자격을 갖춘 허브스팟 파트너입니다.

Q 현재 국내 '마케팅 자동화' 시장은 수요적 측면에서 보았을 때 어느 정도 성숙되어 있다고 판단하시는지?

A '도입기'라고 봅니다. '마케팅 자동화' 소프트웨어의 시장 도입 상황을 이해하기 위해선, 국내 ERP(Enterprise Resource Planning: 전사적 자원관리 시스템), CRM(Customer Relationship Management, 고객관계 관리 시스템) 도입과 성장과정에 관해 먼저 이야기하지 않을 수 없습니다. 각 시스템은 ERP(성숙기), CRM(성장기), 마케팅자동화(도입기) 순으로 도입되어 성장하는 양상을 보입니다. 국내의 ERP 시장은 1994년 삼성전자의 ERP 최초 도입 이후, 시장이 성장기를 맞으며, 현재 성숙기에 다다랐습니다. 하지만 아직 ERP의 대표적인 제품인 SAP의 사용자 수는 일본을 따라가지 못합니다.

(국내 SAP 파트너는 29사, 일본의 SAP 파트너사는 56사가 있습니다. 이외 미국 455사, 영국 124사, 남아프리카공화국 39사, 인도와 베트남 27사, 모로코 14사, 알제리 7사 출처 : https://pf-prod-sapit-partner-prod.cfapps.eu10.hana.ondemand.com/)

아날로그식 업무처리 프로세스와 보수적인 소프트웨어 도입 문화로 유명한 일본 회사의 특징을 감안하면, 의외로 IT 강국이라 칭하는 대한민국에선 아직 IT 소프트웨어 도입이 더디다는 것을 알 수 있습니다. 여기에는 기업이 IT 솔루션에 지출하는 비용을 부담스럽게 생각하여 작용하는 진입장벽이 한 몫을 하기도 합니다. 이 현상은 CRM 시장에서도 동일한데요. 현재 일본의 허브스팟 리셀러와 파트너를 모두 합하면 총 105 군데에 달합니다. 반면 한국의 허브스팟 파트너는 10군데뿐입니다. 이 마저도 현재 정상적으로 허브스팟 서비스 지원을 하고 있지 않은 기업이 대다수입니다. (SalesForce의 경우 국내 20군데, 일본 66군데입니다.) 일반적인 인식도 CRM보다는 ERP가 우세합니다. 하지만, 최근 들어 부쩍 CRM을 찾으시는 회사들이 많아지고 있고, 관련 신규 제품도 국내에서 많이 개발이 되고 있습니다. 따라서, CRM 시장은 '성장기'에 해당한다고 볼 수 있습니다.

다음으로 '마케팅 자동화' 시장이 따라옵니다. 아직까지 '마케팅 자동화'라고 하면, 솔루션의 AI가 동작해서 마케팅을 A to Z까지 의사결정을 내리고 브랜드 인지도가 높아지고 고객 유입이 많이 되게 만들어주는 것이라 생각하시는 분들이 많습니다. 마케팅의 프로세스에도 굉장히 다양하지만, 일반적인 B2B 상황에서는 마케팅 활동이 '잠재고객'을 만들고, 세일즈 활동이 '구매고객'을 만듭니다. 그럼, 잠재고객은 어떻게 만들어지냐면, 콘텐츠를 통해 유입됩니다. 블로그 콘텐츠, 광고 콘텐츠, 검색엔진 상위노출 되는 홈페이지 콘텐츠 등등, 만약 마케팅 자동화가 잠재고객을 알아서 만들어주려면 그 콘텐츠를 자동으로 만들어야 하는데, 아직 그런 단계까지 오지는 않았습니다. 자동화가 작동하는 그 트리거는 잠재고객이 만들어지는 그 '순간'입니다.

잠재고객이 뉴스레터를 '구독'하고, 홈페이지를 통해 회원으로 '가입'하고, 이벤트에 '참여'하면서 정보를 남깁니다. 그 정보가 저장되는 곳이 CRM입니다. CRM에 저장된 마케팅 정보를 바탕으로, 잠재고객의 행동 데이터, 인구통계학적인 데이터 등 확보한 데이터 기반 의사결정을 바탕으로 미리 설계해둔 Automation Process가 진행됩니다.

이 때, 정말 다양한 마케팅 정보를 잠재고객에게 제공할 수도 있고, 내부적으로 설정한 다양한 기준에 따라 잠재고객을 분류할 수도 있고, 해당 평가기준을 통해 높은 점수를 받은 잠재고객은 세일즈 부서로 자동으로 전달할 수도 있습니다.

여기서 그 정보가 저장되는 CRM에 대한 필요성을 한국 시장은 이제 막 느끼기 시작하고 있습니다. 좀 더 발 빠르게 향상된 기술을 통해 마케팅-세일즈 효율을 높이고자 하는 기업에서는 마케팅 자동화에 대해서도 알아보고 있지만, 아직은 마케터들조차 마케팅 자동화에 대해 잘 알지 못하는 실정입니다. 마케팅 자동화라는 것이 동작하기 위해 CRM이 필수적이라는 위 설명을 이해하셨다면, '마케팅 자동화' 시장이 성장하기 위해선 'CRM' 시장의 성숙기 진입이 우선이라는 것에 공감하실 수 있을 것입니다. 따라서, '마케팅 자동화' 시장은 수요적 측면에서 보았을 때, 이제 막 '도입기'에 들어섰다고 볼 수 있습니다.

Q '허브스팟' 마케팅 자동화 서비스가 현재 가장 빠르게 도입되고 있는 이유는 무엇이라고 생각하시는지?

A 허브스팟은 세 가지 특장점을 가지고 있습니다.

1) 쉬운 난이도   2) 뛰어난 기능   3) 합리적인 사용료

세 가지 모두 규모와 산업군에 관계없이 모든 기업이 좋아하는 요소입니다. 하지만, 별개로 하나씩 존재해서는 매력적인 요소가 되지 않습니다.

왜, 허브스팟이 규모 및 산업군에 관계없이 많은 인기를 누리고 있는지 잘 파악할 수 있습니다.

하지만, 그렇다고 해서 허브스팟이 만능 솔루션은 아니기에, 허브스팟의 기능을 통해 효과를 극대화하기 좋은 경우가 있습니다. 허브스팟은 Inbound Marketing(인바운드 마케팅)을 진행할 때 가장 효과적입니다. 인바운드 마케팅이라는 용어의 시초인 허브스팟은, Inbound Marketing을 진행할 때 필요한 가장 핵심적인 마케팅 기능들을 갖추고 있습니다.

> * **Outbound vs Inbound Marketing 간단비교**
> - Outbound Marketing: 불특정 다수의 잠재고객에게 우리가 찾아갑니다.
>   ex) TV/라디오 광고, 네이버 배너
> - Inbound Marketing: 특정 니즈를 가진 잠재고객이 우리에게 찾아옵니다.
>   ex) 검색엔진 유입 (구글에 '허브스팟'을 검색)

Inbound Marketing에서는 잠재고객이 도달할 수 있는 '콘텐츠'가 핵심적이라는 것을 알 수 있습니다. 따라서, 콘텐츠를 활발히 생산하고 활용하기 좋은 분야라면 어떤 분야든 허브스팟 마케팅 자동화 서비스가 빠른 속도로 적용되어 효과를 보시기에 좋습니다.

Q '허브스팟'을 도입하기 위해서는 어느 정도 조직과 비즈니스가 성장이 되어 있는 상황에서 효과를 볼 수 있는데, 해당 솔루션을 도입해 볼 수 있는 최소 조건이 어느 정도가 될지?

A 허브스팟은 1인 기업에서도 활용하고, 다양한 그룹사/계열사를 지닌 대기업에서도 활용합니다. 같은 회사라도 다른 사업부에서는 전혀 다른 방식으로 허브스팟을

활용하기도 합니다. 솔루션 활용을 위한 최소 조직 규모가 별도로 존재하지는 않으나, 마케팅 툴을 도입할 땐, 마케팅 담당자가 존재해야하고, 세일즈 툴 도입 시엔 세일즈 담당자가 조직 내부에 있는 것이 좋습니다. 마케팅과 세일즈를 담당하는 조직 또는 인원이 외부에 있다면(대행/위탁 등) 해당 인원들이 허브스팟을 활용할 수 있는 상황이어야 합니다.

위에서 허브스팟 적용이 가장 빠르게 되고 있는 분야는 특정 산업군이나 규모가 아닌 '콘텐츠'에 달려있다고 설명드렸는데요. 마찬가지로, 마케팅 툴을 도입하기 위해선 내부적으로 콘텐츠 기획 또는 제작이 가능한 수준이면 좋습니다. 내부에 관련 마케팅 담당자가 없다면, 외부의 콘텐츠 제작 도움을 받을 수 있는 여건이 있는 것이 좋습니다. 참고로, 허브스팟은 무료 CRM으로 유명한데, 마땅한 최소조건이 만족되지 않더라도 무료 CRM을 부담 없이 활용해 보시며 핵심 기능들은 쉽게 익히시는 선택지 또한 있습니다.

Q '허브스팟'의 현재 클라이언트 분들은 브랜드의 '가치'에 더 매력을 느끼는지, 아니면 실질적인 '편익'에 더 매력을 느끼는지?

A 가치보단 편익에 더 매력을 느끼십니다. 허브스팟이 추구하는 이상적인 인바운드 마케팅의 프로세스, 인간 중심의 사고방식 등이 매력적인 것은 사실이나, 이는 허브스팟의 블로그, 기타 발행 자료 등을 접하지 않는 한 고객사에서 직접적으로 느끼기는 힘듭니다.

허브스팟 본사가 추구하는 '허브스팟' 브랜드의 가치를 온보딩이나 저희가 제공하는 서비스에 온전히 녹이기는 어렵습니다. 실제로 허브스팟 본사의 온보딩은 브랜드 가치와 기능 편익에 모두 중점을 두고 있지만, 헬로디지털은 기능 편익에 중점을 두고 컨설팅을 제공해드리고 있습니다. 허브스팟 본사의 방식으로 온보딩을 진행한다면, "허브스팟이 얼마나 뛰어난지, 어떤 훌륭한 기능이 있는지는 충분히 들었으니 빨리 우리가 논의했던 프로세스를 구현할 수 있는지 확인해보고 싶습니다"와 같은 반응이 나옵니다.

고객사의 입장에서는 허브스팟이 얼마나 뛰어난 가치를 지향하는지, 이상적인 인바운드 전략 구현을 위한 방법론 제시보단, 빠르게 우리의 상황과 조건에 맞는 컨설팅으로 결과를 보시기를 선호하십니다.

Q 마케팅 자동화 프로젝트를 컨설팅할 때, 가장 고려하는 부분이 어떤 부분인지?

A. 저희가 고객사에 도움을 주는 과정과 결과가 모두 적절했는지를 가장 중요하게 생각합니다.

마케팅 자동화 프로세스를 구현하는 조직의 상황, 즉 As-Is를 가장 먼저 확인합니다. 마케팅팀의 현재 단기 목표(3개월)과 장기 목표(6개월), 허브스팟 활용 목표와 우선순위, 목표 달성을 위해 필요한 항목, 목표 달성을 방해하는 문제점, 목표와 문제점의 시급성에 따른 우선순위, 기존 마케팅팀의 마케팅 업무 List-up 등이 있습니다.

관련 아젠다로 사전 인터뷰를 마친 뒤, 각 고객사의 특성에 적합한 마케팅 자동화 프로세스를 제안합니다. 다른 고객사에서 효과적인 자동화 프로세스라고 해서 다른 기업에서도 효과적일 것이란 보장은 없습니다. 따라서, 이렇게 고객사에 맞춤화하여 제안한 프로세스라도 추후에 해당 프로세스에 개선되어야 할 부분은 없는지, 예상보다 효과가 적지는 않은지 등을 함께 고려해야합니다.

여러 번 강조하듯, 허브스팟은 직관적인 UI로 구성되어 있는 소프트웨어로, 사용 난이도가 낮은 편에 속합니다. 어떤 툴이 되었든 처음 사용할 땐 어렵습니다. 우리가 처음 인터넷, 엑셀, PPT 등을 마주했을 때 어디서부터 무엇을 건드려야 할지 모르셨던 것은 모두가 같을 겁니다. 지금은 모두가 익숙하게 사용하고 계신 스마트폰 또한 마찬가지입니다. 하지만 아무리 쉬워도 처음은 똑같이 어렵습니다. 무엇이든 처음부터 잘 쓰기란 어렵습니다. 누구나 처음에 기능과 방법을 알려준 소중한 가족, 친구, 선배, 선생님이 있었습니다.

항상 "우리의 도움으로 고객사가 실질적인 도움을 받았는가?"를 고려해야합니다.

그러면 자연스럽게 과정과 결과를 모두 고려해야합니다. 저희가 제안한 프로세스가 고객사에 실질적인 도움을 주지 못하거나, 이해하기가 너무 어렵다면 컨설팅이 소용이 없게 됩니다. 따라서 컨설팅의 과정이 납득 가능해야 하고, 그 결과 또한 양 사간에 만족스러워야 합니다.

Q 스타트업에서 '허브스팟'을 도입했을 때, 가장 큰 장점이 무엇인지?

A 작은 조직일수록 민첩한 판단에 의한 의사결정을 내려야하고, 조직 내에 소프트웨어를 도입할 땐 얼마나 빠르게 기능을 익혀 실무까지 활용할 수 있는지를 중요하게 생각하지 않을 수 없습니다. 한 명의 직원이 제너럴리스트가 되어, 다양한 업무를 담당하게 되는 경우가 많으므로, 솔루션의 기능이 너무 어렵다면 현실적으로 이를 활용하기가 어려울 수 있습니다. 따라서, 스타트업에선 쉽고 핵심적인 기능을 직관적으로 이해할 수 있는 소프트웨어를 사용하는 것이 효과적입니다.

또한 규모가 크지 않거나 고급 마케팅 자동화 기능까지는 필요 없는 경우라면, 높은 티어의 허브스팟 제품을 사용할 필요가 없으므로 솔루션 사용에 대한 비용 부담 또한 적은 편입니다. 작은 규모의 스타트업이라도 경우와 필요에 따라 높은 티어의 허브스팟 제품을 사용하는 경우 또한 종종 있지만, 일반적인 경우엔 가장 저렴한 마케팅 제품으로도 리드를 확보하기 위한 다양한 채널을 구축하고, 수집한 리드를 관리하기에 충분합니다. 스타트업에서는 마케팅 자동화 프로세스를 구축하는 것보다, 기본이 될 리드를 모으는 콘텐츠 생성 및 메시지 전달이 더 효과적일 수 있습니다.

Q 중소기업(SMB) 기업에서 '허브스팟'을 도입했을 때, 가장 큰 장점이 무엇인지?

A 중소기업의 규모에서부턴 본격적으로 마케팅 자동화 기능을 사용할 필요가 있습니다. 그리고 이 기능을 익히기 위해선 반드시 마케팅팀에 적합한 기능이 제공되어야 합니다. 솔루션은 그 자체의 기능과 가치보다, 어떻게 이를 활용하는지가 더

중요합니다. 아무리 좋은 기능이 있더라도, 각기 다른 특성을 가진 고객사들이 그 기능을 적절히 활용할 수 없다면 이 기능은 없는 것이나 마찬가집니다. 다행히 허브스팟은 굉장히 유연한 활용이 가능하여, 특정 산업군에 한정되지 않고 다양한 기업에 도움을 줄 수 있습니다.

콘텐츠를 바탕으로 고객을 확보하기 위한 기능, 확보한 고객에게 적절한 메시지를 적시에 전달하는 기능, 고객의 반응을 수집하고, 이를 바탕으로 고관여 잠재고객을 식별하는 기능 등 다양한 기능이 있음에도 여전히 허브스팟 사용비용은 부담스럽지 않습니다. 허브스팟은 사용자가 아닌 계정에 사용료가 부과되므로, 사용자가 많아진다고 해서 사용료가 늘어나지 않습니다. 마케팅 자동화 기능을 가지고 있으면서도, 가격은 부담스럽지 않으며, 난이도 또한 어렵지 않다는 점이 중소기업에서 허브스팟을 도입했을 때의 가장 큰 장점입니다.

Q B2B 분야의 마케팅 자동화에 대해서는 어떻게 생각하시는지?

A B2C에서의 마케팅 자동화는 '개인화'에 집중합니다. 수많은 잠재고객 모두에게 적절한 정보를 제공하기 위해선 개인의 정보(취향, 이전 기록, 인구통계학적 정보)가 중요합니다. 하지만 B2B 분야에서는 개인화보다 '전문성'에 집중합니다.

B2C보다 고객 당 매출기여도가 높은 B2B에서는 다수보다 단일 잠재고객(사)의 세일즈를 위해 집중하게 됩니다. 한 명의 고객을 놓치게 되면 적게는 수백만원 많게는 수천 수억원까지의 기회를 놓치게 되는 것일 수도 있습니다. B2B에 아웃바운드 마케팅보다 인바운드 마케팅이 더 중요한 이유도 유사합니다. 일반적으로 B2B 비즈니스에선 인바운드 마케팅의 효과가 더 좋습니다. B2B 비즈니스의 콘텐츠를 소비하는 잠재고객은 정확한 니즈가 있을 때 관련 콘텐츠를 찾기 마련입니다.

지하철 광고를 예를 든다면, 퇴근길 눈앞에 들어온 코카콜라 간판을 보고 목이 마름을 느끼고 시원한 콜라를 마시고 싶다고 느끼면, 지하철에서 내려 콜라를 사는 것이 어렵지 않습니다. 구매 결정 이후 실제 구매까지의 과정이 단순하고 가격 또한 부담스럽지 않습니다. 하지만, 지하철의 공장 자동화 솔루션 광고를 보고 다음

날부터 공장 자동화 도입을 본격적으로 검토하게 만들기란 어려울 수 있습니다. 공장 자동화 광고를 보고 "우리 회사에서도 저런 자동화 시스템이 있으면 편리할 텐데"하고 생각할 순 있지만, 다른 수많은 높은 우선순위의 업무들을 제치고 공장 자동화 시스템 도입을 검토하는 경우는 없을 것 입니다. 하지만, 공장 자동화가 도입된다면 얼마나 우리에게 큰 이득이 될지 충분히 검토하고, 올해까지 공장 자동화 시스템을 완료해야 하는 과제가 있는 상황이라면 광고가 눈앞에 나타나주길 기다리기보단, 내가 나서서 미리 검토한 각종 기준에 부합하는 필요한 정보를 적극적으로 찾아보게 됩니다.

이 때, 가장 중요한 것은 구매 결정이후 실제 구매까지의 과정이 단순해야 한다는 것입니다. 잠재고객이 도달한 시점에 적합한 메시지나 콘텐츠(전문적이고 유용한 정보)를 전달할 수 있다면, 높은 매출에 기여할 수 있는 고객을 확보하는 데 한 발자국 더 다가가게 됩니다. 이 때 많은 잠재고객이 유입되더라도 모두에게 집중하느라 두 마리의 토끼를 한 번에 놓치기보단, 가장 가망이 높은 고객을 보다 빠르게 공략할 필요가 있습니다. 양질의 정보가 넘쳐나는 인터넷을 통해 잠재고객은 얼마든지 다른 경쟁자에게 컨택하는 것은 어렵지 않기 때문입니다. 하지만 언제 잠재고객이 기회를 들고 찾아올지 우리가 알 수 있는 방법은 없습니다.

기존) 프로젝트 문의 → 고객 정보 파악 후 적합한 담당자에게 전달 (반나절) → 고객과 컨택 후 필요한 전화, 메일 등 소통 내용 기록 (반나절) → 이후 고객 행동 추적 어려움

개선) 프로젝트 문의 → 문의 내용에 따른 담당자 자동 분류 (1초) → 브로슈어, 제품설명 등 정보 자동 메일 발송 (1초) → 이후 고객의 메일 오픈/클릭, 콘텐츠 소비 등의 정보 확인

Q 마케팅 자동화가 꼭 필요한 상황에 대해 설명한다면?

A 마케팅 자동화를 필수적으로 써야하는 상황은 없을 듯합니다. 하지만, 마케팅 자동화 프로세스가 있다면 반드시 효율이 오르는 상황은 아래의 조건을 만족할 때 입니

다. 많은 조건에 만족될수록, 마케팅 자동화가 더 필요한 상황입니다.

- 홈페이지가 있음
- 홈페이지를 통해 문의를 받음
- 주기적으로 발행하는 양질의 콘텐츠가 있음
- 홈페이지에 콘텐츠가 업로드 됨
- 뉴스레터 발행에 적합한 상황임
- 마케팅팀에서 정기적 / 비정기적으로 마케팅 캠페인을 꾸준히 진행함
- 홈페이지로 유입되는 채널이 다양함
- 잠재고객이 필요한 정보를 획득하기 위해 자신의 정보를 제출하기 좋은 상황

Q 마케팅 자동화가 굳이 필요하지 않은 상황에 대해 설명한다면?

A 마케팅 자동화를 도입하더라도 큰 효과를 기대하기 어려운 상황은 아래와 같습니다.

- 홈페이지가 없음
- 홈페이지는 있으나, 홈페이지가 고객 정보를 수집하지 않음
- 검색엔진(구글, 네이버)에 노출될 콘텐츠가 없음
- 고객 정보를 저장하지 않음

홈페이지는 없어도 1 page 정도의 랜딩페이지를 간단히 구축하고, 고객 정보 수집이 가능한 Form을 해당 페이지에 넣을 수 있는 경우라면 마케팅 자동화는 필요가 없지만 허브스팟은 필요할 수 있습니다. 허브스팟으로 간단한 원페이지 정도는 쉽게 만들기 좋습니다.

허브스팟으로 홈페이지 구축, 고객 정보 저장, 콘텐츠 업로드, 메일 발송이 모두 가능합니다. 이 모든 것들이 갖춰지고 나면 마케팅 자동화가 점점 유의미합니다. 따라서, 허브스팟은 이미 마케팅 자동화로 가기 위한 모든 길을 준비하고 있는 것이나 마찬가지입니다.

Q 마케팅 자동화는 크게 3가지 측면에서 CRM, 광고자동화, 영업 간소화로 나눌 수 있을 것 같은데, '허브스팟'에서 광고 자동화와 마케팅 측면에서 가장 강조할 수 있는 부분은 어떤 부분일지?

A 허브스팟과 광고 자동화는 큰 관계가 없습니다. "광고를 통해 유입된 고객을 어떤 과정을 거쳐 세일즈 단계로 전달할 것인가?"와는 관련이 있습니다. 허브스팟에서 가장 중요한 강조 포인트는 리드 확보 및 관리의 용이성이라고 생각합니다.
"리드를 어떻게 많이 확보할 것인가?"를 광고 기획 단계에서 고민하고, 그렇게 "확보된 많은 잠재고객을 대상으로 어떤 마케팅 메시지를 전달할 것인가?"를 마케팅 자동화 기획 단계에서 고민합니다.

Q 마케팅 자동화 시나리오를 구성할 때, 가장 중점을 두는 부분은?

A 가장 중점을 두는 부분은 시나리오를 구성하기 전 사전 인터뷰 단계입니다. 모두에게 좋은 마케팅 자동화 시나리오란 없기 때문에, 고객사에 따라 어떤 마케팅 자동화 시나리오가 유의미할지 고민하는 과정을 가장 중요하게 생각합니다.
지금은 고객사의 비즈니스, 특징, 니즈, 마케팅 현황, 마케팅팀 구성 등에 관해 이야기를 들으면 어느 정도 '마케팅 자동화' 공략 같은 것이 떠오르긴 합니다. 하지만, 이 공략법을 실행하기에 현실적인 제약이 기다리고 있을 수도 있고, 리소스가 부족할 수도 있고, 고객사와 함께 머리를 맞대고 고민하는 과정에서 보다 나은 방법을 발견할 수도 있습니다.

Q '허브스팟'을 활용하기에 가장 이상적인 시스템 환경은?

A 별 다른 시스템 환경 제약은 없습니다만, 외산 솔루션이다 보니 크롬 브라우저를 사용하시길 권장합니다. 외근이 잦은 영업 담당자 분들은 태블릿이나 모바일 앱으로 허브스팟을 활용하는 경우도 많습니다.

Q 현실적으로 국내 스타트업과 중소기업 기업에서는 마케팅 자동화 솔루션을 도입할 수 있는 여건이 안 되는 경우가 많은데 중소기업에서 도입할 수 있는 가장 이상적인 마케팅 자동화 구조에 대해 이야기 한다면?

A '생산성 향상'의 측면과, '비용 절감'의 측면이 있습니다.

'생산성 향상'의 측면에선, 마케팅 활동을 직감에 의존하기보단 객관화된 데이터를 기반으로 마케팅 비용을 보다 효율적으로 사용하는 것을 고려합니다.

'비용 절감'의 측면에선, 허브스팟이 상대적으로 비용 부담이 적음에도 불구하고, '마케팅 자동화'기능을 사용할 수 있는 최소 단계의 제품은 스타트업이나 1인 기업에서 지불하기 부담스러운 비용일 수 있습니다(월 $890). 하지만 꾸준한 콘텐츠 발행 또는 캠페인 진행으로 많은 리드가 확보되었음에도, 후속 업무 처리를 할 인원이 없어, DB 정리/뉴스레터 발송/유망 고객 발굴을 위해 추가 인원 채용을 고려하시는 상황이라면 허브스팟을 활용하시는 편이 더 사람 한 명을 고용하는 것보다 비용이 효율적일 순 있습니다.

두가지 측면을 모두 함께 고려한다면, 중소기업에서 가장 이상적인 마케팅 자동화 구조가 윤곽이 잡힙니다. 마케팅 담당자의 역할과 구분이 명확하여, 각자 허브스팟에서 어떤 기능을 활용하여 리드를 확보해야할지 잘 이해하는 상황을 전제로, 아래의 조건이 갖춰지면 됩니다.

올바른 허브스팟 기능 이해
- 상황에 따라 적합한 마케팅 캠페인을 객관적인 지표로 확인하고자 함
- 마케팅 콘텐츠와 캠페인을 통해 리드가 유입되는 구조를 도식화할 수 있음
- 허브스팟 솔루션을 통해 업무효율(속도, 양)을 얼마나 높일 수 있는지 체크할 수 있음

Q '허브스팟'을 B2C나 이커머스에도 적용할 수가 있는지? 있다면 B2B 비즈니스에서 구축 했을 때와 가장 큰 차이점은 어떤 것들이 있을지?

A 잠재고객이 구매고객이 되기까지의 과정은 아래와 같은 차이를 보일 수 있습니다. 마케팅 프로세스보단 마케팅 프로세스 이후의 과정에서 큰 차이점이 있습니다.

- B2B : 콘텐츠 탐색 → 구매 문의 → 미팅 → 도입 결정 → 구매 → 후속 서비스
- B2C (이커머스) : 콘텐츠 탐색 → 장바구니(찜하기) → 결제 대기 → 결제 완료 → 배송 준비 중 → 배송 시작 → 배송완료

두 경우 모두 허브스팟으로 구현한 사례가 있습니다. 큰 틀에서는 명확한 차이가 느껴지지 않으실 수 있습니다. 하지만 B2B에서는 위 과정에 별도의 연동/개발이 필요 없는 상황이며, 잠재고객 한 단위 당 세일즈 과정이 길고 집중적이기 때문에 사람이 직접 단계를 이동시키는 관리가 가능한 상황일 수 있습니다. 하지만 B2C 이커머스라면 홈페이지 장바구니 및 결제 모듈과의 연동 과정이 필요합니다.

Q 현재까지 다양한 기업에 '마케팅 자동화'를 도입하면서 가장 뿌듯하거나 즐거웠던 에피소드를 하나만 이야기 해준다면?

A 고객사에서 너무 많은 도움이 되었다고 말씀해주실 때면 항상 뿌듯하고 즐겁습니다. 이제 막 헬로디지털 블로그에 B2B 마케팅 관련 콘텐츠를 올리던 때, 고객사에서 컨설팅을 하다 B2B 마케팅 관련 이야기를 하다 제가 쓴 글이 생각나 저희 회사 블로그에 이런 글이 있는데 참고하면 좋을 것 같다고 말씀드린 적이 있었습니다. 구글에 특정 키워드로 검색하면 첫 번째에 뜨니까 찾기 쉬울 거라 알려드리니, "이미 본 콘텐츠라 도움 많이 되었는데, 직접 쓰신 글이셨네요"라고 말씀해주신 이후 더욱 더 양질의 글을 많이 쓰기 위한 동기부여가 많이 되었습니다. 그 뒤로도 컨설팅 및 미팅 차 다양한 고객사에 방문 드리면, B2B 마케팅 관련 글을 구글에 검색하면 제가 쓴 글이 나온다는 제보를 들을 때가 종종 있는데, 그런 날은 하루 종일 기분이 좋기도 합니다.

Q 반대로 '마케팅 자동화'를 도입하면서 가장 힘들었던 에피소드를 하나만 이야기 해준다면?

A 의사결정권자가 도입을 적극 추진하여 도입이 성사되었지만, 정작 실무진에서 관심을 가져주지 않으실 때, 반대로 실무진에선 활용 니즈가 절실하지만 의사결정권자가 이를 못마땅하게 생각하실 때면 저희가 설득의 역할을 잘 수행해야 하니 일반적으로는 그런 경우가 가장 힘든 듯합니다.

마케팅 자동화가 아니더라도, 무엇이든 조직에 도입하기 위해선 외부의 저희가 필요성을 인식시켜드리기보단, 내부에서 필요성을 느끼시는 것이 가장 중요하다고 생각합니다. 저희가 의사결정에 도움을 드릴 수는 있지만, 의사결정권은 조직 내부에 있기 때문입니다. 저희가 조직 내부의 대변인이 되어 열심히 도입의 강점, 현황의 문제, 개선 방안 등을 말씀드려 힘들게 도입을 하게 되었는데, 여전히 조직 내부의 주요 담당자분께서 비협조적이셔서 허브스팟을 적극적으로 활용하고자 하시는 다른 분들이 원하시는 프로세스까지 구현하지 못하는 경우를 경험한 적 있습니다.

세일즈를 위해 저희가 노력하면 단기성과는 올릴 수 있겠지만, 조직 내부적으로 필요성을 느끼지 못하는 솔루션을 판매하는 것을 성과라 볼 수는 없습니다. 세일즈와 컨설팅 모두 팀의 성장에 중요한 업무이지만, 개인적으로는 솔루션 세일즈보다는 컨설팅에 집중하고 싶습니다. 세일즈 성과를 위해 컨설팅 목적에 맞지 않는 프로젝트를 진행하는 것은 도의적으로 옳지 않다고 생각합니다. 결국 이렇게 판매된 솔루션은 장기 성과로 이어지기 힘들며, 어떤 고객사에게든 "역시 도입해봤더니 별로였다"라는 인상을 남기고 싶지 않습니다.

PART 10

부록
- B2B 전문가 인터뷰

INDEX.

Interview

"B2B가 기업 대 기업의 비즈니스라 하더라도 결과적으로 사람 대 사람입니다."

다양한 기업에서 CRM, CXM, 마케팅, 세일즈를
두루 경험해온 B2B 비즈니스 전문가 인터뷰

애피어(appier) 고주연 본부장

Q 최근 경험하고 있는 B2B 기업들의 마케팅 활동에 대해 아쉬운 부분을 이야
기한다면?

A 최근 한 B2B 기업과 미팅을 진행했는데, "기술력만 있으면 찾아오겠지" 라는 생각
으로 글로벌의 특정 전문 컨퍼런스나 박람회에 가서 부스를 운영하는 부분에만 꽤
많은 마케팅 비용을 투자하는 경우를 보았습니다. 그러나 지속적으로 우리의 브랜
드를 어떻게 관리하고 리드(LEAD)를 어떻게 만들어낼 것인가에 대한 온라인 마케
팅의 노하우가 전혀 없는 경우가 많습니다. 따라서 저는, 반드시 가져가야 되는 채
널이 링크드인(Linked-In)이라는 말씀을 드렸는데, 막상 어디서부터 어떻게 시작해
야 될지 모르시는 상황이었습니다. 그래서, 어려운 기술을 쉽게 설명한 다른 기업
의 링크드인 채널을 비교해서 보여 드리고 난 이후에서야, 온라인 마케팅의 중요
성을 인식하셨습니다. 온라인상에서 콘텐츠를 만들어 내는 것들이 사실 제품을 개
발하는 것만큼 중요하다는 말씀을 드렸는데, 막상 실무에서는 굉장히 막연해하시
고 어려워하시는 경우가 많습니다.

Q 마케팅 자동화의 시장의 현 상황에 대해 이야기한다면?

A 초창기 마케팅 자동화 시장에서는 어떻게, 고객의 행동을 기반으로 그 메일을 읽었는지 어느 콘텐츠를 클릭하고 들어왔는지, 그 이후에 웹사이트로 들어와서, 그 사람이 무엇을 보고 갔는지 라는 부분 등 리드(LEAD)를 꾸준히 너처링(Nurturing) 한다는 측면에서 각광받았지만, 한편으로 반대로 생각해보면 그 때, 당시에 카카오나 인스타그램이나 아니면 요즘처럼 메신저를 기반으로 하는 실시간 대화형의 커뮤니케이션이 없던 당시에는, 마케팅을 할 수 있는 채널의 가장 우선순위가 문자(SMS)와 이메일(E-DM)이었다고 볼 수 있습니다. 그러나 앞으로의 상황에서는 마케팅 채널을 오케스트레이션(Orchestration)할 수 있는 마케팅 자동화 솔루션들의 수요가 많이 질 것으로 보입니다.

Q 앞으로의 B2B 마케팅의 구매 결정 과정은 어떻게 변할 것으로 보시는지?

A B2B가 기업 대 기업의 비즈니스라고 하더라도 결과적으로 사람 대 사람입니다. 그 사람들이 지금 MZ 또는 후기 밀레니엄 세대의 사람들입니다. 해당 세대들은 대부분의 특정업무의 실무자로서 솔루션을 검토하거나 디지털 마케팅을 운영하는 사람들이고, 그 사람들이 툴이나 솔루션을 도입하거나 검토를 한다고 할 때, 본인이 매일 같이 소비하는 소비재를 구매했던 경험과 마찬가지의 학습 패턴을 가져갈 확률이 높습니다. 그래서 B2C 분야에서 진화해가는 마케팅의 방법과 소비 경험이라는 부분들이 궁극적으로 B2C를 넘어 B2B에서도 적용 될 것이라고 생각합니다.

Q 가장 효과적인 B2B 마케팅 툴은 무엇이라고 생각하는지?

A 무료로 가장 마케팅을 잘할 수 있는 방법 중에 하나는, 특히 글로벌이라면 자사 채널인 링크드인을 활용하는 것입니다. 그래서 링크드인에 본인들의 가치와 브랜딩을 잘 정리해 놓고 우리가 가치가 있는 회사이고 우리 회사에 다니는 직원들이 이런 사람들이 있고, 우리가 어떤 사람들을 뽑고 있고 간단하게 라도 동영상 비디오 클립 혹은, 유튜브로 우리 회사에 대한 소개를 해놓아서 콘텐츠들이 축적이 되기

시작하면, 업계에 유사한 회사들, 혹은 이 회사를 본 사람들이 같이 본 회사들에게 폭 넓게 노출될 수 있습니다. 사실, 링크드인 내에서 발생하는 알고리즘 안에 우리 회사가 자동적으로 등재가 되고 우리의 경쟁사를 보는 사람들에게도 자사의 브랜드가 노출되는 것이기 때문에 큰 비용투자 없이 마케팅을 할 수 있는 좋은 방향이라고 생각합니다.

Q B2B 비즈니스에서 라이브 채팅의 도입에 대한 견해는?

A 사람들이 홈페이지를 그냥 보고 가는 형태가 아니라 중간중간에 팝업이 뜨거나 라이브 채팅을 활용하여 "당신이 궁금한 사항이 있으면 언제든지 제가 답을 드리겠습니다"라는 식의 어필을 하는 것은 일반적으로 B2C 커머스에서 가져가는 형태지만, 요즘은 B2B 비즈니스에서도 굉장히 많이 보입니다. 국내 기업들을 예를 들더라도 이제 채널 톡이나, 웹챗이 붙어 있는 웹페이지들을 자주 보실 수 있습니다. 예전에는 고객들이 웹페이지 내에서 문의를 하기 위해 Q&A 또는 게시판이라는 기능을 활용했는데, 요즘은 내가 있는 이 자리에서 궁금한 걸 바로 물어보고 답변을 받을 수 있는 실시간 형태의 대응이 B2B 비즈니스에서도 많이 늘어나고 있습니다.

Q B2B 마케팅에서 새로운 미디어의 시도에 대해서는 어떻게 생각하시는지?

A 제일 중요한 부분이 기술이 계속 빠르게 발전하고 있습니다. 카카오톡이 기업의 광고 채널로 이렇게 많이 쓰일 거라고 그 전에는 아무도 생각을 못했지만 현재는 많이 바뀌었습니다. 따라서, 최근 주의 깊게 검토하고 있는 채널은 예전에는 B2B 분야에서 많이 사용하지 않았던 인스타그램 입니다. 왜냐면 내가 바라보고 있고, 특히 디지털 마케팅을 하고 있는 사람들 중 많은 사람들이 인스타그램을 활용하기 때문에, 예전에는 B2B 비즈니스에서 활용도가 적었지만 이제는 상황이 달라졌다고 생각합니다.

Q 풀퍼널 마케팅(Full-Funnel Marketing)서비스가 현재 가장 빠르게 적용되고 있는 분야와, 가장 도입이 지연되고 있는 분야에 대해 설명한다면? 그리고 그 이유는?

A 아무래도 가장 빠르게 적용되고 있는 분야는 리테일(Retail)입니다. 리테일과 커머스가 도입이 가장 빠르고, 이미 해당 업종에서는 풀 퍼널 마케팅을 너무나도 잘 도입하고 활용하고 있다고 생각이 됩니다. 또, 코로나로 인하여 전체적인 에드테크 영역의 도입이 많이 빨라졌다고 생각합니다. 이유는 서울이라는 작은 공간 내에서 30분 이내의 이동 시간으로 다양한 오프라인 활동이 진행되고 있었는데 코로나 이후로는 그러한 활동들이 현저히 줄어들었습니다. 따라서 오프라인의 공백을 채우기 위한 온라인상의 다양한 활동이 생겨났고 그 중하나가 애드테크 분야라고 생각합니다. 실제로 애드테크(AD Tech) 분야의 도입 가속화가 전 산업 분야에서 걸쳐서 일어나고 있다고 생각합니다. 그럼에도 불구하고 풀 퍼널 마케팅이 가장 지연되고 있는 업종은, 흔히 예상하실 수 있는 공공, 국방 등의 규제 산업도 있지만, 1차적인 제조 산업 설립자(Founder)가 여전히 오너 경영을 하고 있는 기업들이 비교적 도입의 속도가 느리다고 생각합니다.

Q 최근 본 광고 중에 가장 흥미로운 광고는 어떤 것인지?

A 최근 메타버스 플랫폼인 제페토(Zepeto)에 접속해보고 깜짝 놀란 것 중에 하나가 '제페토'에 노출되어 있는 브랜드들의 프레젠스(Presence)에 브랜드가 현재까지 생각하고 있는 것들, 또 앞으로의 브랜드가 지향할 미래들을 잘 녹여 놓았습니다. 그리고 증강 현실에도 배너의 영역이 있습니다. 예를 들어 '현대자동차' 전시관이 있는데, 그 곳에서는 앞으로 2025년부터 합법화가 될 예정인 '도심 항공 이동수단'(UAM, Urban Air Mobility)이 있습니다. 앞으로 자동차가 아닌 택시 또는 버스가 공중으로 다니는 형태의 운송수단이 도입될 때, 사용자들이 그것들을 어떻게 탑승하고, 또 어떤 경험을 전달할 것인지 메타버스 상의 브랜드를 통해 소구하고 있습니다. 또, 디지털 사이니지(Digital Signage) 영역에는 현대자동차 광고가 게재되어

있는데, 그 공간을 광고의 영역으로 볼 것인지, 혹은 애드테크 영역으로 볼 것 인지도 또한 흥미로운 부분입니다.

Q 'Appier'를 도입하기 위해서는 어느 정도 조직과 비즈니스가 성장이 되어 있는 상황에서 효과를 볼 수 있는데, 해당 솔루션을 도입해 볼 수 있는 최소 조건이 어느 정도가 될지?

A 사실 저희는 제약은 따로 없습니다. 고객사에서 광고를 시작할 때에 예산이나 단가가 어느 정도 정해져 있는 상황이라면 고객사에서 역으로 어느 정도 비용이면 좋겠다고 가이드를 주시는 경우도 많습니다. 또, 저희는 이제 심지어 인스타그램 자동화 봇도 출시했습니다. 이러한 부가서비스를 사용하는 고객들은 매우 적은 금액으로 시작하시기도 합니다.

따라서, 최소 조건에 대한 제약은 오히려 저희가 특별히 정해두는 경우들은 없다고 생각이 되는데, 사실 도입 금액보다 더 중요하게 생각해야 되는 부분이 고객들이 솔루션을 통하여 무엇을 하고 싶은지가 가장 중요합니다. 어느 정도 의사 결정자들의 의지가 있고 그리고 솔루션 도입을 통해서 새로운 것들을 계속적으로 고민하고, 또 다른 마케팅적인 시도를 할 수 있는 의지가 더 중요한 것 같습니다. 사실상 내부 조직 내에서 이런 의지가 없다면 도입이 쉽지 않습니다.

Q CRM에서 가장 중요하게 생각하는 부분은 어떤 것이 있는지?

A 영업사원이 오늘, 어떤 고객을 만났는데, 그 고객이 어떤 코멘트를 했는지, 특히 하나의 고객을 팀 내의 다양한 사람들이 관리한다고 가정할 때에는 미팅 내에서 어떤 안건들이 나왔는지 디테일한 것들을 솔루션을 통하지 않으면 사실상 볼 수가 없습니다. 팀 내의 구성원들이 일일이 가서 물어볼 수는 없으니까 고객의 관리할 수 있는 접점이 되는 채널로써 솔루션을 도입하여 이 안에 고객과 관련된 클라이언트와 내부 직원들의 활동을 다 기록하는 형태가 됩니다.

그 역할에서는 이제 앞서 말씀드린 것처럼 고객 관리라는 측면에서는 연속성이라는 부분보다는, 저는 얼마큼 이것들이 최신성을 유지하고 다양한 채널과 다양한 사람을 통해서 들어온 정보들이 한눈에 보여줄 수 있느냐가 더 중요하다고 생각합니다. 내부적으로 이것들을 활용하고 계속적으로 써야 되는 영업사원, 또 서비스를 유지 보수하는 사원들, 혹은 마케팅 하는 사람들로 보았을 때는 제일 중요한 부분이 얼마나 '편의성'이 있느냐 입니다.

특히, 모바일의 접근이 편리해서 관련된 CRM과 관련된 모든 사람들이 해당 시스템을 편리하게 사용할 수 있어야 합니다. 그리고 제일 중요한 부분을 하나를 더 얻는다면, 요즘은 AI(인공지능)를 통해서 솔루션이 업무 비서 역할을 해주려고 합니다. 예를 들어, 특정 고객을 분기에 한 번씩 만났었다면 제가 다음 일정을 관리할 때인, 특정 날짜에 도달 했을 때, 솔루션에서 "해당 고객을 만날 때가 됐습니다"라는 것들을 이때까지 고객 기록 분석하여 솔루션이 스스로 추천을 해줍니다. 따라서, 솔루션이 특정 알림이나 분석을 통해서 고객관리를 도울 수 있는 구조로 운영할 수도 있습니다.

또, CRM의 본질적인 용도는 고객들의 모든 정보들을 쌓아 놓는 게 아니라, 쌓여 있는 정보를 통해서 인사이트를 얻어야 합니다. 따라서, 내부 사용자들이 편하게 이용할 수 있도록 최신성을 유지하고 기록함과 동시에 이것을 통해서 나에게 도움이 되는 인사이트를 얻을 수 있어야 합니다. 따라서, CRM의 데이터를 기준으로 시장을 확장할 때, 예산을 투자하기에 가장 효율적인 타겟에 대한 정보와 근거자료를 얻을 수 있어야 합니다.

"저는 과학자를 지원하는 과학자입니다."

15년차 바이오 및 헬스케어 분야 B2B 영업 마케팅 전문가 인터뷰(익명)

Q 국내 많은 바이오 및 제조 기업들이 별도의 디지털 마케팅을 하지 않고 있는 경우가 많은데, 왜 이런 상황이 생기고 있는지?

A B2C에서는 사람을 모으고 영향력을 만드는 것이 중요한데, B2B나 바이오 쪽은 기술적 지식을 갖고 있는 사람이 더 중요해요. 생산 쪽 설비 분야를 예를 들자면 제조 설비를 알고 있는 사람이 얼마나 있겠어요. 마케터들도 지식을 알아야 하지만 고객들도 기술적 지식을 갖고 있어야 하기 때문에 영향력을 만드는 디지털 마케팅보다는 ABM(Account Based Marketing) 기반을 더 선호합니다.

국내에서는 바이오 업계를 보게 되면 BD(Business Development)이 많은데, 이유는 특허를 출원했어도 유통망이나 규제(Regulation)의 벽을 넘기가 어렵기 때문에 이러한 제약사항을 넘어설 수 있는 해외에 큰 회사들에게 기술을 판매하거나 협업을 하는 방식으로 사업을 하고 있기 때문에 특히 디지털 마케팅의 영역이 많지 않았습니다.

Q 마케팅을 안 하고 있는 기업들의 특징은 어떤 것들이 있을지? 또 바이오 기업이 마케팅 없이도 시장 내에서 굳건한 위치를 자리 잡기 위해서는 기술 이외에 어떤 것들이 필요할지?

A   기술이 너무 뛰어나거나, 다년간의 노하우로 인하여 새로운 특허를 꾸준히 만들고 새로운 기술에 투자를 하고 스타트업 단계부터 기술이 있는 회사를 육성하는 전략들을 많이 활용하고 있습니다.

Q   바이오 기업들도 예전처럼 특정 기술을 가지고 있다고 해도 오랫동안 '기술우위' 혹은 '공급우위'를 유지할 수가 없는 상황들이 많이 발생되고 있는데, 꾸준히 새로운 시장을 만들기 위해서는 어떤 마케팅 전략이 필요하다고 생각 하시는지?

첫 번째는 디지털 영역은 계속적으로 확장을 하고 있습니다. 그러나 아무래도 이제 이 부분에 대해서는 효율성에 대한 문제가 있어서 계속 개선이 이루어져야 합니다. 두 번째는 라이센스 인(In) 아웃(Out)이 되게 활발해지고 있어요. 그러니까 기술을 이전하고 협업을 하는 구조들이 활발하게 퍼져 나가고 있습니다.

큰 제약회사의 경우에도 요즘의 시대는 무엇을 개발해서 성공한다는 공식이라는 것이 없습니다. 다양한 제품을 만들어야 되는데 보유한 인력 구성이 한계가 있잖아요. 그래서 업계에서 진행하는 방식들이 대형 제약사의 경우 '벤처캐피탈'을 만들어서 미리 투자를 해놓고 나중에 어느 정도 성장하면 그 것을 자사의 대형 유통망과 연계하여 협업을 하거나 개발된 라이센스를 매입하는 등의 전략을 많이 사용하고 있습니다.

또, 미래를 바라보고 시장을 미리 분석하고 선점하는 마켓 센싱(Market Sensing)이 필요합니다.

미래의 시장을 미리 선점해야지만 나중에 돌아오는 결과가 높습니다. 이런 분야들 특징이 핵심 클라이언트들이 20-30개 정도밖에 안되다 보니 1개의 거래처도 규모의 단위가 크기 때문에 소량의 거래에도 거래액수는 큰 차이가 생깁니다.

Q   바이오 기업의 마케팅도 시장의 성숙도에 따라서 마케팅의 전략도 달라져야 할 것 같은데, 현재 바이오 업계의 흐름을 보았을 때, 과거의 전략과 현재의 전략과 미래의 전략에 대해서는 어떠한 변화가 있었다고 생각하시는지?

A 과거에는 주로 오프라인의 마케팅이 주가 되었고, 또 학회 중심의 마케팅을 많이 했었어요. 10년 전만 해도 학회에 나가는 업무가 마케터에게는 상당히 큰 업무였습니다. 그러나 지금은 마케터는 다양한 프로그램이나 할인 프로모션 등을 운영하는 업무를 많이 합니다. 그리고 예전에 비해서는 데이터 중심으로 업무를 진행하기 위해 CRM(Customer Relationship Management) 활용도를 높이고 있습니다. 미래에 대한 전략은 예측하기가 매우 어려운데 최근 MRO(Maintenance, Repair and Operation) 업체들이 최근에 이제 이런 과학기자재 쪽으로 오픈 마켓을 확대하는 이제 움직임들이 있거든요. 이러한 흐름을 보았을 때 이커머스 쪽에 포커싱하는 게 더 많아지지 않을까 하고 예측을 해봅니다.

Q 최근 코로나 이후로 유행하고 있는 원격판매(리모트 세일즈)에 대해 말씀을 해주신다면?

A 인사이드 세일즈의 경우 새로운 잠재고객을 만들 수 있을 것 같아요. (리드 제너레이션) 그러나 최종 계약은 전화나 라이브 채팅으로 절대 못한다고 봅니다. 왜냐하면 400만원 500만원 상당의 제품을 전화나 채팅으로 구매한다는 것은 쉽지 않을 것 같습니다. 최근 코로나 이후로 전화나 라이브 채팅 등의 비대면 거래에 대한 이슈들이 많은데 그 제품들은 혁신성이 낮고 되게 안정적이고 그리고 시장 내에서 보편화된 제품들에 해당하는 경우라고 생각합니다.

Q 공공부문 대상의 마케팅을 진행할 때, 가장 성과가 좋은 방안은 어떤 것이라고 생각하는지?

A 나라장터를 통해서 입찰할 수 있는 경우는 일반 입찰공고와, 조달 코드 등록 그리고 수의계약이 있는데 조달 코드를 등록하는 경우가 구매하는 쪽에서 손쉽게 구매할 수 있는 것 같습니다.

Q 연구기관이나 대학교 등의 교육기관을 타겟으로도 많은 마케팅 캠페인을 해본 사례가 있는지? 그리고 성과는 어떠했고 어떠한 부분이 중요하게 작용이 되었는지?

A 경험상 보았을 때, 샘플을 증정하거나 할인 프로모션을 가장 선호하고, 패키지 형태로 제공하는 번들 증정의 경우에는 생각보다 효과가 적습니다. 아니면 기존의 장비 교체를 제안하는 스위칭(Switching) 이라는 것도 있는데, 석/박사들이나 과학자들은 연구에 대해서는 매우 혁신적이지만 제품을 바꾸는 등의 변화에는 매우 보수적이고 바꾸는 것을 두려워하는 경우가 많습니다.

Q 생명과학, 진단 및 의약품개발, 실험실장비 분야의 콘텐츠에서 '시의성 이슈'를 활용하는 것에 대해서는 어떻게 생각하는지?

A 예전에는 현장을 찾아가는 로드쇼를 많이 진행했는데 요즘은 바이럴 마케팅을 준비해보고 있습니다. 예를 들어 MBTI와 같은 콘텐츠를 통해 브랜드도 같이 노출시키는 전략으로 공감을 만드는 콘텐츠를 테스트 중입니다.

또, 패러디나 시의성 이슈를 활용하여 마케팅을 진행하게 되면 마케팅 적인 관점 클릭이 높아졌지만 흥미에서 상담문의로 이어져서 구매로 이어지는 경우는 상당히 복잡합니다. 따라서 디지털 마케팅은 성공했는데 세일즈는 실패하는 경우도 있습니다.

Q 학회를 통한 마케팅에 대해 설명을 해주신다면?

A 예전에는 학회에서는 연구결과 등의 정보를 얻을 수 있었습니다. 따라서 학회의 스폰서 부스 운영을 통해서 다양한 정보를 얻는 하나의 쇼핑몰을 임시적으로 만들었다고 생각을 해요. 요즘에는 전시도 다 사람들이 모여서 그렇죠. 다양한 정보들을 볼 수 있는 말 그대로 쇼핑몰을 만들어준 개념입니다. 그러나 최근에는 연구소 박사들이 유튜브 등을 운영하기도 하고 전체적으로 정보가 공유되는 채널이 다양해져서 학회의 영향력이 예전에 비해 줄어들고 있는 추이입니다.

Q 유료광고를 사용한다면 어떠한 채널이 효과가 있을 것이라고 생각 하시는지?

A 지역 타겟팅을 통한 모바일 광고입니다. 대학교나, 연구소, 공단 등이 모여 있는 곳에 위치 타겟팅을 진행해서 유료광고를 진행해보려고 준비 중입니다.

Q 바이오 분야에서 일하면서 가장 뿌듯하거나 즐거웠던 에피소드를 하나만 이야기 해준다면?

A 제가 이제 기술 지원을 하다가 영업으로 갔을 때 이제 우리 고객들한테 이제 저는 이제 인수인계를 하고 다른 부서로 이동하게 되었는데 그 때, 고객사 연구원이 매일을 보내실 때 감동을 받았습니다. 알려주신 정보 덕분에 해당 분야를 연구에 활용할 수 있었다고 메일을 주셨는데 그 메일이 상당히 오랫동안 기억에 남습니다. 저는 유전공학을 전공하고 바이오업계의 영업과 마케팅으로 업무를 하게 되었기 때문에 고객의 연구를 이해하고 기술적으로 소통하면서 고객에게 새로운 방향을 제시해주었는데 저 때문에 선생님 효율이 두 배가 늘었다고 피드백이 올 때, 고맙고 정말 행복합니다. 이제는 내가 좋아하는 과학을 내가 스스로 하지는 못하지만 내가 판 제품으로 고객이 해서 결과를 증명해주는 과정들이 많기 때문에 저는 과학자를 지원하는 과학자라는 얘기를 많이 해요.

Q 바이오 분야에서 일하면서 가장 힘들었던 에피소드를 하나만 이야기 해준다면?

A 회사 규정으로 인하여 고객들을 지원해줄 수 없을 때, 매우 힘듭니다.
글로벌 기업이다 보니 다른 제조사는 해주는데 왜 못해주냐는 항의를 받았을 때, 국내 제조제품이 아니다보니 배송기간이 지연되어 고객사의 실험이 망쳤다는 피드백을 들었을 때 너무 힘듭니다.

Q 바이오 기업의 마케터가 가장 잘 어울리는 MBTI 성향은?

A 바이오 쪽은 새로운 기술이고 새로운 시장인 경우가 많거든요.
그러다보니 운영에 강점이 있는 유형보다는 ENTP와 같은 창의적인 발명가형이 잘
맞을 것 같습니다.

Q 바이오 기업의 마케터에게 가장 필요한 역량을 딱 1가지만 뽑는다면?

A 이거는 지식에 대한 갈구라고 생각해요. 왜냐하면 바이오 마케팅이 왜 어렵냐면 내
가 마케팅 전공을 했는데 바이오 분야의 석박사들이 알고 있는 내용을 전달해야 하
기 때문에 매우 어렵습니다.
저도 지금도 논문 보고 특허 보고 트렌드를 꾸준히 찾아보는 노력을 통하여 방향
을 잡아가는데 주니어 마케터가 지식에 대한 갈구가 없다면 업무를 수행하기에 어
려운 부분이 많습니다.

Interview

"제가 달성한 뉴스레터 오픈율이 38%가 '넘사벽'이라는 것을 알게 되었을 때 매우 기뻤습니다."

B2B 영업으로 시작해서 마케팅 업무를 총괄하게 된 제조업 12년차 마케터 인터뷰

Q 국내 많은 제조 기업들이 별도의 마케팅을 하지 않고 있는 경우가 많은데, 왜 이런 상황이 생기고 있는지?

A 이 부분은 사실 많이 잘못 생각하고 있는 경우가 많습니다. 제조 기업의 핵심 타겟은 구매팀, 연구원, 경영진까지 다양합니다. 고급 지식이나 기술을 다루는 전문적인 영역이면서 업계에 특수화된 채널이 많지도 않기 때문에 오픈되어 있는 미디어를 통해 정보를 얻어간다고 생각하는 사람들이 적습니다. 또한 타겟 고객도 한정적인 채널을 통해서만 필요한 정보를 습득하는 경향이 있습니다.

그리고 지금은 많이 변화하고 있지만 여전히 기업 내에서도 "우리의 제품은 기술력을 바탕으로 하기 때문에 기술력으로 승부를 해야 하고, 별도의 마케팅이 필요한 것이 아니다"라고 생각 하는 경우도 있고, 업계에서는 상부에서 결정해서 하부 조직에 지시하는 탑다운 의사방식에 대한 강한 신뢰를 갖고 계신 분들이 많아서, 그냥 의사결정자와의 미팅에서 이야기를 하면 된다는 생각들이 많이 있는 것 같습니다. 이는, 기술 우위를 확보하고 있는 기업들 에서도 많이 발생하고 있는 현상입니다.

Q 예전처럼 특정 기술을 가지고 있다고 해도 오랫동안 '기술우위' 혹은 '공급우위'를 유지할 수가 없는 상상들도 생기는데 새로운 시장을 만들기 위해서는 어떤 마케팅이 필요하다고 생각하시는지?

A 실제로 하이엔드 제품들은 장비가 납품된 이후에는 조작법이 간단하지 않아 공급업체의 교육과 내부적인 전문 운영인력이 필요하며, 비용 상 교체가 쉽지 않기 때문에 유지보수, 교육 및 안정적인 서비스를 제공하는 회사를 도입단계에서 우선적으로 고려하게 되며, 안정성을 입증 받으면 전사적으로 그 장비를 도입하는 경우가 많습니다. 그렇기 때문에 거시적인 시장상황을 분석하여 지금까지 진입하지 못했던 시장을 빨리 선점해서 진입하는 것이 중요합니다. 즉, 우리의 기술을 새로 적용할 수 있는 적용분야(Application)를 빠르게 개발해서 진입해야 합니다.

또, 현재 '기술우위'나 '공급우위'를 유지한다고 해서 앞으로도 시장의 1위라는 건 보장할 수 없어요. 왜냐하면 1위라는 건 2위가 있기 때문인데 2위는 1위로 올라갈 수 있지만 1위는 2위로 떨어질 수 있기 때문입니다. 특정 사업을 독점하고 있는 곳도 있겠지만 경쟁사회에서 1위도, 2위도 계속해서 노력해야만 합니다.

Q 제조업 마케팅도 시장의 성숙도에 따라서 마케팅의 전략도 달라져야 할 것 같은데, 현재 제조업의 흐름을 보았을 때, 과거의 전략과 현재의 전략에 대해서 설명한다면?

A 우리가 코로나를 겪으면서 비대면을 많이 사용하게 되었습니다. 그러나 비대면의 장단점이 있습니다. 비대면으로 현실과 비슷한 가상의 시각화 자료들을 전달한다고 해도 고객들과 깊은 관계를 얻기는 쉽지 않아요. 대면에서는 내용을 전달하는 것뿐만이 아니라 교류의 시간이 있기 때문에 거기서 얻는 부분은 비대면이 분명히 약합니다. 제품, 장비를 사용하는 고객들은 전문적인 서비스와 관심을 받기를 원하고, 실제로 고객들은 필요할 때 원하는 대답을 듣고자 하는데 이러한 커뮤니케이션이 비대면에서는 매우 미흡한 부분이 있습니다. 또, 예전에는 세미나를 한다고

하면 영업담당들이 쉬는 시간에 고객사들을 접촉(Touch)하면서 비즈니스를 유지하거나 만들어 갔지만, 현재는 이러한 부분에서 약합니다. 또, 비대면의 경우에는 녹화와 기록이 남기 때문에 꼭 필요한 말만 해야 해서 복잡한 상황을 풀어나갈 수 있는 커뮤니케이션은 어려운 것 같습니다. 그럼에도 불구하고 직접 만나지 않고도 다수의 고객과의 접점을 만들기 위해서는 비대면 마케팅 활동은 필수적이며, 의사결정 기간이 매우 긴 제조업 고객으로의 세일즈 단계를 가속시킬 수 있습니다.

Q 제조업의 경우에는 매우 세분화된 시장을 타겟으로 하는 경우도 많이 있는데, 매우 좁은 시장(Micro Market)을 타겟으로 할 때에는 어떤 마케팅 전략이 차별성이 있을 것이라고 생각하시는지?

A 저는 다양한 테스트를 해본 결과 시장과 타겟 고객(Persona)를 너무 세분화하여 타겟팅을 하는 건 매우 위험하다고 봅니다. 예전에 타겟을 매우 디테일하게 필터링해서 특정 주제의 행사를 진행한 적이 있습니다. 그러나 생각보다 참여가 저조했습니다. 고객이 새롭게 회사에서 맡은 프로젝트나, 변경될 업무, 또는 유연하게 커버하는 업무, 또는 고객의 신사업에 대해 공급업체에서 모두 알 수는 없습니다. 따라서 제외해야할 고객군을 구별하는 것이 유연하게 잠재고객을 확보할 수 있는 방법입니다.

Q 제조업 분야에서 SMB 기업의 성장가치는 어떻게 생각하는지? 또, 비즈니스가 성사되기에 애매한 규모의 기업고객들을 케어하는 방법이 있다면?

A SMB는 매출이나 규모의 기준에서 타겟 자체가 매우 애매합니다. 그러나 확실한 것은 당연히 SMB도 중요하다는 것입니다. 동일한 세그먼트의 SMB 기업이 많아서 총 규모가 크던지, 큰 기업으로의 비즈니스까지 연결된 잠재적인 비즈니스의 규모가 크다면 매우 중요한 타겟이 됩니다. 따라서 당장의 구매가 일어나거나 규모가 작더라도 가능성을 염두에 두고 지속적으로 살펴봐야 합니다.

Q 대학교 타겟의 마케팅에 대해서는 어떻게 생각하시는지?

A 대학교에 대학원생들이 쓰는 연구 장비는 마케팅 측면에서 중요한 역할을 합니다. 왜냐하면 학교의 연구실에서 사용하는 장비는 자체적인 연구 또는 특정 기업체와 산업협력 연구 프로젝트에 이용되기 때문에 장비에 대한 레퍼런스 논문이 생성되고 기업에서도 관련 업무를 위해 향후 구매를 검토할 수 있습니다. 또한 해당 장비를 사용했던 학생들이 이후 기업에 채용되면 전문적인 인력으로서 우리의 기술과 장비를 제안할 수도 있습니다.

Q CRM(Customer Relationship Management)에서 가장 중요하게 생각하는 부분은 어떤 것이 있는지?

A CRM에서는 가장 중요한 것은 정보의 연속성 입니다. 잠재고객(LEAD)을 만들었으면 세일즈까지 이어져야 하는데 보통 마케팅의 단계에서 끊기는 경우가 많습니다. 잠재고객을 지속적으로 관리하지 않는다면 의미가 없습니다. 따라서 마케팅과 세일즈의 업무 협업 연속성이 회사차원에서 관리되어야 합니다. 또한 기존에 기재되어 있는 고객사 정보가 업데이트되지 않는다면 고객의 니즈와 같은 정보를 적절히 활용할 수 없고 오히려 잘못된 과거의 정보로 문제를 야기할 수도 있기 때문에 새로운 LEAD의 생성도 중요하지만 이것을 관리하는 것은 전사적으로 노력해야할 부분입니다.

Q 연구기관이나 대학교 타겟으로도 많은 마케팅 캠페인을 해본 사례가 있는지? 그리고 성과는 어떠했고 어떠한 부분이 중요하게 작용이 되었는지?

A 앞서 언급했던 대학교와 마찬가지로 연구기관 또한 좋은 타겟입니다. 기업과의 프로젝트 연구를 진행한다는 점에서 대학교와 비슷한 부분도 있지만 연구기관의 경우에는 국가 차원의 연구를 진행하기 때문에 도입될 경우 선행 기술 연구에 활용되거나 추후 국가사업에 반영되어 큰 비즈니스로 확장될 수도 있습니다. 또, 대학교에 기술과 장비를 지원하는 경우에는 저렴한 비용으로 제공하는 대신 관련 연구

논문을 게시하는 조건으로 계약이 이루어지는 경우가 많기 때문에 마케팅 효과가 있습니다.

Q 국내외 공식적인 인증이나 심사와 같은 것들 외에 브랜딩할 수 있는 다른 요소들은 어떤 것들이 있을지?

A 오래된 제조업체의 강점은 안정성과 다양한 인프라입니다. 솔직히 기술이 아무리 높더라도 사용되는 영역에 대해서는 비슷한 기능을 구현하는 경쟁사가 많습니다. 하지만 기술력이 오래된 회사들은 경험이 많고 상황을 대응할 수 있는 다양한 솔루션들이 있다 보니 그에 따라 리스크를 대응할 수 있는 다양한 노하우들이 축적되어 있다는 차별성으로 헤리티지를 강조하는 기업이 많습니다. 때로는 타사 제품이 안정성에 문제가 있었던 사례들을 통해 신뢰성에 대해 다시 조명 받게 되는 경우도 있습니다.

Q 현재 진행하고 있는 B2B 마케팅 수단 중 가장 효과가 있다고 생각하는 부분은 어떤 부분인지?

A 잠재고객(LEAD) 발굴에는 이벤트, SNS, 뉴스레터, 시장조사 등 여러 다른 채널이 적극적으로 활용되지만, 기본적으로 기업의 가치를 높이기 위해서는 홈페이지 관리, 검색엔진 관리가 매우 중요하다고 생각합니다. 모든 디지털 채널의 종착 페이지가 자사 웹사이트이기 때문에 잘 관리되어야 하며, SEO(Search Engine Optimization)를 효율적으로 운영해야 합니다. 한국의 경우 네이버라는 로컬 검색엔진도 가지고 있는데 구글과는 차이점이 있으며 검색결과의 특징을 잘 알고 적절하게 운영해야 합니다. 네이버 브랜드 검색광고는 브랜드 관련단어를 검색해야 노출되지만 기업의 가치를 높이기 위해 반드시 필요하다고 생각합니다.

Q 실제 제조업의 B2B 고객들은 브랜드의 '가치'에 더 매력을 느끼는지, 기술의 실질적인 '편익'에 더 매력을 느끼는지?

A 실제로 고객들은 기술의 편익에 굉장히 매력을 느끼시는데, 결과적으로 가격이 문제가 됩니다.

거래가 이루어지기 전에는 다양한 설득과정이 필요하게 되는데, 그럴 때 브랜드의 가치가 높게 포지셔닝 되어 있다면 설득이 쉬워집니다. 따라서 브랜드의 가치가 올라가게 되면 그 가격에 대한 정당성을 부여할 수 있기 때문에 고가의 가격이라도 고객사를 설득할 수 있게 됩니다. 여기서 고객이 느끼는 브랜드의 가치에는 기술만 좋은 것이 아니라 추후 유지보수나 기술지원에 대한 가치도 포함됩니다.

Q 제조업 분야 마케터로 일하면서 가장 뿌듯하거나 즐거웠던 에피소드를 이야기 해준다면?

A 내가 담당하고 있는 회사나 브랜드가 예전보다 가치 있어 보인다는 피드백을 제가 아닌 세일즈나 경영진을 통해 듣게 되었을 때 가장 좋습니다. 그리고 두 번째로는 제가 한 마케팅의 성과가 실제로 숫자로 눈에 크게 보일 때가 좋습니다. 저는 뉴스레터 오픈율의 평균이 38%에 클릭률이 5%였는데 같은 회사의 다른 지사, 해당 산업뿐만 아니라 B2B 산업에 비교해도 평균인 18-20%를 훨씬 웃돌기 때문에 모두 놀라워했어요. 고객의 시선에서 좋은 정보를 주기 위해 꾸준히 개선했는데 내가 달성한 숫자가 일반적으로 넘을 수 없는 수치라는 것을 알게 되었을 때 뿌듯했습니다.

Q 제조업 분야 마케터로 일하면서 가장 힘들었던 에피소드를 하나만 이야기 해준다면?

A 제조업 회사에서는 보통 마케팅 실무에 대한 이해력이 부족합니다. 따라서 마케팅의 업무 가치에 대해 존중을 받지 못하는 경우가 많고, 두 번째로 마케팅과 영업은 결과적으로 계약을 만들기 위한 업무인데 아무래도 당장의 눈앞에 보이는 영업을 더 중시하는 경향이 있다 보니 협업이 이루어지기가 어려운 부분들이 발생할 때, 안타깝습니다.

Q 제조업 마케터가 가장 잘 어울리는 MBTI 성향은?

A 활동가형이 굉장히 좋다고 생각합니다. 개인이 혼자 업무를 할 때에는 활동가 형이 필요하다고 생각을 하고 여러 명이 있을 때에는 팀원의 조합이 중요하다고 생각합니다. 회사에서의 마케팅 포지션에 따라 약간 다르겠지만 마케팅은 시장조사를 통해 분석하고 회사의 가치를 높이며 채널 활동을 하는 것에 집중하기도 하지만, 회사의 브랜드 앰버서더(Ambassador)로서 가장 넓은 시선에서 회사를 소개할 수 있는 사람이기도 합니다. 예를 들면 전시회나 행사에서, 회사의 비전과 전략을 소개하고 비즈니스의 새로운 시작점을 열어줄 수도 있는 것이 바로 마케팅이기 때문입니다.

Q 제조업 마케터에게 가장 필요한 역량을 딱 1가지만 뽑는다면?

A 마케터들을 살펴보면 유난히 구글링을 잘하는 사람들이 있습니다. 그런 분들이 정보 취득도 빠르게 하게 되고 새로운 시장도 잘 찾는 것 같습니다. 마케터는 문과생들이 많은데 어려운 기술을 일상의 언어로 손쉽게 받아들일 수 있는 포용력 또한 필요하다고 봅니다.

이 책은, 수많은 우연과 우연이 겹쳐서 세상에 나오게 되었습니다. 그 간, 다양한 중소기업의 B2B 마케팅을 진행했던 저의 우연과, 코로나로 인하여 B2B 마케팅에서도 '온라인 마케팅'의 중요성이 대두되기 시작한 세상의 우연, 그리고 제 책에 관심을 가져주신 '디지털북스' 양종엽 본부장님을 만나게 되는 우연과 인연의 연속으로 이 책을 출간할 수 있었습니다.

코로나로 인하여 B2B 마케팅에서도 다양한 '디지털 전환'이 이루어지고 있지만, 생각보다 그 속도가 더디게 흘러가고 있습니다. 따라서, B2B 디지털 마케팅과 관련된 양질의 콘텐츠를 제작할 수 있을 것이라는 확신은 있었지만, B2B 마케팅의 시장이 B2C에 비해 좁기 때문에 현실적으로 시장성을 예측하기는 어려운 상황이었습니다.

그러나, 흥행을 기대하기에는 어려운 상황에도 불구하고, B2B 마케팅에 대한 도서를 출간하는 것은 시장 내에서도 큰 의미가 있을 것이라며, 출판이라는 어려운 결정을 내려 주신 '디지털북스' 임직원분들의 결단 덕분에 이 책이 출시될 수 있었습니다.

책을 집필하면서도 많이 팔리는 책보다도, 의미 있고 실용적인 책이 되고자 심혈을 기울였습니다.

이 책을 통하여 '온라인 B2B 마케팅'의 인프라를 구축하고자 하는 다양한 중소기업 B2B 마케팅 담당자분들께 현실적인 도움이 되었으면 좋겠습니다.

김보경 드림

도움주신 분들

네오다임	이상옥 대표님
네오다임	홍성학 부사장님
애피어(appier)	고주연 본부장님
쉐어드IT	신중현 대표님
Cisco	장별님 매니저님
헬로디지털	최성원 매니저님
헬로디지털	김지웅 매니저님
드라마앤컴퍼니	주대웅 리더님
엔터플	김도윤 팀장님
엔터플	남미희 매니저님
익명의 바이오 및 헬스케어 분야	B2B 영업&마케팅 전문가님
익명의 제조 분야	B2B 마케팅 전문가님
플리카	고수영 대표님
플리카	안창원 이사님
디지털북스	양종엽 본부장님
디지털북스	최은경 담당자님
함께하고 있는 동료	김영준님
씨아이그룹	노태경 대표님

스타트업 · 중소기업을 위한 디지털 B2B 마케팅 전략!

B2B 마케팅으로 밥 먹고 살기

1판 1쇄 인쇄 2022년 12월 10일
1판 1쇄 발행 2022년 12월 15일

지 은 이   김보경
발 행 인   이미옥
발 행 처   디지털북스
정   가   22,000원
등 록 일   1999년 9월 3일
등록번호   220-90-18139
주   소   (03979) 서울 마포구 성미산로 23길 72 (연남동)
전화번호   (02) 447-3157~8
팩스번호   (02) 447-3159

ISBN 978-89-6088-416-8 (03320)
D-22-16

Copyright ⓒ 2022 Digital Books Publishing Co,. Ltd

DIGITAL BOOKS
디지털북스